实现审判中心的制度保障研究
——以起诉审查和强制起诉为重点

刘砺兵 ◎ 著

中国传媒大学出版社
·北京·

目 录

导 论 / 1

上 编　理论基础

第一章　实现审判中心制度保障的基本范畴 / 11
第一节　审判中心保障制度的内涵 / 11
一、实现审判中心的核心保障是形成良性的控审关系 / 11
二、研究对象的具体指向 / 12
三、起诉审查 / 15
四、强制起诉 / 16

第二节　审判中心保障制度的基本要素 / 18
一、控审分离是基本结构 / 18
二、互相制约是本质内容 / 19
三、审判中心是核心目标 / 21

第三节　审判中心保障制度需要处理好的几对关系 / 22
一、内部与外部的关系 / 22
二、主体与客体的关系 / 23
三、近景和远景的关系 / 24
四、"体"与"用"的关系 / 25
五、"二元"与"三角"的关系 / 26
六、"边缘"与"中心"的关系 / 27

第二章 审判中心保障制度的价值取向——实现平等保护原则 / 28
第一节 起诉及不起诉决定均应受平等原则制约 / 28
第二节 选择性起诉违反平等原则 / 30
第三节 平等原则潜藏着审判机关对起诉行为进行合宪性考察的可能性 / 32
一、法律保留原则 / 34
二、比例原则 / 34
三、思考框架（审查步骤或曰层次）/ 35

第三章 审判中心保障制度的审查对象——起诉行为是否遵循法定原则 / 36
第一节 起诉法定原则的源起 / 36
第二节 起诉法定原则的实践 / 39
一、起诉的目的 / 39
二、起诉的效果 / 40
第三节 起诉法定原则的变异 / 41

第四章 审判中心保障制度的技术运用 / 44
第一节 进行司法审查的必要性 / 44
第二节 实施司法审查的可能性 / 47
一、羁束裁量可审查 / 48
二、狭义的自由裁量亦可审查 / 49
第三节 司法审查的实现途径 / 49
一、审查方法的类型化 / 49
二、审查强度的体系化 / 51

中编 境外经验

第五章 大陆法系的相关经验 / 57
第一节 法国 / 57
一、基本情况 / 57
二、对于起诉的制约 / 62
三、对于不起诉的制约 / 66
四、小结 / 68

第二节　德国 / 71
　　一、基本情况 / 71
　　二、对于起诉的制约 / 74
　　三、对于不起诉的制约 / 77
　　四、小结 / 80

第三节　俄罗斯 / 82
　　一、基本情况 / 82
　　二、对于起诉的制约 / 85
　　三、对于不起诉的制约 / 90
　　四、小结 / 92

第四节　日本 / 94
　　一、基本情况 / 94
　　二、对于起诉的制约 / 96
　　三、对于不起诉的制约 / 99
　　四、小结 / 105

第六章　英美法系的相关经验 / 108
　第一节　英国 / 108
　　一、基本情况 / 108
　　二、对于起诉的制约 / 111
　　三、对于不起诉的制约 / 114
　　四、小结 / 116

　第二节　美国 / 118
　　一、基本情况 / 118
　　二、对于起诉的制约 / 120
　　三、对于不起诉的制约 / 129
　　四、小结 / 132

第七章　我国其他法域的相关经验 / 136
　第一节　我国台湾地区 / 136
　　一、对于起诉的制约 / 136
　　二、对于不起诉的制约 / 139
　　三、小结 / 142

第二节 我国澳门地区 / 145
 一、对于起诉的制约 / 145
 二、对于不起诉的制约 / 153
 三、小结 / 155

下 编 实践应用

第八章 我国刑事审判实践概况 / 161
第一节 对于起诉的制约 / 161
 一、制度背景 / 161
 二、问题实例 / 162
 三、修正路径 / 165
第二节 对于不起诉的制约 / 167
 一、制度背景 / 167
 二、问题实例 / 169
 三、修正路径 / 172

第九章 合理构建我国起诉审查制度 / 174
 一、定位与解惑 / 174
 二、审查之启动 / 177
 三、过程与方法 / 179

第十章 合理构建我国强制起诉制度 / 185
 一、功能与性质 / 185
 二、主体与对象 / 188
 三、事务与流程 / 192

结语 如何构建人民信赖的司法体系 / 197

导　论

一、选题理由

立法上，我国刑事诉讼法确立了法检两家"分工负责，互相配合，互相制约"的原则；司法实践中，诸多论者都认为法检两家存在"配合有余，制约不足"的格局。但是实际上，当下中国的法检关系，是否真的可以被如此简明扼要地概括呢？答案未必如此简单。

现代刑事诉讼结构基本实现了不同职能机关的分工负责，这是现代诉讼制度的一个基础性条件，并非当代中国刑事诉讼结构与其他诉讼结构存在差异。然而有分工就有制约，有链条的上下游就有内斗和消耗。在我国，法检两家的性质都被定义为司法机关，作为司法权力的分享者、"流水线"上不同环节的支配者，必然存在互相制约。所以说，"配合"是天然的，"制约"是应然的。仅仅从"互相配合"或"互相制约"的范畴还不足以认识法检关系的复杂多面性。

长期以来，我国的刑事司法在实践中异化为侦查决定审判、审判配合检控、审判依附侦查的局面，即侦查职能俨然演化为实质性裁判，法院的审判职能不彰；法院的审判职能与侦查职能同质化，导致审判职能的独立性、中立性地位丧失，控、辩、审三者之间的关系失衡；法院的审判特别倚重审前程序，尤其是侦查程序及其运作的结果。最为严重的症结之一就是审判程序缺乏对审前程序的有效制约，而提出以审判为中心的目的就是要落实司法规律，消除这些不符合司法规律的情形。因此，"以审判为中心"是尊重司法规律的结果。"以审判为中心"是基于特定历史背景和司法规律而提出的重大命题，其实质是对侦查、起诉、审判职能三者关系的反思与重构，意在建立科学合理的刑事诉讼结构。[①]

"以审判为中心"的设想是针对我国刑事诉讼多年的痼疾，将法院的定罪标准作为刑事诉讼各阶段都要遵循的统一标准，督促和倒逼侦查机关、检察机关遵守法律程序

---

① 陈卫东.以审判为中心：当代中国刑事司法改革的基点[J].法学家，2016（4）：1-15.

和证据标准。可以说,"以审判为中心"的改革方案一旦实施,检察机关势必走向"当事人化",导致其当前凌驾于辩、审之上的诉讼监督地位有所削弱。① 这一变革自然会导致检察机关的反弹。

反观检察机关近年来的举措,我们可以对其反应脉络逐一分析。2014 年新一轮司法体制改革全面推行了一系列新的制度,其中,与检察机关地位密切相关的改革措施主要有三项:一是职务犯罪侦查权自检察机关切割出去,监察体制改革以前所未有的力度获得全面推行;二是法院全面启动以审判为中心的诉讼制度改革;三是检察院确立"四大检察"格局,获得民事公益诉讼制度和行政公益诉讼制度全面实施的机会。② 从对刑事司法领域的直接影响来看,三者的效力是递减的;从关联主体来看,其中两项措施,即一和二都同法院职权及法检关系直接相关;从实际效果来看,三者都同检察机关积极寻求刑事诉讼中的主导地位的举动密切相关。简单地说,一和二的制度变革产生了压力,而寻求主导地位是传导这种压力的途径,三是寻求主导地位的辅助性的路径之一。理论上,法检两家的关系在多个层面上都有深入分析的必要性和价值,涉及各自职能的合理调整和权力性质的科学定位。

检察机关的举动较为突出地表现在如下两个方面:一方面,近年来我国检察机关因为积极推进认罪认罚制度,目前已经基本能够通过量刑建议将检察官裁量权延伸至审判程序中;另一方面,基于对民营企业加强特殊保护的考虑,我国检察机关启动了合规不起诉制度的改革探索。从合规引入公诉制度的路径来看,合规不起诉具有检察建议模式和附条件不起诉模式。通过探索企业合规不起诉实践,使检察官无形中扩张了起诉或不起诉裁量权,极大扩张了整个裁量制度的适用范围。

"在此处失去的就要在彼处获得",相应的变革压迫检察机关必须另寻权力实施的场域。故此,关于"检察机关主导作用论"(以下简称"主导论")的话语开始浮出水面也就实属必然了。"主导论"认为,人民检察院在刑事诉讼中具有主导作用。检察机关履行法律监督职能,属于全过程主导;审查起诉和自侦案件的立案侦查,属于阶段性主导;管辖移送和审查批准逮捕,属于环节性主导;莅庭公诉和认罪认罚从宽属于结构性主导。检察机关要发挥好这些主导作用,现有的司法体制和诉讼程序还有进一步完善的空间。③

徒有观念不足以自行。"主导论"必须通过具体的制度予以落实才能实现对程序的控制。"精准量刑"就是一个特别好的切入点和抓手。检察院想要"用好刑事抗诉与量刑建议这两个杠杆",将目标瞄准在"以量刑监督为抓手,建立检察法律监督权威;以

---

① 陈瑞华. 论检察机关的法律职能 [J]. 政法论坛,2018(1):3-17.
② 陈瑞华. 论检察机关的法律职能 [J]. 政法论坛,2018(1):3-17.
③ 张建伟. 检察机关主导作用论 [J]. 中国刑事法杂志,2019(6):30-41.

规范量刑为契机,推进司法规范化建设;以精准量刑为纽带,建立诉审衔接新模式"。其要求法院完善"量刑说理"制度,不仅要对最终采纳的量刑意见作出阐释,做好情、理、法等方面的论述与引证;对于未采纳检察院量刑建议的,也要求法院作出明确说明和解释。这样检察院就可以通过法院的回应收集量刑信息,从而为规范量刑,进而监督法院积累经验、收集素材,提供依据。①

一方面,权力分立重在制衡(check and balance),现代权力分立允许彼此的消长;另一方面,权力也必须彼此尊重,不得侵越。检察职权因不同国度、不同政府而可大可小,因此,有论者认为,扩大检察职权的方式有二:其一,使用更复杂的刑事司法程序,程序越细致(elaborate),检察权参与的活动范围就越大;其二,通过减少其他机关在程序上的参与来扩张。在检察史中,检察权常与审判权拉锯。而过于复杂的刑事司法程序,往往会减损人民求得正义的获得感。而且,检察版图一旦扩大,其他机关的职权就会萎缩,也可能导致机关之间的权限冲突、角色模糊等问题。

现代的民主法治国若无独立、超然、公正的司法体系来保障人民的基本权利,则为有名无实的法治国。检察机关担负刑事司法的审前程序,与审判程序的法院机关共同形成完整的司法体制,借助法官公平审判义务与检察官法律守护义务的达成,以实现社会的公平与正义。如果两个机关的这种纷争非理性地进行下去,会消耗本应用于维护社会公平与正义的司法资源,极大地影响到相应机关职权的正常行使,从而给社会带来没有意义的消耗和负担。完全可以说,检法关系的流变是审视刑事司法运作和权力制衡的"微缩图"和"窗口",不仅对于刑事诉讼的实际运作,而且对于当下中国的法治健康运行,都有独特的意义。这就需要我们通过科学的分析来深入了解:以检法为代表的刑事审判权力在现实中是如何运行的。

所以,要实现以审判为中心,政府需要在认清上述现实后予以一系列制度保障。相关的保障制度内涵丰富,在审判阶段如何实现"以庭审为中心"固然是其中的核心,但是以案件为"导体",控审在司法产品交接之际就会产生碰撞,有些案件本身就达不到起诉标准,但又可能够不着不起诉条件,这样的案件对于控审关系的异化影响甚大。这一部分的接触和碰撞,就是同本书主题直接相关的。本书选题的目标,是对影响两个机关关系的因素加以检视,对其中不符合诉讼原理的地方科学地予以改造,从而实现保护人权、保卫社会的诉讼目标。研究的目的是合理安排检察机关、审判机关与其他主要诉讼角色之间的权力平衡和程序协调问题,将非理性的冲突导入良性的轨道,从而实现"动态的平衡",在此基础上构建新型"控审关系"的合理样态,既要避免任何一方对对方形成过度压制,又要防止双方无序对抗。这也是本书的逻辑起点,而保

---

① 人民检察院办理认罪认罚案件开展量刑建议工作的指导意见[N].检察日报,2021-12-21;构建精准量刑机制提升法律监督质效[N].检察日报,2019-04-28(3).

持双方力量的均衡是其中的关键。

二、研究综述

关于检法职权配置的历史沿革，近年陆续有回忆录性质的资料出现，但罕有学术进路的论述。有论者从党的领导在司法领域的实现，及党的意志、政策通过司法贯彻的角度，对新中国公检法三机关的创建、沿革进行了知识考古，其指出公检法三机关在新中国成立和社会主义改造的过程中，各自承载的职能和地位发生了巨大的变化。其还指出，中华人民共和国成立初期，由军事机关转化而来的公安部门一家独重。1954年彭真提出建立"一种制度"，在这种理念指导下建立起来的侦、诉、审三职能机关的新结构设计，代表着政府指导思想的调整。1979年《中华人民共和国刑事诉讼法》(以下简称《刑事诉讼法》)继承并发扬了此前的理念，首次将"分工负责，互相配合，互相制约"原则载入两院组织法。1983年在彭真主持下我国实现了司法体制大变革：将公安职能拆解，碎化各机关权力以形成制约。这次变革属于当代重大的刑事诉讼结构调整，《刑事诉讼法》条文中规定的"分工负责，互相配合，互相制约"获得了结构性支持，标志着新的刑事诉讼结构得以践行。①

关于对检法关系的全面审视，目前尚无具有显著洞察性和影响力的学术作品。我们以"检法冲突""控审冲突"及同内涵词语为关键词在中国知网进行搜索，仅获得有效论文33篇。其中部分论文主题围绕检察机关对法院的民事监督，部分论文主题为法院变更指控罪名或无罪判决引发的冲突与解决方法。

更多的论者从公检法三机关的关系出发，其中较有代表性同时对本书主题具有启发性的文章大致有如下三篇。一是《司法改革背景下的三机关相互关系问题探讨》，本文属于提纲挈领之作，主要从宏观层面和司法改革的大背景出发，指出重新思考三机关职权的优化配置对于司法改革成败的意义。论者提出，刑事诉讼领域的司法改革必然需要触及不同职能部门的职权配置及关系调整问题。具体涉及的就是公检法三机关的权力大小、权力多少，以及权力强弱。②

二是《分工负责、互相配合、互相制约原则另论》，本文主要着眼于对"互相配合"原则的诟病。文中指出，检察院与法院双向配合、制约的关系，完全扭曲了现代刑事诉讼结构下正当的检法关系。研究优化司法职权的配置时，我们应当坚持从问题出发，防止"一家坐大"看似公平，实则违背了刑事诉讼自身发展的规律。③

---

① 刘忠. 从公安中心到分工、配合、制约——历史与社会叙事内的刑事诉讼结构 [J]. 法学家，2017 (4)：1-16.
② 王敏远. 司法改革背景下的三机关相互关系问题探讨 [J]. 法制与社会发展，2016 (2)：36-38.
③ 谢佑平，万毅. 分工负责、互相配合、互相制约原则另论 [J]. 法学论坛，2002 (4)：101-107.

三是《刑事诉讼中公检法三机关间的"共议格局"———一种组织社会学解读》，该文的独特意义在于为三机关的关系注入了新的理论资源，提供了组织社会学这一崭新视角。文章指出，刑事司法实际上是在多重因素交织下的组织场域中进行日常运作的，法院身处其中，其行动的目的更多取决于外部环境的压力、同类权力的竞争与分配以及内部组织关系的平衡。上述目标指导下的自我选择和调适策略并非只是单纯的司法行为。对组织现象进行深描和阐释时，我们需要从组织互动的角度考虑如何改善和构建一个良好的外部环境，充分保障司法权独立运行。[①]

具体从检法两个机关的整体关系着眼的研究文章仅有 3 篇。最早的是《检法冲突与司法制度改革》，该文指出，从 1992 年开始，检法两家在司法解释以及具体执法工作中改变了过去高度一致的协调步伐。检法冲突是中国司法制度发展到一定阶段的必然产物，是市场经济条件下主体利益多元化的体现。该文作为这一领域的早期文献，主要从对司法解释制定权的争夺层面对两个机关的关系进行了检视。[②]

较晚的研究成果是硕士论文《刑事诉讼领域中的检法冲突研究》。该文指出，宪法把"分工负责，互相配合，互相制约"规定为我国检法的基本关系准则。刑事诉讼法又以基本原则的形式对此进行强调和重申。但是司法实践中的检法关系与立法者所构想的检法关系有很大出入，最直接的方面表现在诉讼过程之中。[③]对于检法关系冲突的原因，论者从多层面进行了梳理，对于检法冲突的外在表现和内在原因也进行了一定程度的探索和分析，但是对于表现概况的描述比较粗浅，对于原因的分析则缺乏体系性的考虑。

最近的研究成果为《关于检法冲突的法理分析》。该文指出，检法冲突的本质在于多元诉讼价值观念在当代中国的碰撞，对于刑事司法实践具有消极的影响。[④]文章注意到了检法冲突对于"互相配合，互相制约"原则的背离，但没有意识到检法冲突这一现象可以成为审视刑事司法运作和权力制衡的入口。

关于审前程序，目前可见较多的比较研究成果。审前程序是检法交接的第一个"关口"，至少应该包含两个方面的制约：一是后手对案件有无一定条件下拒绝的权力，如果能实施实质审查，则后手对前手有制约，如《德国刑事诉讼法典》有决定开启审判程序与否的"中间程序"；二是后手对前手终结的程序有无审查权力，如我国台湾地区的"交付审判"程序。通过比较研究，研究者对于审前阶段的制约模式进行了归纳。如在德国，"检察一体"的内部监督模式效果乏力，其外部监督根据渠道不同则有国会

[①] 徐清.刑事诉讼中公检法三机关间的"共议格局"———一种组织社会学解读[J].山东大学报，2017（3）：58-66.
[②] 尹伊君.检法冲突与司法制度改革[J].中外法学，1997（4）：37-48.
[③] 许文瑶.刑事诉讼领域中的检法冲突研究[D].长春：吉林大学，2012：3.
[④] 盛雷鸣.关于检法冲突的法理分析[J].上海政法学院学报（法治论丛），2019（2）.

监督和诉讼监督两种模式。国会作为监督主体并不可行,而诉讼监督模式中有"法定起诉""中间程序"以及"法官保留"等各种设置,值得我国借鉴。①

还有论者指出,对侦查和起诉的制约和控制是德法两国的共同追求,并分别结合本国需要对预审法官制度进行了扬弃。为了对检察机关的起诉行为进行监督,实现诉讼的公正和效率,我国设立预审法官不失为一种可行的方法。②

"以审判为中心"的诉讼制度改革对控诉职能的行使、对检察机关的办案理念都产生了积极影响。论者指出,审查起诉是实现"以审判为中心"的前提与关键,要保证审判在刑事诉讼中的中心地位。实质化的庭审倚重公诉人员的有效参与,才能充分发挥公诉职能。③

"以审判为中心"要求侦诉机关树立"审查起诉工作要服务于审判"的理念,在办案理念上同传统的三家机关"一碗水端平""一把尺子量到底"有所不同。不能将检察机关定位于侦查机关之"二传手"的角色。就具体案件的办理而言,其一,应严把入口关;其二,应树立起正确的诉讼价值观;其三,应改革不适当的考核机制,有效引导公诉部门积极、全面地履行职责。④

关于增强司法审查的方向,有论者提出在我国的侦查程序中也应当设立一个中立的司法机构进行司法授权与审查,将发生在检、警与嫌疑人之间的争端纳入司法审查的轨道中。更为激进的设想是在各基层法院设置专门进行司法审查的审查庭。该机构应当能够参与侦查活动的全过程,并能就所有与公民基本权利有关的事项发布是否许可的令状。同时,受理和审查公民因不服自己所遭受的强制措施而提出的申诉、控告。⑤

还有论者乐观地指出审判中心主义对刑事诉讼结构可能产生的积极影响。法官介入审前程序是司法规律的必然要求,而审判中心主义将会使我国的刑事诉讼结构发生根本性的转变,这为法院在审前阶段可以对被追诉人及其辩护人等给予权利救济的变革提供了契机。审前程序改革需要突出法院对审前程序参与主体的特定影响和保护,建立司法批准制度、司法救济制度。该观点以"程序意义上的'以审判为中心'"概括法院对审前程序的司法控制。⑥

检法机关地位相当,因此也有主张从诉讼平衡观的层面对二者关系进行认识的观

---

① 胡玮瑶.谁来监督监督者——德国检察官之监督与制衡刍议[J].湖北警官学院学报,2015(7):105-107.
② 王俊阳.对我国设立预审法官的法律思考——兼论德国侦查法官与法国预审法官之比较[J].湖北警官学院学报,2016(6):93-105.
③ 陈卫东."以审判为中心"视角下检察工作的挑战与应对[J].学习与探索,2017(1):57-64.
④ 陈卫东."以审判为中心"视角下检察工作的挑战与应对[J].学习与探索,2017(1):57-64.
⑤ 施业家,罗林.中德侦查权监督机制之比较与我国侦查权监督机制的完善[J].法学评论,2011(5):75-83.
⑥ 陈卫东."以审判为中心"与审前程序改革[J].法学,2016(12):120-125.

点。关于动态平衡诉讼观代表理念，综合论述汇集在陈光中先生《动态平衡诉讼观之我见》一文以及众多刑事诉讼法学者对此文发表的讨论意见中。"动态平衡诉讼观"是陈光中先生一生学术研究成就的哲理性概括，对于刑事诉讼法研究具有方向性的指导意义。陈先生从刑事实体法与刑事程序法相平衡、惩罚犯罪与保障人权相平衡、客观真实与法律真实相结合、控辩对抗与控辩和合相统一、诉讼公正与诉讼效率相平衡五个方面对动态平衡诉讼观进行了论述，并着重指出了"刑事办案机关权力平衡"问题。他指出，刑事办案机关权力不平衡表现在"以审判为中心"贯彻不到位。刑事诉讼要寻求建立公安机关、检察院、法院、纪委监察委之间新的权力平衡关系。①

三、研究理论

权力的强化或弱化、范围与限制，彼此息息相关，但均应受宪法的节制。现代各国推崇权力分立体制（separation of powers framework）的主流思想，因此，权力分立原则便成为本书主要的研究理论。特别是，在权力分立体制中，不论强化或弱化那一项权力，都需要了解宪法容许的界限。那么，如何做好制衡？什么是最好的方法去防止某一机关在宪政框架下的不当行为？有何辅助性预防措施（auxiliary precautions）能消除相关的疑虑？本书基于权力分立原则，将其具体化为控审分离、互相制约、审判中心等原则来展开论述。

检察制度源于法国，旁及德国等欧陆国家，受此大陆法系的影响，检察制度东渡日本及我国，并且随着各国政治、经济、社会、文化的不同发展而各具特色。

一项国家权力的真实意涵，有时必须借助与其他国家权力的相互比较才能得其肯綮，本书亦以国家权力的相互比较凸显检察权的轮廓、检察权与其他国家权力在权力分立下的制衡，以及检察权与其他权力的权限分配关系。研究相关的制度最终还是为了解决中国的问题。制度是否具有比较优势，决定了一个国家有无崛起的核心竞争力。中国特色社会主义司法制度具有无可取代的传统优势，但是也面临着严峻和深刻的挑战。如何将制度的显著优势更好地转化为治理效能，是在新时代的背景下坚持和完善中国特色社会主义法治的努力方向。② 这也符合国家机关权力的组织设计思想逻辑，即分权制衡，从而消解某一机关处于事实上不受监控的地位。通过对这一总纲的理解和贯彻，才能深刻地理解当下中国的司法体制制度。

---

① 陈光中.动态平衡诉讼观之我见［J］.中国检察官，2018（13）.
② 何帆.新时代中国特色社会主义司法制度优势转化为治理效能的实践路径［J］.中国应用法学，2020（5）：129-143.

上 编　理论基础

第一章　实现审判中心制度保障的基本范畴

第一节　审判中心保障制度的内涵

一、实现审判中心的核心保障是形成良性的控审关系

党的十八届四中全会提出"以审判为中心"的诉讼制度改革，是我国刑事法治走向完善的标志。审判在刑事诉讼中的中心地位并非通过制度赋予，其本身就是现代刑事司法的基本样态。2014年《中共中央关于全面推进依法治国若干重大问题的决定》将建设中国特色社会主义法治体系、建设社会主义法治国家作为全面推进依法治国的总目标，并指出要推进以审判为中心的诉讼制度改革。为贯彻四中全会决定精神，2015年《最高人民法院关于全面深化人民法院改革的意见》[即《人民法院第四个五年改革纲要（2014—2018）》]指出：建立以审判为中心的诉讼制度是全面深化人民法院改革的主要任务。由此，以审判为中心的诉讼制度改革成为中国大陆理论界和实务界的核心话题。①

审判中心主义不仅要求在审判阶段对案件的调查具有实质化的特征，而且以此为基准认识和建构诉讼中的总体建构。整个诉讼制度的建构和诉讼活动的展开围绕审判进行。在审判中心主义的视角下，侦查是为审判进行准备的活动，起诉是开启审判程序的活动，执行是落实审判结果的活动。侦查、起诉和执行皆服务于审判，审判构成整个诉讼流程的中心和重心，审判中控诉、辩护、审判三方结构成为诉讼的中心结构。不仅如此，审判中心主义还包含着司法权对侦查权的有效控制，这种控制通过对侦查中的某些环节如逮捕、搜查、扣押等采取司法令状制度来实现。以审判为中心还是一个诉讼关系命题。即"审判中心"是相对于刑事司法其他权力功能而言的，由此确定侦查、起诉与审判三种诉讼职能在刑事诉讼中的基本关系应当"以审判为中心"，从而

---

① 中国审判理论研究会. 2015年年会暨推进以审判为中心的诉讼制度改革理论研讨会精要[N].人民法院报，2015-09-09（5）.

要求侦查、起诉必须按照审判的要求进行。因此,"以审判为中心"的基本含义是:侦查、起诉活动应当面向审判、服从审判要求,同时发挥审判在认定事实、适用法律上的决定性作用。①

以审判为中心的落实,应当围绕着审判权与诉讼权的合理定位、法官与当事人对诉讼的共同促进、审前程序与审判程序合理设置、证据裁判规则的确立、裁判形成与公开等制度的改革和完善。审判权的内容并不局限于实体上的定罪权,也包括对程序性行为、程序性争议的审查判断权。以审判为中心实际上意味着包括实体定罪权和程序审查判断权的审判权由法院行使。由此也决定了审判不仅决定诉讼的结果,还对审前程序有影响、制约作用。②

本书的研究目的是对实现审判中心的制度需求和保障需求进行阐明。需要指出的是,审判中心的内涵与外延均超越庭审中心。二者之间的关系是包含与被包含的关系。有助于庭审中心实现的理念、原则以及依托的制度,天然地都具备促进审判中心实现的效果,比如直接原则、言词原则、公开审理原则、集中审理原则、证据裁判原则、自由心证原则。具备这些原则适用的条件和空间固然是现代刑事诉讼制度的重要标准以及标志,但仅仅是这些的话,充其量能够实现以庭审为中心,并无助于审判中心的实现。审判中心的实现,不可或缺的制度前提就是控审关系在良性轨道上发展,形成宪法所规定的"分工负责,互相配合,互相制约"的关系。(如图1所示)

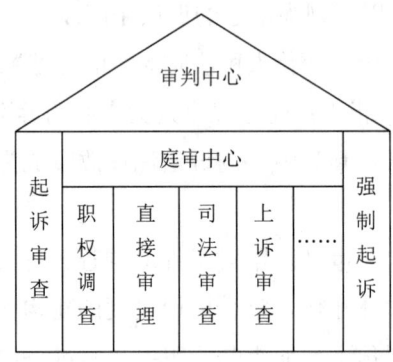

图1 庭审中心、审判中心以及相关制度的关系

二、研究对象的具体指向

控审之间的良性制约关系应依托控诉、法定、调查、直接、法律保留等原则,以

---

① 张建伟.审判中心主义的实质内涵与实现途径[J].中外法学,2015(4):861-878.
② 顾永忠."庭审中心主义"之我见[N].人民法院报,2014-05-16(5).

及通过起诉审查、强制起诉、司法审查、上诉审查等程序予以贯彻。其中，控诉对审判的制约是通过不告不理和控审对象同一性来实现的。在控诉原则之下，起诉与否的决定权掌握在控方手中。世界各国的法治均普遍存在着起诉裁量的权限，裁量本质上潜藏着滥权或恣意的风险。检察官作出的裁量虽有法令依据，但检察官的职权行使，是否合于法令要求，是否合于目的正当、手段必要、方法妥适的比例原则，仍必须有其他的国家权力机关的审查、监督与制衡，这样才能确保人民基本权利和国家利益的实现。这里所谓的其他的国家权力机关非法院莫属，且在必须接受前端的司法产品的意义上，法院天然居于被动地位，所以更需要防止控诉机关滥权。

对控诉的防范措施基本可以分为三个来源。

其一，控诉机关的内部"品控"体系。

在起诉和不起诉这两个方面，均蕴含着检察官滥用权力的重大风险。如何制约不当起诉，一向是刑事诉讼领域极为重要的课题。除通过起诉法定原则实现基本控制之外，最为直接的就是强化内部审批，经由检察官体系内部借助上下监督渠道，以行政审批方式自行控制起诉质量。

其二，层控模式，由外部机关实施监控。

这具体指由检察院以外的机关，主要是法院，对起诉进行审查。英国的治安法官、美国的大陪审团、德国的中间程序等制度，都是出于对检察官滥权可能的预判而建立的由外部力量参与或监控的产物。这就是起诉审查制的适用范围，即针对不当起诉而言。而权力滥用也会产生另一种后果，即不当的不起诉。对应予以追诉而放弃的情形，不但会对被害人造成进一步的伤害，还会产生司法机关权力寻租的空间。对此，内部监控固然是一方面，但更重要的是通过外部参与或监控来实现制约。这也是一种层控模式的具体体现。"层控模式"的确立并不是一种推倒重来的颠覆性建构，其立足点仍然没有脱离宪法所设定的公检法关系。其试图通过微观解构及行为范式的重新整合，在操作领域形成符合预期"图纸"的动态进路，对不同诉讼阶段之间的衔接关系重新定位，形成逐级递进且层层把关的程序推进方式，修补因程序前后倒挂所造成的配合过当与制约不力。据此，三机关之间的配合制约关系届时将呈现符合宪法文本原意的客观投影，以侦查为中心的局面或可转化至以审判为中心的程序格局。

其三，赋权模式。

它具体指通过赋予诉讼参与人诉讼权利，使之得以在侦查、起诉过程中针对指控事实、主张权利与陈述事实，特别是告诉权、告发权的给予。日本的检察审查会即属于通过民众参与来实现对不当不起诉制约的渠道。我国现行的"公诉转自诉"制度也具备同样的意图，体现的是司法的大众参与性和人民性。

虽然法律赋予检察机关独立的职权，不受其他机关的干涉，却也可能产生如下两项疑义：其一，检察机关滥用、扩大自己的职权；其二，检察机关偏袒犯罪嫌疑人或被害人其中一方。此两项流弊如果未能矫正，将使检察司法正义沦为随机性的正义，而随机性的正义不能称为正义，为了达成上述程序价值，对于检察机关的滥权，必须借由有力措施以为匡正；对于检察机关可能的偏袒，则有赖于当事人积极参与司法程序，才能确保检察官公正行使职权。从刑事诉讼法的理论发展来看，内部监控信度有限，效果一般，即使存在也必须辅以外部力量的参与或监控。故本书以外部机关（具体就是法院）的监控模式为研究对象。

防范措施主要体现在三个层面：其一，在立法层面，各国法律均明定提起公诉的法定条件；其二，在司法层面，大多凭借不同形式的司法审查程序，以审查控方在个案中对法定追诉标准的恪守情况，形成在追诉环节审判对控诉的制约关系。本书聚焦于司法层面，以对起诉或不起诉施加一定程度的司法审查为研究对象。

审判对控诉的防范措施也可以根据诉讼的自然进程，分为两个阶段：一是入口，就是控审机关交接案件的环节，具体为起诉审查和强制起诉；二是过程，主要包括审理过程中如何实现"以庭审为中心"的若干措施，如职权调查、直接言词、实质审理、上诉审理等。对于处于审理阶段内的，需要通过强化、充实职权调查、直接审理原则来实现，但对于处于入口处的，还需要通过审查方式筛选、把关。本书聚焦于入口处而非审理阶段内。

现行刑事诉讼法所允许的程序参与者之间，有多种性质各异的关系：如对立关系（检察官与被告间、犯罪被害人与犯罪嫌疑人间）、审查关系（检察官与法官间，包括法官对检察官起诉之制约与检察官对法官裁判之制约）、保护援助关系（检察官与犯罪被害人间）与协同关系（检察官与辩护人间、辩护人与犯罪嫌疑人间）。在协同关系中，借由辩护人参与程序，可制约检察官维持程序公正、确保客观义务，通过辩护人的活动，也可以促成正当程序的实现，实现司法的时代任务。本书聚焦于审查关系中的一种，即法官对检察官起诉之制约。

综上所述，本书认为审判中心的实现既需要落实庭审中心的相关制度，也需要建立对于检察机关诉讼行为的审查机制。对于不当的诉讼行为，还需要有相应的评价与处置。这一过程所依托的制度，性质上属于起诉审查与强制起诉两项制度所涉及的范围。审判中心的实现，无法脱离审判机关对于检察机关诉讼行为的制约，这两项制度实际上起着拱卫审判中心地位之基石的作用。其有无、存废、是否正常发挥作用，决定着审判中心是否能够实质地呈现。（如图2所示）

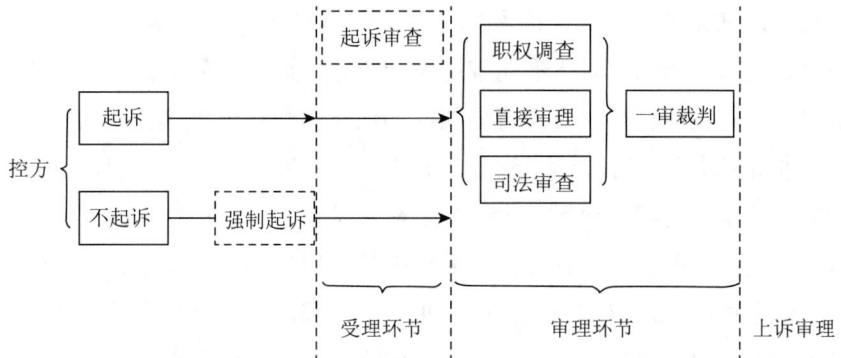

图 2　实现审判中心制度保障的流程示意图

三、起诉审查

现代宪政国家在合乎宪法之自由民主法治的基本价值下，通过整体法秩序的规范作用，设计与规划国家的组织体系，实践人民基本权利的保障，才能促成人的自我实现。无论是哪种体制的刑事诉讼法，基本都包括侦查、起诉与审判三大职能机关。以我国刑事诉讼法为例，公检法三机关在刑事诉讼中的主要权力分别为侦查、起诉与审判。其中侦查与起诉同属控诉职能，审判是与控诉分离的独立职能。

刑事司法程序是以国家权力来维持社会秩序与公民的宪法权利，免除政府不当介入人民的自由。此种秩序——自由（order-liberty）的拉锯，诚如美国法律学者 Herbert L. Packer 于 1964 年所提出的刑事司法程序的两个模型（two models of the criminal process），其一为犯罪控制模式（the crime control model），其二为正当程序模式（the due process model）[①]。依据 Packer 的见解，犯罪控制模式的价值体系，在于将犯罪的抗制当成刑事司法体系中的最重要功能，如何以稀少的资源达成最大的犯罪抑制效果，犯罪控制模式强调必须有一个有效率的刑事操作程序，并以快速而终极的方式对犯罪行为人施以处罚，为达成此目的，就有赖于警察人员启动非正式的调查程序，以及减少对审判程序的监督。如果犯罪控制模式像一条生产线，正当程序模式则似一条障碍跑道，在正当程序模式中，每一个连续的阶段都被设计为防止将嫌疑人送入下一阶段的障碍，视个人自由重于社会安宁，对国家官员的权力予以限制，在诉讼程序中，对政府特别是警察人员的权力给予诸多限制，对嫌疑人及被告采用无罪推定原则。那么在控诉与审判两大职能板块之间应维持一个有效制约关系，非此不足以保护公民基本权利。

---

① PACKER H L. The limits of the criminal sanction [M]. Calif: Standford University Press, 1968.

由于起诉便宜原则的影响，检察官逐渐获得了对案件的实体处理权。受其影响，各国的法律制度基本都承认对于刑罚权的决定关系可以分段处置，于是形成两种差异性的决定关系：若检察官认为应进行刑罚权的认定，则作出提起公诉的决定；若检察官认为无须进行刑罚权的确认与实现，则作出不予起诉的决定。在这样的规范结构下，刑罚权的决定关系，也相应地区分为两个层面：其一，在有刑罚权确认与实现的情况下，乃属于法院认定的范围；其二，若无须进行刑罚权确认与实现，则属于检察官判断的权限。检察官虽然理应作为法律的守护人，监督法官裁判以免法官恣意，控制警察活动以免警察滥权，但是如何防范检察官成为恣意滥权的角色？如果一项法律制度实行检察官制度与起诉法定原则，那就必须面对这一问题，这就是"谁来监督监督者"问题的变异形式。虽然在法律适用与监督方面，检察机关内部的等级性组织结构也提供了非常高的监督与控制标准，但是仍然会被怀疑"自己的刀难削自己的把儿"，内部控制的公平性、公开性一向是备受质疑的。从对裁量处分权的诉讼监督方面而言，检察系统通过内部监督显然并不足以制衡。

起诉审查制度实质上是以一种诉讼制约的形式对检察机关的起诉决定实现外部制衡，其所遵循的理念根源在于分权制衡。这正说明外部制约同审检分立、起诉法定等原则共享相同的原理，逻辑脉络一致。现代刑事诉讼的基本结构就是将纠问制法官的权力一分为二，实现追诉权与审判权分离，追诉权原则上为国家所垄断，置之于检察官之手，自诉些微地起到辅助作用，给民间仍然保留了一丝缝隙。而刑事案件的审判权在理念上则全部为国家所垄断。在民事领域，当前还有同其他社会组织分享的可能，但是在刑事领域则完全为国家所垄断，并交由法官值守。之所以将纠问制的旧制舍弃，而寻求追诉权同审判权分离，出发点本来就是为了防范因权力集中于同一主体而形成的权力滥用危险，而相互制衡的诉讼模式正是分权制衡理念的自然延伸。甚至将来还可以考虑将范围扩张至侦查中同人民基本权利相关的所有重要处分，如侦查启动是否妥当，包括强制措施的适用是否妥当等。

四、强制起诉

随着认罪认罚从宽制度的全面推广和适用，起诉法定原则在我国还面临着一种特别的危机。在起诉法定原则之下，追诉者的决定本来仅具有暂时性的效力，审判者才有终局确定案件罪刑的完整权力。现在由于倡导"少补、慎诉"的刑事政策，可以预见不起诉的数量和比例都会大幅增加，很多案件不会再进入法院的视野。检察官实体处置权大大扩张，不仅体现在定罪方面，同时也体现在出罪方面。检察官的不起诉决定被推翻也极不容易，其影响范围与效果并不下于法官作出的无罪判决。如果赋予不起诉决定具有终局效力，等于赋予追诉者自行决定前期侦查结果的权利，一定程度上相当于"纠问制法官"大张旗鼓地回潮。

一般而言，对检察官不起诉的救济形式，可分为内部救济及外部救济两种渠道。外部救济以强制起诉制度为代表。所谓强制起诉，就是由第三方机关对于检察院作出的不起诉决定进行审核，在认为应予起诉的情况下，强制性赋予案件起诉效力的相关制度。因此，强制起诉的意义在于提供一种来自外部的特别制衡，当利害关系人穷尽追诉机关的内部救济渠道，仍旧无法得到适当权利救济时，凭借审判机关或其他主体作出的起诉决定，以维持权利的平复，以及权力与权力之间的平衡。一言以蔽之，便宜原则是对法定原则的侵蚀，强制起诉又是对便宜原则的制约。

强制起诉的制度设计建立在对检察官要存在外部制衡的基础之上。外部约束有很多渠道，强制起诉的特别之处在于由法院审查检察院的不起诉处分。那么此种设计是否会破坏控审分离？这就涉及检法机关之间的权力配置。同实行起诉审查制度一样，只要存在类似强制起诉的制度，即代表法院向检察院裁量权的腹地施展触角，检察官自主裁量的固有权限就受到压缩。法院审查权限则实现了相应的扩张，这是显而易见的事实。至于依托法院对检察院实施外部审查，是否会颠覆审检分立和起诉法定原则，是否会对整个刑事诉讼的权力结构都造成破坏，这样的争议是正常的，甚至有论者认为强制起诉制度会导致起诉法定原则面临着合法性危机。而本书的意见恰恰是有此制度比没有好，利或大于弊。

本书认为，强制起诉制度既非颠覆检察官起诉专属的职权，亦非法院僭越检察官职权，而是对于检察官的外部制约。借助强制起诉相关制度的确立，一方面制衡检察官对于案件进行终局决定的作为；另一方面强化了被害人在诉讼程序中的地位，有助于其因犯罪行为所生权利损害的平复，使得被害人的地位在刑事诉讼程序中能够得到多一层的保障。从实际效果来看，强制起诉制度适用的空间必然是有限的，其价值就在于其在诉讼制度中存在而已，但若没有它就缺失重要的一环，故其象征意义比实际效果更为深远。

需要着重指出的是，本书并非不认可"分工负责，互相配合，互相制约"，也毫无反对"检"对"审"的制约之意。相反，只有承认要以"互相制约"为实现目的、制度依托，本书的研究才可能具备一些现实意义，所以否定"互相制约"无异于自掘坟墓，只是同时研究"互相制约"非本书的体量所能承载，故将研究重点和突破方向集中于一个方向而已，特在此处明示。另外，因研究对象的重合，本书也可以被视为同聚焦于"公诉权滥用制约论"的议题具有同一目的和方向，但是本书仅以通过法院作为外部制约的途径和方式作为研究对象，并不涉及其他手段。

第二节 审判中心保障制度的基本要素

一、控审分离是基本结构

刑事诉讼流程牵涉三大国家权力,即侦查权、公诉权、审判权。分属不同国家机关的权力应当如何配置、组合、制约,构成了刑事诉讼制度设计的中心问题,对刑事诉讼的结构合理与否产生着根本性影响。尤其是检察院,上承侦查,是警察侦查成果的验收者;下启审判,是审判入口的控制者,天然具有程序枢纽的功能和作用。检察官之职责,不单单在于刑事被告之追诉,而且也在于"国家权力之双重控制"。作为法律之守护人,检察官既要保护被告免于法官之擅断,亦要保护其免于警察之恣意。故检察机关是刑事侦查活动的指挥者、领导者,在刑事侦查活动中居于主导地位,负有指挥和控制承担具体侦查活动的警察的职责,在指挥侦查活动的同时,也要监督侦查活动的合法性。检察官通过对个案的审查起诉决定,推动或创设着刑事政策,并最终影响着总体刑事司法制度的运行。因此,检察官的职权历来是构建刑事诉讼制度的关键性问题,检察官的角色无疑也是看清一国刑事司法体制运行状况的重要窗口。这是由检察官角色本身的性质和地位决定的,尤其同其历史渊源一脉相承。

法国大革命中,控辩式诉讼替代纠问式诉讼的司法改革,为后来的检察官制度奠定了基础。通过 19 世纪的改革,原由纠问制法官独揽的权力被一分为二:公诉权归属于检察官,审判权则由法官行使,控审分离之分权模式得以建立。1789 年法国大革命后,刑事诉讼被彻底改造,公诉权从原纠问法官之审判权中抽离,1808 年之《拿破仑治罪法典》(Code d'Instruction Criminelle,即法国《重罪审理法典》)推行后,原为王公财产利益执行私权追诉之家臣正式蜕变为国家公共利益追诉犯罪并执行公诉的官吏,而开创现代检察制度。这是现代检察制度基本框架得以确立的典型例证,形成了刑事诉讼中侦查、追诉、审判三大职权有机互动之格局。

从历史角度而言,检察官从纠问制法官分离出来,或者从隶属王权的其他职务转化而来,本来就存在对法官的监督之义。纠问式诉讼中,权力集中于纠问制法官一人,集侦、控、审三大职能于一身,主导整个刑事诉讼程序,所注重的是控制犯罪的效果,忽视对被告人人权之保障,甚至不惜为此牺牲个人权利。基于自侦自查的自诉自审,诉讼进程由法官一己决定；作为"程序对象"的被告人，几乎不享有诉讼权利。[①]往昔，法官身兼审判者与诉追者的角色，难免造成法官的恣意，于今，在依法治国原则下，为避免法官的恣意，将追诉机关及审判机关分立设置，检察制度登台，并成为公正审判之凭借，以保障人权。

控审分离是区分现代刑事诉讼和纠问式诉讼的基本标志。控审分离分为形式的控审分离与实质的控审分离。前者是指在组织机构上，设立专门的国家机关，并将"控""审"两权分置于不同的国家机关。后者是指"控""审"机关严守各自的权力界限，不相互逾越，但又互相制约。在审检分立的刑事诉讼模式下，大部分国家均以检察官提起公诉作为审判的唯一入口，称为起诉垄断主义，或国家追诉主义，例外的有强制起诉或犯罪被害人所为之自诉，但终究以检察官公诉为其首要。审判权具有被动性格，采取不告不理原则，案件非经检察官提起公诉不能审判，审判范围受公诉权的限制，除实质上一罪或裁判上一罪者外，未经起诉者不得审判。上面所述乃控审职能形式上的分离，而二者实质上的分离，才更为关键。

审判权与检察权有其相对的作用关系，对于检察权的核心功能公诉权来说，一旦检察官决定提起公诉，不管其证据是否足够，理由是否充分，均应接受法院审查。因此创设检察官的重要目的之一，在于通过诉讼分权模式，以法官与检察官彼此制约、节制的方法，保障刑事司法权限行使的客观性与正确性。实质的控审分离是指，控诉机关与审判机关严守各自职权界限，不得相互逾越，真正做到控诉的归控诉，审判的归审判。控审分离的实至名归不是仅凭一个理念或口号即可达成的，而是必须依赖一系列具体原则和规则的有效运作方可实现。

二、互相制约是本质内容

在任何现代刑事诉讼制度中，检察机关都是刑事诉讼全程的真正贯穿者和主导者，在可以预见的未来，检察机关的追诉裁量权只会更大，那么应如何有效制衡检察官妥当地行使追诉裁量权？这不仅是一个刑事诉讼层面的问题，也是一个影响宪法层面权力分配与制衡的问题。

刑事司法程序是广义的宪法，借由国家权力确保社会的有序与人民的权利，并且免于政府对自由的不当干涉。而检察官对犯罪嫌疑人的追诉权力、对法院审判的监督及其后的执行监督，正是实践刑事司法程序的主线，理所当然属于检察权的核心版图。出于对法官的监督制约所创设的检察官角色及其制度：一方面，控审分离促使法官和

[①] 赫尔曼.德国刑事诉讼法典[M].李昌珂，译.北京：中国政法大学出版社，1995.

检察官互相制约,防止任何一方集权擅断;另一方面,通过履行出庭、提起抗诉、再审等职能,检察官助力法官正确判决,防止法官恣意裁判。

以我国为例,公检法之间的配合制约关系以《中华人民共和国宪法》(以下简称《宪法》)第135条为渊源,本质上是国家权力配置运行的基本遵循,并自成完整的逻辑和规范体系。① 控审分离、互相配合、互相制约,是存在于宪法位阶的原则。这一精神脉络在我国宪法中也不是无根之木,涉及刑事司法的侦、诉、审三种国家权力也强调分工负责、互相配合、互相制约。我国《宪法》第135条明确规定,在刑事诉讼中,公检法三者关系为"分工负责、互相配合、互相制约"。该原则于1979年《中华人民共和国刑事诉讼法》(以下简称《刑事诉讼法》)确立并沿用至今,是我国刑事诉讼中的一项宪法性原则。经历次修宪,这看似无用的一条却从未被触及。《刑事诉讼法》也将此作为基本原则。任何一本刑事诉讼法教材都会将其作为基本原则高高挂起。但互相配合、互相制约这一宪法原则并未在刑事诉讼法中充分具体化。何时互相配合,何时又彼此制约?应然层面上,关涉诉讼主体基本权利时,各机关应彼此制约,以实现人权保障,而在无关基本权利保障的场合,各机关应互相配合,通过发挥自身职能,准确适用法律,实现对犯罪的精准打击,以扭转当前"配合多"而"制约乱"的不正常现象。同时,不能因司法实践中存在一些不合理的做法,而否定"分工负责、互相配合、互相制约"之原则。公检法三机关的目标及价值均在于促进实现国家刑罚权。

在统一的目标下,国家应保障被追诉人获得符合依法治国原则的程序。在国家刑罚权产生之后,在多大范围、多大程度上进行刑罚处罚,最终是由国家决定的。立法者创设并赋予检察机关一个不受司法审查的自由行为空间。但这个决定只能完全由立法者作出,而不应由检察机关作出。如果立法者授权检察机关在具体案件中作出决定,当检察机关客观上恣意行为,以致对犯罪嫌疑人产生不利时,无法保障犯罪嫌疑人获得法律保护,那么必须存在对检察机关滥用法律作出的决定进行纠正的途径。对以下情况可以认为存在法院制衡的必要,即检察机关对一定的犯罪行为通常会终止程序,但在具体案件中,在事实状况相同的情况下,该检察机关却出于难以捉摸的原因没有终止程序。以下情形中也存在同样的问题,即检察机关在一系列相似的案件中,一直都认定不存在进行刑事追诉的公共利益或特殊公共利益,但在其他类似案件中,却在没有可理解的理由时,提起公诉。另外还应考虑的是以下情况,即检察官违反法定追诉原则,只对一位行为参与人进行侦查,或在存在一系列事实情况类似的案件时,只对一个案件启动侦查程序。检察机关滥用法律作出决定的情况下,可以认为

---

① 韩大元,于文豪.法院、检察院和公安机关的宪法关系[J].法学研究,2011(3):15.

犯罪嫌疑人的权利已经受到侵犯。刑事诉讼的进行、判处刑罚和执行刑罚都是国家对个人自由空间的干涉，因此，如果此种国家干预的法定条件未得到遵守，那么至少个人，无论是被追诉者，还是被害人，所享有的基本权利就受到了侵犯。正确的结论就是，如果具体案件的特殊情况能证明，检察机关的决定在客观上是恣意作出的，或者为了防止上述现象的出现，那么对检察机关的决定必须进行一定形式的司法审查。真正需要回答的只有以下问题，即以何种方式实现这种审查，来确定检察机关这种客观上的恣意行为是否存在。该问题和以下问题紧密相关，即检察机关在作决定时，享有多大的裁量余地或判断余地。最后需要确认的是，司法审查可以在何种程序中进行。

三、审判中心是核心目标

审判机关追求审判独立，是现代法治国家普遍承认并确立的基本法律原则，其核心是法官在进行审判的过程中，只服从法律和良心，客观地判断事实和证据，公正地作出裁判，而不受外界干涉。审判中心是核心目标，其反面就是破坏审判中心的实践损害了控审实质分离诉讼结构的平衡，进而损害了审判机关的审判独立。审判独立是实现以审判为中心的前提，将审判权交给法官，让审判权不受外界干预，审判活动才能正常展开，审判权的中立性、程序性、终局性所具有的价值才能发挥。这是各国宪法和法官地位法规定的准则。如我国《宪法》第126条规定：人民法院依照法律规定独立行使审判权，不受行政机关、社会团体和个人的干涉。这是审判独立的宪法依据。

审判权，或更广义的司法权，在被寄予厚望的同时，偏偏还具有软弱性和易受侵害性的特征。对比立法权和行政权，司法既无钱又无力。特别是在缺失独立地位的环境下更为被动，无怪乎被评价为最弱的一项权力。但不无遗憾的是，这恰恰是多年来中国司法权运行状况的真实写照。也正因如此，"顺承模式"的诸多弊端才具有了外部的衍生土壤。核心的症结则在于侦查、起诉和审判三种职能之间关系的失调，侦查权力过大，法院审判作为把关者的地位无法显现，无法树立司法权威。具体而言，目前控方侦查和起诉相互分离、各自独立，没有成为有机的整体。检察机关的主要职责不是履行控诉职能，而是履行法律监督职能。法院在三角结构中本处于居中裁判的位置，却不能对诉讼中涉及公民基本权利的事项行使司法裁判权。总体上讲，三种职能配合有余、制约不足，甚至没有制约。加上党委、政法委对案件的协调、参与，使得诉讼结构形成的合力指向惩罚犯罪。正因如此，党的十八届四中全会决定提出以审判为中心，以期对传统分段包干的流水作业式的线性关系重新进行审视和定位。

刑事诉讼程序建立在这样一个理念之上，即对已经发生的自由权损害进行平衡，对主体之间受到损害的自由关系与和平关系进行最大程度的重建，因为这种自由关系与和平关系不仅仅涉及外部安全。只有严格地、始终如一地尊重自由权利，这种关系才能得到促进。首先必须尊重的是公民的基本程序权利。任何职权扩张，都需要具有自由权上的正当性，其次必须注意其对侦查机构的必要的客观性可能造成的影响。前提条件是必须严格、始终如一地尊重刑事诉讼程序保障公民自由权的目的。只有在严格的条件下，才能承认法院介入审查的余地。如果立法者希望授权行政机关作出自我负责的、法院只能进行有限审查的决定，判断余地可以由立法者通过使用不确定的法律概念来赋予。总的来说，与基本权利的相关性越强，或者说对基本权利干预的程度越强，通过赋予判断余地而对法院监督施加限制的正当性则越低。

第三节 审判中心保障制度需要处理好的几对关系

一、内部与外部的关系

所谓内部、外部，是以案件在法院进入审理阶段为标尺，依据对于检察机关诉讼行为的审查手段是处于审判阶段内还是处于审检交接处作出界分的，前者为内，后者为外。内部具体指有助于实现庭审中心的相关原则、手段，如常常列举的直接言词原则、集中审理原则、自由心证原则、职权调查原则等。上述原则的直接目标是具体案件审理中庭审的实质化，保障举证质证在法庭、结果形成在法庭。而起诉审查制度和强制起诉制度则处于审判机关同检察机关直接"接壤"的环节，所要实现的是把住程序的"入口"，二者功能各异其趣。比如，起诉审查制度所要审查的重要内容之一为审查提起公诉的案件是否达到法定证明标准，检察机关是否已经尽到案件达到法定起诉标准的举证责任；强制起诉制度所要解决的问题则是检察机关作出不妥当的不起诉之后，是否给予被害人一方向外部机关寻求审查和救济的机会，二者均涉及"入口"筛选案件问题，至于进入了审判阶段的案件，则必须按照庭审中心的原则来进行审理。

对起诉审查制度的功能再加以说明。最基本的认识是，我国尽管名义上遵循起诉法定主义原则，对此作出了宣示性规定，法律依据可以是《刑事诉讼法》第172条，但如何落实起诉法定相关原则却缺乏相应的程序设计。可以说，我国并不存在起诉审查程序，对检察机关的起诉决定进行实质性审查；也不存在强制起诉程序，与不起诉进行合理审查。① 由于对于起诉行为缺乏实质性制约，加之法院实质上仅有有罪、无罪两种处置结果，导致法院的很多精力和资源都用在应对本不应进入审判程序的案件。而由于对不起诉缺乏审查余地，检察院是否背离了起诉法定原则、破坏了平等原则也未可知，对于被害人的权利保障很难到位。在刑事程序中，检察官作为法律的守护人，本应负有客观公正义务。但这种义务的履行，不应靠机关的自觉认知来实现。只有通过起诉审查制度的合理构建，才可以避免未达起诉条件的案件"一马平川"地进入审判腹地，给审判资源造成无谓浪费；通过强制起诉制度的合理构建，可以避免不起诉权力随意行使，背离起诉法定原则的基本要求。

审判中心的实现，需要内部和外部共同发力，犹如"车之两轮"或"鸟之双翼"，缺一不可。若没有内部保障实现庭审实质化，则起诉审查制度和强制起诉制度也只是徒有虚名而已；反之，没有起诉审查制度和强制起诉制度从外部保驾护航，树立威信，庭审实质化也只是有名无实的装饰而已。处理好内部保障和外部保障，双管齐下，才能保证审判中心走在正确的道路上。

二、主体与客体的关系

在控诉原则笼罩之下，"不告不理"原则会发挥作用，原则上法院局限于一个被动的角色，未经起诉则不得审判。公诉机关对于审判机关的制约，要通过审判范围受制于指控范围等一系列制度的协同来具体实现。对于刑事案件要能论罪科刑，前提是先有控诉的存在。故此"不告不理"的理念，拘束着追诉与审判的运作，案件必须先经过法律所设定的控诉机关向法院提起控诉，法院才能审判，法院不得恣意将未经起诉的案件自为审判。现行刑事诉讼制度，不论是在哪一个体制中，都已采取控诉的模式，不同之处仅在于控诉的实质条件略有差异而已。所谓的"告"，即具体的刑事案件经检察机关起诉后属于法院。因为诉讼归属的缘故，法院受到指控范围的拘束，并应作出裁判。法院在此过程中同其他诉讼主体之间产生权利与义务的关系统称为诉讼关系。在控诉原则之下，诉讼关系的产生，自然就是提起诉讼的行为。诉讼关系的消灭，不外乎撤回起诉和获得裁判两种。无论是有罪判决、定罪免刑，还是无罪判决、终止审理，均属于诉讼关系消灭的通常原因。

诉讼行为可以按照不同的标准分类。比如依照主体，可以分为法院的诉讼行为和非法院的诉讼行为，检察机关的起诉行为当然也是一种诉讼行为。依照效力可以区分为取效行为与予效行为，前者指诉讼行为的目标在于引发另外一种诉讼行为，即其作

---

① 孙远."分工负责、互相配合、互相制约"原则之教义学原理——以审判中心主义为视角［J］.中外法学，2017（1）：188-211.

用在于通过影响另外一个诉讼主体的行为来形成程序;后者指直接形成特定诉讼结果的行为,原则上并不需要取决于其他主体的诉讼行为,如不需要批准的放弃或撤回。诉讼行为的关键在于有效要件,其必须具备特定的"质地"才能产生诉讼法上的效力。这种关于"质地"的要求就是诉讼要件。诉讼要件是诉讼的条件或程序要件,是指整个诉讼能够合法进行并作出实体判决所需要具备的前提要件。正面的诉讼要件,或称积极的诉讼要件,如合适的管辖权等;反面的诉讼要件,或称消极的构成要件,则必须"不存在",法院才能够实施实体审理,如一项指控未曾经过实体审理等。

对于审判机关就检察机关的起诉行为实施审查这一环节来说,显然应该从诉讼要件以及诉讼行为的角度去认识其性质。检察机关提起公诉或者作出不起诉决定,都是一种诉讼行为,是否有效,则需要对于相关的诉讼要件进行审查和判断。审查主体是法院;审查客体是检察院的诉讼行为;审查对象是诉讼要件是否齐备。对于起诉审查发生的时空来说,依托的环节是收案。至于诉讼要件是否齐备,自始至终法院应依照职权进行审查。

三、近景和远景的关系

刑事诉讼中,实现以审判为中心的改革是一项涵盖面广、体系性强的长期工程。按照当初的顶层设计,推进以审判为中心的诉讼制度改革,可规划为近景、中景和远景三个目标阶段。近景目标,是要在现行刑事诉讼法的框架内,通过改革审判方式、统一刑事司法标准,加快实现法院审判以庭审为中心,进而促进整个诉讼程序实现以审判为中心;中景目标,应当是通过深化司法改革,进一步优化刑事司法职权配置,以实现审判对侦查及公诉活动的有效制约;远景目标,应当是推动刑事诉讼法的全面修改,实现以审判为中心的诉讼程序重构,建立更加符合法治规律、具有中国特色的刑事诉讼制度。[①]

作为关乎每个公民基本权利保护与保障的刑事司法改革,业已进入"深水区",但尚有很多重大的基础理论问题由于机会成本高而无人问津。在不同机关之间进行不同的权力配置会如何影响结果,我们能不能预测这些规则变动的走向?是否存在无须通过制度安排就能实现的理想结果?恰恰在此处,我们似乎进入许多公共政策的问题循环之中,还不止一次地沦入"钱穆制度陷阱"。总的来说,处于转型期的改革措施缺乏全面的顶层设计,常常沦为机关之间争权夺利的战场,充斥技术细节上的删改,浪费了宝贵的时间和组织资源,在未达预期效果的同时,却已然形成路径依赖,久而久之,

---

① 沈德咏.论以审判为中心的诉讼制度改革[J].中国法学,2015(3).

将面临"无力回天"的窘境。

审判中心的具体实现,就属于一个"中景"任务。正确的路径应当是通过深化司法改革,进一步优化刑事司法职权配置,以实现审判对侦查及公诉的有效制约。基于此,本书的思路主要着眼于如何通过程序来规制不当的起诉以及不起诉的诉讼行为。法院的制衡只能在实现审判中心的同时,独辟蹊径地向起诉及不起诉的"腹地"延伸一些"触角"。这些延伸只能发生在收案立案的环节,通过起诉审查制度来约束"一马平川"进入审判程序的势头,对检察院的"作为"进行制约;同时通过有限的强制起诉制度来对检察院的"不作为"进行制衡。因此本书将视线集中在检法之间权力交错的领域,即法院作为"后手",对于"前手"也就是检察院起诉过来的案件,或者没有起诉过来的案件,是否要发展实质性的审查机制,可否有腾挪的空间,权力应该如何配置,相应的依据何在,以及制度的走向如何等。近景、中景问题得到了妥善解决,才有可能论及远景问题。

四、"体"与"用"的关系

所谓"体"就是体制的变革和制度增量;所谓"用"就是技术性的改良与调整。

能够形成共识的是,仅采取技术进路,而不涉及体制改革的思路无法从根本上建构起以审判为中心的体制。套用一句当下的常用语,目前能够进行的技术改良已经达到了内卷的程度,也就是停滞在一种"无发展的增长"状态。应当继续推进包括确保司法机关依法独立行使职权在内的司法体制改革,进而在此基础上调整侦查、公诉、审判职能,理顺公检法三机关的关系,构建科学合理的诉讼结构。这是树立以审判为中心的根本之道。

以审判为中心的前提是优化司法职权配置、规范司法权力运行,深层次原因在于刑事司法职权配置不符合司法规律,且与之相应的诉讼程序设置不合理、不科学,而对于体制性问题,则需要从立法上解决。从这个角度来讲,推进以审判为中心将带动我国刑事诉讼法的巨大变革。由于以审判为中心涉及职能调整等诸多体制性问题,因而会给相关部门带来巨大的利益冲击。这决定了以审判为中心的改革并不是刑事诉讼法的"小修小补"即可完成的,也不是通过一次修法即可达成的。

在这一框架下,对法院来说正路只有一条,只能是力争通过增加制度规范的密度来参与这场游戏,初步目标是在权力临界处和诉讼步骤、过程等程序机制上进行"小步快跑式"的改良,在诉审关系中获得一定的谈判价码;终极目标则是在侦审领域通过引入司法性质的审查施加更加实质性的影响。所以,要使审判变成真的审判,需要进行一系列配套改革措施,给法院"配平"相应的"武器"。不进行这些改革,以审判为中心难以实现、持久和固化。客观上构成了诉讼模式转型的决定变量。这种转型的特色之处在于其完成了从理想主义到现实主义的"蜕变"，这也正是本书的目标。

五、"二元"与"三角"的关系

所谓"二元"，是指控审关系中的两个主体，即审判机关和检察机关。所谓"三角"，则是指在具体的诉讼过程中，并非仅有此二元主体的互动，还有利益相关人的加入，以辩护人为代表，形成了"三角格局"。二元之间的互动，限于国家机关之间的此消彼长，公民的权益或可成为背景；而"三角格局"本质为赋权模式，通过赋予诉讼参与人诉讼权利，使之得以在侦查、起诉、审判过程中指陈事实、主张权利及提供法律之意见，请求予以关注和救济的程序。公民权益的保障经由权利的行使而得以实现。两者的关系是互为助力的。若是缺乏健康的控审关系，公民权益保障就无法落到实处；若缺乏诉权的参与和互动，则难以在审判机关和检察机关之间形成良好的平衡。

司法体制的改革如果缺乏利益相关人的参与，就注定是一场自说自话的游戏。近年来，随着经济的迅速发展，我国社会的主要矛盾已经转化为人民日益增长的美好生活需要和不平衡、不充分的发展之间的矛盾。刑事审判领域的司法制度在先进理念的指导下，业已历经多次改革，在司法人员的操守和素质均有相当程度的改善的情形下，一般民众对于司法的整体观感和信赖度仍持不乐观的态度。那么，如何建构人民信赖的司法体系？人民对于司法正义的需求是什么，为什么还不够信赖？都是不宜解决的恒久难题。国家"需要构建多元的公共利益维护机制，特别是要注意将法治手段作为实现人民美好生活的必经途径和制度保障"[①]。

但是，单纯提高诉权地位，增加诉权形式，甚至是提供更为周密的程序保障，而不对诉讼结构加以调整，都仅仅是表面功夫而已，难以获得预期的理想效果。更为关键的是借助以审判为中心的诉讼制度改革重塑审判权、检察权之间的互动关系，以及其与其他国家权力之间的互动关系。[②] 我们应该超越刑事诉讼领域，从公民基本权保护的层面来认识这一问题。检察机关的决定，无论是起诉还是不起诉，都会同时干预被害人和犯罪嫌疑人的权利，因此应该置于一定程度的司法审查之下，与此相关的基本权利还包括同等对待原则。在刑事诉讼程序中，同等对待原则保障犯罪嫌疑人获得与以同样方式实施了不法行为的犯罪嫌疑人同等对待的权利。检察机关行使的无疑是公权力，而且原则上，滥用法律的程序肯定侵犯了被追诉者的权利。同时在被害人本

---

① 何帆. 新时代中国特色社会主义司法制度优势转化为治理效能的实践路径［J］. 中国应用法学，2020（5）：129-143.
② 周新. 论我国检察权的新发展［J］. 中国社会科学，2020（8）：64-86.

身被剥夺了启动刑事追诉的权利的情况下，至少应当保障刑事追诉机关遵守法律规定，不任意放弃处罚。通过检察机关与法院的相互监督，可以保障法院的判决和检察院的起诉或不起诉决定都是谨慎作出的、有根据的。这是对受刑事诉讼影响的被追诉人和被害人的一种保护，即无论是被追诉人还是被害人均有权要求检察机关与法院相互独立地审查案件并作出评价。

六、"边缘"与"中心"的关系

围绕庭审中心的实现，应该属于核心的"中心"部位；围绕审判中心的保障制度，属于提供支撑的外围，相对于"中心"它则属于"边缘"。

第一，所谓"边缘"与"中心"，同外部和内部有相似之处，但又有所不同。控审之间的关系，尤其是审判机关如何对公诉机关进行合理制约，看似属于边缘问题，实则是为了解决主要矛盾。"边缘"是一个历史地理学的概念。相对于"腹地"，"边缘"自然是荒芜的、缺乏关注的，但同时"边缘问题"又具有自身的重要性，特定情态下还可能变身为具有主体地位的问题。

第二，认识"边缘问题"有助于我们更好地理解全面图景。相较于长期被聚光灯照射的"中心议题"，"边缘问题"区域往往一片黑暗。如果把整个领域想象成一张地图，"中心议题"就是已勘明区域，它四周的"边缘问题"则是大片的未勘明区域。这片未勘明区域是什么样的？那里有着怎样的规则和逻辑？它们与"中心议题"的关系是什么？通过研究"边缘"，作为其对立面的"中心"也会随之变得清晰。探索它有助于我们构建一幅关于问题整体结构更加完整的图景。因此，认识"边缘"可以帮助我们更好地认识"中心"。

第三，"边缘问题"和"中心议题"存在相互转化的可能，关注"边缘"也是为了反思甚至挑战"中心"。很多时候"边缘"是作为相对于"中心"的"他者"被建构出来的，正如某一时间段的研究热点是制造出来的一样。当人们说"边缘"是这样的时，往往隐含着"中心"应是那样的（或至少不是这样的）。如福柯所言，地理学和空间中同样隐藏着权力。为什么（以及凭什么）此处是"中心"，而另外一些地方就是"边缘"？过去是"中心"，是否意味着永远是"中心"？当"边缘"的疆域、体量和重要性都发生变化时，"中心"和"边缘"是否会发生转移和互换？以及更重要的，别人的"中心"是否就一定是我们的"中心"？

第二章　审判中心保障制度的价值取向
——实现平等保护原则

第一节　起诉及不起诉决定均应受平等原则制约

刑事诉讼除了保障宪法所定自由权、生存权、平等权等基本人权，还应尊重人性尊严，按照法治国的理念赋予诉讼参与者以正当法律程序的保护，以实现人道的、公正的司法。在刑事诉讼上，一方面国家为确认刑罚权而实行刑事追诉与审判，另一方面则因个人防御权的行使涉及自由的保障问题，在此目的互异的紧张关系下，依法治国的原则更凸显其意义。

平等原则，属于宪法一般法律原则。公权力不论在实体上或在程序上，对于相同事件都应作出相同处理，除非有正当理由，不得作出差别待遇，亦称禁止恣意差别待遇原则。任何公权力机关行使裁量权，均须遵守自我拘束原则，在内容上不得超越宪法设定的界限，否则将构成裁量权之逾越，其行为即违法，亦即裁量受限于宪法自由权、平等权等，不得与宪法一般法律原则相抵触，否则即属于违反宪法。而基于宪法平等原则要求，对于相同事件应作相同处理，依事件性质，如无作出不同处理的明显理由，不应作差别待遇，这是宪法平等原则对于公权力行为产生的外部效力。

检察权为国家权力之一，所以检察权的行使即为国家权力的行使，而国家权力的行使，首要在于正当法律程序的实践，故除必须遵守宪法及依法治国各项原则（平等权、诉讼权等）外，还必须遵循刑事司法各项法律的规定。其实，法定原则正是在于确保人民能够得到司法正义基本事项中的公平对待。在具体实现刑罚权的过程中，检察官通过行使审查起诉权，把控着案件从侦查流转至审判程序的重要关口，实际上决定着每名犯罪嫌疑人的命运。法定追诉原则通常是指检察机关具有法定义务，即在对有足够的事实依据证明存在可追诉的犯罪行为时，应对犯罪嫌疑人采取措施、侦查案情以及在必要时提起公诉。与此相反，与便宜追诉原则概念通常联系在一起的是，刑事追诉机关有是否进行刑事追诉的裁量权，其裁量决定会受合目的性考虑的影响。便宜追诉原则在一定程度上是对法定追诉原则的突破，使刑事追诉机关能将有限的资源集中到犯罪行为的核心领域中。

但无论是法定追诉原则，还是便宜追诉原则，都应受平等对待原则与禁止恣意原则的约束。若检察官对于类似之案件，作出类似之处理，合乎形式平等的判断标准，并达成形式平等的目标，则无滥用起诉裁量权的问题。但若检察官并未依据"同样情况同样对待"的平等原则处理类似案件，就违反了法律平等、个案平等原则，即涉及选择性起诉的违宪疑虑。这里面存在形式平等和实质平等的差异。这种差异是由于不同的平等理念追求而形成的，主要是形式平等与实质平等的不同理论所致。

形式平等以消除差别待遇为手段，来追求无差别待遇的终局状态。这是典型的反分类、反差别的形式平等。形式平等本质是类似的事务应为类似处理，即以"等者等之，不等者不等之"为分析工具，从而构建平等理论，因而形式平等是以规范上无差别待遇的价值作为内涵的。形式平等论主张"等者等之，不等者不等之"，并以无差别待遇作为促进平等的手段。举例而言，有能者居之而无能者失之，就是典型的形式平等观。"贫者越贫""富者越富"的马太效应也符合形式平等观。

实质平等的内涵绝非"等者等之"的绝对、机械之平等。"平等"不仅是目的，它更重要的还是一种手段，可以通过"揠苗助长"的方式实现它。其目的在于保障人民在法律上的实质平等。实质平等观倡导以积极手段消除弱势群体在权力、地位关系上的不对等，实质平等观主张平等不仅是要求国家提供形式的无差别待遇（每个人均享受法律一致待遇），还积极要求国家消除受歧视的少数或弱势面临的不利或次级、弱势地位。就宪法领域而言，实质平等的内涵就是要求由立法机关基于特定宪法的价值追求及立法目的，对于事物的本质差异自行认识并决定，基于天然条件的不等而作出合理的区别对待。只要这些区别对待的标准不是任意的、无理的或者歧视的，那么就符合实质平等观的要求。比如降低对于贫困地区的高考录取分数线，或者司法考试资格线，这就是典型的实质平等观指导下的决策。

至于检察官滥用裁量权而造成违反宪法平等原则，其内涵究竟应以形式平等还是实质平等判断？平等的贯彻是刑法社会性的前提，所谓"法令至行，公平无私，罚不讳强，赏不私亲"，无不在使国家的刑罚权力社会化。因此，刑罚并不是目的，刑罚权社会化才是目的。唯有刑罚权社会化，才能达到刑法犯罪的预防与法益保护功能。"世界上没有两片完全相同的树叶"。具体言之，应该是以形式平等为基本指导，实质平等为修正因素。原则上，同样情况应得到同样对待，同等的罪责应做同样的处置。地理空间上不统一的，或者时间上先后反复无常的检控政策，除非有非常具体的政策理由，否则涉嫌违反平等保护的权利。

第二节　选择性起诉违反平等原则

　　法律上平等，即法律地位之平等，具有宪法规范诫命之地位，若有差别对待时必须是合理的差别对待，否则就不应为差别对待，而应以"等者等之，不等者不等之"达到无差别待遇。刑事诉讼中针对平等保护的违反典型是检察院的选择性起诉或不起诉，其最大问题在于诉讼权行使与否可能涉及恣意或滥权，故应限制不公平差别待遇之选择性起诉，以免产生差别待遇的执法效果。

　　依据我国现实，不太可能基于种族、宗教、政治等因素适用不同的起诉政策，但检察机关完全可能依据其他任意划分的分类标准而作出起诉或不起诉决定，以至于法律现定的平等权得不到保障。换言之，任何形成差别待遇的起诉政策均需要经过平等保护这一关的"拷问"，必须有充分的政策理由支持同等条件下的不同对待。例如同样罪责条件下，对于未成年人作出附条件不起诉，而对于成年人则积极推进起诉，应该认为是存在抽象依据的，进而应该结合具体案件情况检验这种抽象依据是否能站得住脚。目前无论是理论研究还是司法实践对此关注都很不足，比如引发热议的"博士偷菜不起诉""毒贩妈妈不起诉"，在被起诉人已经在形式上符合盗窃罪、贩卖毒品罪入罪标准的前提下，通过实质的可宽恕性理由对其进行的出罪化处理，大多数是围绕酌定不起诉适用的事实依据是否充分进行的讨论，但并无对相关不起诉政策是否违背平等原则而进行的讨论。①

　　由于特殊的宪政体制，对于选择性起诉，美国法律研究较为集中。就美国法律而言，恣意或滥用选择性起诉违反美国宪法第五及第十四修正案。检察官滥用裁量权之选择性起诉是指检察官筛选特定人提起公诉，即针对特定群体或族群成员起诉，违反宪法平等原则，对相同之人应做相等之处理。上述检察官基于故意而选择性起诉因而产生歧视性起诉结果，涉及宪法平等权保障及行政法一般法律原则中平等原则及禁止

---

① 资料来源：渝碚检刑不诉（2021）Z46号，重庆市北碚区人民检察院不起诉决定书依据是"犯罪情节轻微"，根据刑事诉讼法37条不需要判处刑罚。根据刑事诉讼法177条第2款的规定，决定不起诉。相关评论见马聪《博士偷菜不起诉：检察院错了吗？》，载《人大法律评论》2021年11月2日"法律时评"栏目。另外的代表性讨论见罗翔《不宜轻易动用刑法打击"毒贩妈妈"》，载"罗翔说刑法"微信公众号。案情大概是：河南郑州35岁的母亲李芳（化名），其幼子罹患一种罕见的癫痫疾病，婴儿癫痫伴游走性局灶性发作（EIMFS）。在医生介绍下，李芳开始购买一款名为氯巴占的药物。但该药属于国家管制的第二类精神药品名单，李芳和病友们不得不从代购者手中购药。2021年7月，李芳帮一名代购者代收了海外购买的氯巴占。结果，李芳因"走私、运输、贩卖毒品罪"，被检察机关以"犯罪情节轻微"为由不予起诉。与李芳同案人员另有四人，分别为代购者"铁马冰河"以及其他三名帮助代购者收氯巴占包裹的患儿母亲。代购者因"走私、运输、贩卖毒品罪"被中牟县检察院提起公诉；其他三名妈妈均"自愿签署认罪认罚具结书"，被检方认定"走私、运输、贩卖毒品罪"，因犯罪情节轻微不予起诉。

恣意原则，故有必要对平等权探讨其内涵及判断标准。选择性起诉的认定应具备下述要件：①检察官起诉具有歧视性意图，②产生歧视性结果。前者，被告应能证明检察官选择起诉被告是基于有意且故意（conscious, deliberate and purposeful）的目的，是基于法所不许且恣意（arbitrary and impermissible）动机下作出的自起诉决定。后者，被告应证明自己属于特殊群体成员之一，该群体成员不是只有被告一人犯罪，其他案例中近似且可起诉的行为人，检察官未对之提起公诉。

当被告主张检察官选择性起诉违反宪法平等保护条款时，美国联邦最高法院认为应先推定检察官"基于善意"提起公诉，由被告承担证明责任推翻此合法推定之事实。除非被告能够先提出证据证明检察官有意或故意基于种族或其他分类标准而带有偏见，提出歧视性（discriminatory）起诉，法院此时得裁定证据命令检察官公开起诉标准，由检察官证明起诉不是依据种族、宗教偏见等标准。

被告若欲提出此主张必须证明下列要件：①其他案件中类似的犯罪行为人并未被起诉（other violators similarly situated are generally not prosecuted），②选择性起诉是出于检察官主观意图或故意选择（the selection of the claimant was intentional or purposeful）及该选择性起诉是基于任意或恣意之分类标准（the selection was pursuant to an arbitrary classification）。至于被告提出证据之证明程度（required threshold）至少要达到"相同情况被告，受到不同待遇"（a credible showing of different treatment of similarly situated persons）方可认定构成歧视。

综上，被告应提出证据证明检察官违反宪法规定的平等保护条款而进行选择性起诉，且证明检察官有意或故意基于种族或其他分类标准而提出歧视性（discriminatory）起诉，此二要件应并存之，而非择一要件，实务上鲜有被告成功的案例。

另外一种常见的选择性起诉形式即报复性起诉。因为案件数量的压力、侦诉资源的短缺，检察机关并非乐于见到被追诉者行使权利，致追诉程序变得过于复杂、冗长，导致成本增加。故此"被告应配合办案，不应行使太多的权利"作为一种机关文化的形成也就在所难免。被告因为行使法律上规定的正当行为，难免遭到检察官报复或惩罚。美国法律对此现象的研究较多，称之报复性起诉（prosecutorial vindictiveness）。

报复性起诉系指检察官提起公诉的目的是报复被告行使其宪法或法律规定的权利。美国检察官体系隶属行政权，为确保检察官依法执行法律，并斟酌个案正义及诉讼资源分配以决定诉讼权之行使，乃赋予其广泛裁量权，采取起诉裁量制度，然其行使裁量权，应受宪法规范之诫命或限制。宪法或法律赋予人民权利，倘在人民行使权利后，国家机关却反施以报复或处罚，这违反了正当法律程序。当被告行使宪法或法律规定的权利时，检察官表面上虽为运用起诉裁量权提起公诉，但实为报复被告行使权利，违反被告受宪法所保障的正当法律程序权利。

一旦法院认定起诉系报复性行为时,即使检察官有充分证据证明该犯罪事实,法院也可依宪法正当法律程序驳回起诉,无须进行实体审判。若检察官起诉行为直接违反宪法平等保护条款或正当法律程序之规范,被告提出理由认为起诉有违宪情形而申请裁定驳回起诉,得由各地方法院审查该起诉有无违反宪法平等保护或正当法律程序之规范,故属于起诉后之法院违宪审查。①

美国法律所承认滥用裁量权之类型,亦可能适用于我国检察官起诉与否之裁量决定。对于不当起诉或不当不起诉,也应从违反平等对待的角度予以贯彻。检察官行使起诉裁量权应受到宪法规范之指导,不得侵害人民受宪法所保障之权利。在行使起诉或不起诉的权力时,不得基于恣意分类为之。若发生检察官面对相同案件,故意选择起诉某种特定被告,该选择系出于宪法禁止之分类(或歧视性标准)而合于选择性起诉要件时,对其他相同案件的被告为不起诉处分即形成差别待遇,应允许被告提出选择性起诉的抗辩,给予法院进行司法审查的机会。

第三节 平等原则潜藏着审判机关对起诉行为进行合宪性考察的可能性

在现代社会福利国家,保障人类的共同生活仍是其主要任务,因为这项保障任务的实行,确保社会生活秩序的安定,乃是国家积极推动各项民生福利工作的前提要件,建立并执行法律的秩序便成为国家的基本任务;特别是,每个人都应有生存权的保障,每个人都应受到保护以抵御强者的掠夺,因此,我们需要一个可以保护所有人权利的国家,如果国家要履行职能,不论如何必须拥有比个别国民或团体更大的力量,此时,国家权力可能会反噬部分国民的权利来保全多数人的利益,固然,我们建立各种制度,使国家权力被滥用的危险减至最低,但仍不能根绝这种危险,相反地,大多数人都不得不为得到保护而付出代价,不仅以纳税的方式维持国家的正常运作,还可能受到刑事制裁,国家对人民的刑罚权(ius puniendi)由此而生,成为国家统治权的一部分,刑罚因此被认为是出于政治上的需要。因此,对于以维持社会秩序为目的的国家,必须承认其对于犯罪行为人具有科处刑罚之权限,即所谓刑罚权。刑罚权借由国家机关行使,如此才产生追诉机关、审判机关与执行机关。

如今,刑罚权绝对自主的原则遭到扬弃,且更受到高位阶宪法及人权法律的约束,检察权与审判权二者共同实践依法治国的正当法律程序。

---

① 王兆鹏.论报复性起诉[J].月旦法学杂志,2013(12):223.

免受不当指控的性质属于宪法赋予公民的防御权。即使是对于被追诉人，刑事诉讼程序也要保障其享有公民的各项基本权利，如果要进行限制或剥夺，必须符合相应的条件和程序，且应出于事前的法定。公民基本权利最重要的功能属性就是针对国家公权力实现防御，即排除国家对公民基本权利的不当限制和干扰，从而在国家公权力可能走向异化之时并非束手就擒，而是能够从制度中获得一定的对抗能力，从而稍稍直面异化的权力所带来的肆无忌惮的侵害。

防御权的意义不在于公民和公民关系的处理，而完全在于公民个体同公权力"利维坦"之间关系的维护。这一权利的功能在于给公民提供一个"保护罩"和"缓冲区"，赋予其一个可以喘息的空间和私密的时刻，从而可以从异化之公权力恣意干涉的范围内逃离。公民基本权利最大的功能就在于给公民一个武器，尽管可能不是很强大，但可以在一定程度上对抗异化的权力，让国家不能随意侵犯公民的合法权利，防止公民个体的生命、自由和财产安全受到国家权力。对此理念的典型阐发可参见"吕特判决"。该判决是确立德国战后基本权利思考基本方向的最重要的判决之一，德国联邦宪法法院在其中指出："毫无疑问，基本权利的主要目的在于确保个体的自由免受公权力的干预。基本权利是个人对抗国家的防御权，从基本权利观念在人类精神史上，以及各国将基本权利纳入宪法的历史过程中，我们可以看出这一点。"[1]尽管防御权概念具有很强的德国法烙印，防御权概念中包含的权利理论却是源远流长、其来有自的。公民基本权利作为一部宪法规定中最为重要的章节，其立法初衷就是保障公民个人私生活中永远有一个核心的、不受公权力随意侵入的领域。"人之异于禽兽者几希。"人之所以为人，而不满足于其生物本能，就在于努力保持这一私密空间的存在，在这一核心空间内，排斥任何公权力的干预和侵入。完全可以这样认为，正是防御权被承认与否，决定了宪法的品格，决定了人类最原始和最根本的冲动能否在一定的空间和范围内得到合理的保障。

国家对于基本权利，一般而言，承担的是消极的义务，即"不作为就满足保护条件"。但是，随着时代的发展，国家保障权利的实现也成为国家的义务，完全的不作为、不加干预，有时也可能带来对于基本权利更大的伤害。在一定程度上，家长观念和福利国家观念超越了原始的守夜人观念。另外，从正面角度看，我们无法清晰地界定国家"不作为义务"之具体内容，但从反面角度看，通过明确各国家机关何种行为是"侵害"基本权利的行为，国家对不侵犯基本权利的"不作为义务"的内容也就清晰展现了。比如不当不起诉，即侵犯了被害人的基本权利，他所受到的伤害没有得到法律体系的认可和保障；同时也破坏了法律面前人人平等的原则。两种基本权利（公

---

[1] 张翔.基本权利的规范构建（增订版）[M].北京：法律出版社，2017：143.

民的人身、财产安全和法律在同等条件下会平等适用）同时受到了破坏。故此需要通过一系列制度手段打破这种违法状态，使之恢复原有的平衡，这种秩序破坏、恢复的过程正是在动态过程中达到平衡。

至今，我国刑事诉讼中还没有合宪性审查的空间。纵使法官认为起诉有违背平等原则的情况，也不可能进行审查，况且违背平等原则的也不是检察官起诉所依据之实体法律或刑事诉讼法律，而是起诉滥用裁量权的结果。但是辩方却已经常提出选择性起诉或报复性起诉作为影响量刑的因素。在被追诉者提出检察官起诉有违反平等原则之疑虑或抗辩时，解决之道可能在于将此等违宪性起诉之抗辩，明确规定于刑事诉讼法内，赋予审理法院审查选择性起诉、报复性起诉抗辩的权限，以贯彻宪法平等原则。

刑事诉讼的每一步推进、每一个强制措施，均是对于公民基本权利的限制。一个社会不能没有刑事诉讼对于侵害他人利益的行为进行制约，否则就会回到丛林社会。所以，基本权利的限制不是洪水猛兽，而是一个文明社会立足的基础。需要回答的核心问题只有一个，就是如何以最少的干预实现最大的效果，国家的制裁权力属于"国之重器"，不可轻动也不可滥用，所以才要研究对基本权利进行干预如何才能合乎宪法规定，主要的着力点无非是干预的目的、干预的方式、需要遵循的规则。

一、法律保留原则

基本权利限制原则上只能通过法律保留的方式进行，这是指对于基本权利的限制必须由法律来规定，或者说公权力对于基本权利的限制行为必须有法律的授权。[①] 现代宪法普遍确立了法律保留原则，这一原则最早见于《人权宣言》而沿用至今。各国宪法都承认和保障法律保留原则的实现。

二、比例原则

要实现公权力干预基本权利的限制，仅有法律保留原则明显不够，还要进一步适用比例原则，以寻求公共利益与私人权利之间的平衡，防止公权力的肆意干预。

关于比例原则的微言大义甚多，但核心就是一句话，不能用高射炮打蚊子。规范的表达就是通过对公权力限制基本权利的手段和限制行为所要追求的目的（公益）二者之间的衡量，来确定公权力施加的限制行为是否合宪。[②] 审查一项具体举措是否符合比例原则，一般的思维框架分为四步：第一步，其对基本权利的限制是否出于正当目

---

① 张翔.基本权利的体系思维 [J].清华法学，2012（4）：12-36.
② 张翔.基本权利的体系思维 [J].清华法学，2012（4）：12-36.

的，即是否为追求公共利益之目的；第二步，限制手段是否适当，即所采取的限制手段能否实现上述正当目的；第三步，限制手段是否必要，即在诸多手段中，该手段是否对限制对象的负面影响最小、干预最少；第四步，将所追求之利益与被限制主体所受损害之利益大小进行比较，若损害大于追求之利益，则此限制措施不适宜。

三、思考框架（审查步骤或曰层次）

对于如何分析基本权利的限制是否合宪，具有很强的普遍适用性的思考框架是分"三步走"，即"基本权利的保护范围—基本权利的限制—基本权利限制的合宪性论证"。如上所述，各步骤中均包含若干审查内容。在第一步"基本权利的保护范围"中需要审查的内容包括以下两点：①基本权利的保护对象或者能够提出保护申请的权利主体是谁，即谁能主张基本权利；②基本权利的保障内容。在第二步"基本权利的限制"中需要审查的内容包括：国家机关行使公权力的行为是必要之恶，那么这一行为的合理化界限何在？在什么条件下、达到哪种"强度"就会脱离其正当化范畴和原始动机，反而构成了对基本权利的限制。在第三步"基本权利限制的合宪性论证"中需要审查的内容包括：公权力施加的限制是否符合法律保留原则；限制是否遵循比例原则。限制行为的后果如何？是否会对基本权利的"本质内容"造成侵害？而且这些分析又可以进一步细化，例如，比例原则可进一步分为适当性原则、必要性原则和狭义的比例原则。由此，基本权利的防御权功能具有较为精细的理论体系，通过层层嵌套、如同俄罗斯套娃一般的思维框架，可以有针对性地进行分析，从而有效地排除国家对基本权利的不当限制，实现有效保障个人自由的目的。①

---

① 张翔.国家权力配置的功能适当原则——以德国法为中心[J].比较法研究，2018（3）：143-154.

第三章 审判中心保障制度的审查对象
——起诉行为是否遵循法定原则

第一节 起诉法定原则的源起

检察权的行使,以检察官在刑事司法程序中对犯罪行为进行追诉为其核心。世界各国有关犯罪追诉前的调查阶段,或以检察官为犯罪侦查主体,以司法警察人员为检察官延伸之手臂;或以司法警察为侦查主体,检察官在制度上不设侦查程序,如英美的检察官,在刑事司法程序制度上并没有侦查程序[①];或采用类似司法警察和检察官并行的双侦查主体。不论如何进行,所产生的调查结果,均须由检察官做最后追诉与否的判断。检察官在侦查终结后,如果认为侦查对象有犯罪嫌疑固然应提起公诉,如果认为并无犯罪嫌疑或有其他不必须追诉的情况时,即应作出不起诉的判断。但是对于有犯罪嫌疑或犯罪证据确凿的行为人,检察官对之有无作出不起诉决定的权限,涉及刑事司法政策、诉讼结构、检察官定位等问题。

从比较法的角度看,各种追诉形态在历史上曾长期并存。以发动主体为指标就有多重样态。①以被害人作为主体进行私人追诉的被害人追诉主义,典型代表是德国。②以警察作为主体进行追诉的私人追诉主义,典型代表是英国。英国普通法就保持着这种传统,直到1985年《犯罪追诉法》设立了皇家检控署(CPS),英国才有专门营业的追诉机关出现,当然这种专门性也是非常不彻底的,皇家检控署很多工作任务要通过外包的方式雇请私人律师来进行,而并非如大陆法系一样有"检察一体"的专门队伍。③上述追诉主体不是具体个人,即使常设机关,还是有一种人民参与起诉审查的典型代表,即以大陪审团作为追诉主体进行的民众追诉主义。美国就是同时存在"大陪审团起诉"法域和"检察官起诉"法域,这是两种制度同时运行的代表。[②] 大陪审团制度又具有一定的特色,其承担着双重功能,既可以是作出起诉决定的"剑",也

---

① 土本武司.日本刑事诉讼法要义[M].董璠舆,宋英辉,译.台北:五南图书出版社公司,1997:13.
② 田口守一.刑事诉讼法[M].7版.张凌,于秀峰,译.北京:法律出版社,2019:198.

可以是制约起诉的"盾"。大陪审团并非常设机构,而是根据案件需要临时组成的,属于特设机构,实现其功能后即解散,正所谓"事了拂衣去,深藏功与名"。

以法官为追诉主体的纠问制诉讼程序在刑事诉讼法发展历史上也曾长期存在。法官(原始意义上的"预审法官")在纠问诉讼程序中居于主导地位,有权为查明事实实施各种调查行为,如进行逮捕、讯问,是权力极大的犯罪侦查主体,同时承担审判功能。在此诉讼程序中并不存在现代意义上的控辩审三方诉讼结构,而仅仅是"纠问者"同"被纠问者"的关系。对于纠问者而言,双方都仅仅是提供信息的工具而已,属于职权行使对象。法官看似客观,但立场受制于其履职目的,并不超然中立;另外,纠问对象面对强大的追究机器几乎无还手之力,遑论具有足够的能力为自己的命运辩护。预审法官集审判、检察大权于一身,所有刑事司法权力均由法官行使,是为纠问制度。

欧陆接受分权制衡的思想启蒙,建构出检察官制度是从预审法官制度中孕育而出的另外一种诉讼形态,其保留着浓厚的职权主义色彩,刑事诉讼以公诉、告发程序进行之,亦即原告不仅代表自身、私人受损的利益,更代表社会公益和国家利益。将侦查、起诉之权限从法院分离出来,使审判机关与追诉犯罪机关分属两个国家机关,由检察官执掌起诉工作,法官担任审判职责。从而使得诉讼形态为之一变,从私诉的局限中突围而出;并且指控者身为检察官,同法官形成角色上的切割。这一做法将指控权力从私人手中收归国家,以便实现社会控制,同时又向现代诉讼结构迈了一大步,形成现代意义的国家追诉模式。国家从私人手中收回并垄断了犯罪追诉的权力,这一制度设计使得诉讼形态走出了"历史的三峡"。不过这一制度设计只有当国家同时掌握了追诉及审判的权力,并有足够的资源将这两种性质不同的权力分派给分立的两个国家机关来行使时,才可能实现——亦即将提起控诉的任务分派给检察院,将作出审判的任务分配给法院,审检分立就此实现。

法国大革命以摧枯拉朽之势破除纠问旧制。从纠问制到审检分立,法官的权力被大幅度削弱。改革者为杜绝流弊,改以起诉法定原则作为重新架构整部刑事诉讼的新蓝图。从此,刑事诉讼结构演变为由两大部分组成,以追诉(主要指侦查)为始,以审判为终。原来纠问法官之权力被分化和削弱,从中剥离出检察官的角色。新创设之检察官成为侦查主导,法官则负责审判阶段,成为单纯的审判官。在侦诉同审判分离的诉讼结构下,侦查结果仅有暂时性的效力,案件有罪无罪、责任如何的问题则在审判阶段才能实现终局确定。同时,检察官获得了决定是否提起公诉的权力,且起诉法定原则发挥作用,"无起诉则无审判"的理念获得普遍承认。公诉与审判机关分立、功能分离;法院审理对象范围受起诉书中指控的约束,两大变化对于纠问式程序中最严重的弊端得以消除居功至伟,可以称得上法律变革的决定性进步。

于是检察机关的客观公正义务得到挖掘和重视。检察机关不仅是犯罪的追诉者,同时也是法律的守护人，这一双重职能受到各方认可并逐渐演变为"神话"。犹如罗马神话中的"双面之神"，检察机关不仅面向法院为了社会利益提出指控；也面向警察来规范执法中的不端。检察机关在对被告人提出指控的同时，也注重保护被告人的程序利益，对其利与不利应尽到同等的注意义务。随着检察官角色成为控制警方行为的合规者以及裁判入口的把关者，其客观公正的"神话"理念逐渐深入人心，延宕至今。

法定原则同国家垄断起诉的历史进程相辅相成。既然追诉的权力被收归国有，那么国家就需要保障公民的基本权利不受其他公民的侵犯，"能力越大，责任越大"，国家就要积极地肩负其保障功能和保护义务。只要侦查机关或者检察机关针对业已发生的犯罪事实，收集了足够的事实根据和证据材料，达到了提起公诉的法定标准以上，检察机关作为国家和社会利益的代表，原则上就有义务对所有犯罪行为进行追诉。换言之，只要该调查显示有足够的事实依据，则检察机关即应该提起公诉。此时犯罪调查及起诉之强制即促成了起诉权的专属性（公诉原则）。历史上，起诉法定原则伴随着1877年的《德意志帝国刑事诉讼法》而被引入，它被赞颂为"公正的伟大体现"。国家将受犯罪侵害者保护在自己饱满的"羽翼"之下，当公民自"丛林状态"中脱身额手称庆的同时，也拱手让出了自卫权，由此也巩固了国家的司法垄断。①

以德国为例，依照《德国刑事诉讼法典》第152条第2款规定的法定原则，存在犯罪嫌疑时，追诉机关依职权采取措施，在即使没有告发的情况下，亦应当进行。因为只有检察院在侦查程序结束后才能决定是否对可能的犯罪人提起公诉，那么检察院也有义务进行侦查程序。否则会有刑事侦查程序被肆意决定启动的危险。所以法定原则保证法律适用的平等——应当无视个人如何，对每个犯罪行为均予追诉并裁判，如此才能保证《德国基本法》第3条第1款意义上的法律面前人人平等的实现。除了刑事诉讼法要通过强制起诉程序对法律面前人人平等的原则进行保障，德国还唯恐不周，甚至动用实体刑法来保证追诉机关对于法定原则之恪守。《德国刑法典》第258条明确规定：利用职权故意不追诉有罪之人，违反法定原则，构成利用职权阻碍刑罚罪并因而可罚。

当时，法定原则的创设还有用意相悖但相辅相成的两个意图。检察官作为预审法官之分身，集权甚重，本身即存在滥权的疑虑；同时，其身份性质未明，管理体系又偏向行政，随时存在被政府首长行政干预的可能性。而当时业已确立了"不告不理"的制度框架，如果检察官的决定被行政干预，法院不论如何"司法独立"，也只能以经过行政筛选的案件为审判对象，意义极其有限，社会所关注的关乎公益的案件也许根

---

① 实际上，国家并不是理所当然地通过其机关保护个人免受第三人侵害，也即国家承担对侵害人的追诉。相反，直至近代初被害人不仅依赖自助，而且所谓的武力自卫（fehde）也被国家认可。国家负责保护权利，在德国，是经过1495年的"永久公众和平"后才出现的。

本并无进入审判程序、"得见天日"的可能性。在很多国家,地区检察官到底属于司法官还是行政官的争论,至今未消。因此确立法定原则同时在两个面向上发挥作用,首先当然是为保障检察官起诉行为不受其他因素的影响,保持其纯洁性,防范其任意作出追诉或不追诉的决定;其次是行政力量会将触手伸进刑事司法程序,确立起诉法定原则也是为了避免检察官受行政力量干预,通过明确的起诉法定条件来摆脱"内阁司法"的消极影响,抗拒行政力量干预。

第二节 起诉法定原则的实践

一、起诉的目的

起诉的目的是追求有罪的认定。根据起诉法定原则,只要满足法律规定的起诉条件,公诉机关就必须作出提起公诉的决定,可以参照我国诉讼历史中尚未渐行渐远的"够罪即捕"的观念来理解,检察官并不拥有根据案件个别情况而自行权衡,作出起诉与否决定的权力。严谨到"无一字无来历"的《德国刑事诉讼法典》正是起诉法定原则的典型代表作,该法第152条第2款规定:"除法律另有规定外,在有足够的事实根据时,检察院负有对所有可以予以追究的犯罪行为作出行动的义务。"起诉法定原则的理论依据是严格的法律保留原则——刑事程序本为实现刑罚权而设,且刑罚权的判断应属于独立法官的权限,故此只要侦查的结果已达到起诉门槛的,均应向法院起诉。至于法院于审判后是否予以论罪科刑,抑或论罪后是否做免刑或易科他刑的处理,则属于刑罚权决定的权限问题。原则上侦查机关或检察官,并无擅自减缩或抑制刑罚权的权力。案件经侦查的结果,若已达起诉条件,原则上检察官均应提起公诉,此为起诉法定原则的基本要求。1877年的《德意志帝国刑事诉讼法》规定了严格的追诉强制,契合了当时占据主流的报复理念,依照该理念,国家为了建立绝对的公正,应当无例外地对所有违反刑法的行为处以刑罚,当然,这种绝对的刑法理论现今已被视为过时。

现今的刑事诉讼程序结构基本为两段式结构,即国家的追诉功能和审判功能。在机构设置上分离的检察院和法院分别承担这两个功能。再细化一点,则可以将追诉功能进一步区分为侦查机关(警察)与起诉机关(检察院),进一步避免了作判决时的预断危险。这一分离的目的在于尽可能在很大程度上避免集侦、诉、审权力于一身的纠问制法官的"复活"。与此同时,公诉机关在机构和职能上的独立就形成了控诉制约审判的原则(简称"控诉原则")。依照控诉原则,检察官控制了审判程序的入口,法官原则上只能依据公诉指控的事实范围行事,即所谓"法院开始调查,以提起公诉为条件"。

就其目的而言,起诉乃是将刑事案件提交审判机关(法院)进行认定的程序。从基本理念言之,起诉的目的有两种。

第一种是请求法院作出有罪与否的认定。刑事案件经侦查之后,不论是否可以认为有犯罪嫌疑,均应提交法院作出有罪与无罪的认定,亦即不论侦查程序结果如何,案件均应提交法院做最终的决定,即使侦查结果显示犯罪并不成立,仍须提交法院做无罪的判决。此种起诉的概念符合法院决定刑罚权的意旨,但事实上有窒碍难行的实际困境存在,毕竟若将全部侦查案件均以起诉为由交法院处理,专司审判的法院将无法承受如此庞大的案件量,不但造成法院集中审判的不能,对于欠缺刑罚权关系的案件,显然也没有必要,更会形成诸多司法资源的无端浪费,导致其对于真正重大的犯罪案件,难以更集中密集地处理,容易形成追诉上的遗漏。故在现今各国的刑事诉讼程序中,没有采取这种全面的起诉概念。

第二种是请求法院作出有罪的认定。起诉概念的另一个思维,乃以"有罪"的可能作为起诉的依据,亦即起诉者系为有罪的诉求。侦查机关依其侦查的结果,仅在认为有可以成罪(事实成立且该事实有合乎实体成罪的规范)的可能时,即所谓达到起诉门槛时,方得予以起诉。至于法院审判的结果,是否果真作出有罪的认定与宣示,则非所问。现今各种刑事诉讼制度,对于起诉的认知,均采取此种有罪认定的概念。至于侦查机关侦查的结果,如不足以构成犯罪时,则不属于起诉的范围,其通常允许检察官对于未达起诉门槛者,做一定方式的处置。在此种起诉概念的节制下,检察官作为起诉的主体,具有前置性判断与决定的权限,亦即检察官具有起诉裁量与决定权限。

二、起诉的效果

享有起诉权的主体(包括机关或个人),向有管辖权的法院提出请求,并提供相关证据来寻求支持其诉讼请求。标准的起诉即将起诉书提交有管辖权的法院。在现代刑事诉讼中,起诉的效果或意义有以下几点。

第一,从起诉引发的诉讼行为看,检察机关通过起诉发动了审判程序,将指控同管辖法院建立了系属关系。法院是消极、中立的机关。"不告不理"不仅是现代民事诉讼的基本原则,也是现代刑事诉讼程序的一项基本原则。审判不能脱离起诉,另起炉灶;而是要在起诉范围内、起诉对象中做调查。换言之,起诉即审判的前提和基础。没有起诉方的起诉,法院不能主动追究犯罪,这也是现代刑事诉讼区别于中世纪纠问式诉讼的一个基本特点。控审从职能层面首先实现分离,叠加起诉法定原则,即形成了起诉制约审判的原则,现代刑事诉讼的基本结构业已成型。管辖法院并不能主动出击,打击犯罪,而是待起诉方提出起诉以后,才获得对起诉案件进行审判的权力,并且其审理对象、范围要受到起诉范围的制约,而不是漫无边际,随心所欲。延伸一句,针对共同的审理对象,控辩双方也才有权对受诉案件履行诉讼活动并承担法院裁判的义务。否则对于辩方也显然缺乏辩护的对象,总不能根据"假想敌"胡乱辩护。这就是"起诉—审判—辩护对象同一性"的原理所在。

第二,从起诉产生的法律效力上看,起诉行为固定了诉讼标的,亦即法院的调查及裁判范围及对象受起诉行为限制——就"事"而言,只能是就起诉时所指之犯罪行为;就"人"而言,只能是起诉时所指之被告。换言之,法院对案件的审判范围就此确定,从而保证了审判对象与起诉对象的同一性。根据起诉法定原则的要求,法官裁判范围要恪守控诉范围的制约。作为事实的决定者,应当以控诉者所起诉之事实为基础,所有事实成立与否涉及法律适用的评价关系,都须受此一事实的节制,未经检察官起诉的事实,即非法院可以进行审理的范围。审判程序中既不能任意假借发现真实之名,而进行事实认定之扩张,也不能以实际事实同指控事实存在落差,以向实际事实无限接近为名,进而主张职权扩张。如此方能避免追诉事实以外的突袭,亦即"诉外裁判"的问题。法院不得任意独断地扩张调查范围,从而保护了被告的防御权利。这正是公诉原则的一大效果,在此形成了同旧日纠问制程序的强烈对照,旧制弊端就此被大浪淘沙。公诉原则还衍生出起诉明确性要求,即提交法院的指控事实经过应尽可能明确化、清晰化。对犯罪事实的叙述如果过于粗略,不能形成对于犯罪事件单一性、同一性的判断,则根据具体的规定可能成为阻碍诉讼的原因。起诉在内容上受法定原则的限制,即必须存在刑事犯罪的具体事实依据。模糊的猜测不足以成为进行刑事指控的依据。

第三节　起诉法定原则的变异

法定原则虽然被现代各国刑事诉讼法所采纳,却因诸多原因而软化和锈蚀。最大的变化趋势就是所谓的"起诉便宜主义"在各种围追堵截下仍然茁壮发展,最终大行其道。现今,诸多国家的刑事诉讼程序皆有起诉裁量(discretion)的规定。相当一部分国家和地区的刑事诉讼体制承认起诉便宜原则,或者最起码给便宜原则的适用留有余地。

德国刑法学者李斯特(Franz von Liszt)提出,"最好的社会政策就是最好的刑事政策"①。有权力就难免会有滥用的危险,检察官可能源于个人政治信仰而受到政治的控制,造成应起诉之案件任意予以不起诉,不应起诉者,反滥行起诉,且裁量权之行使因人而异,对于人民平等权的保障亦有不足,毫无制衡的裁量权,恐有滥权之虞,因此,对于检察官的起诉裁量必须给予必要的节制。

所谓"便宜",即指公诉机关可"相机行事",虽认为已经收集到足够的证据,证明确有犯罪事实发生,且有具体的主体负责,业已满足法定起诉条件,但在检察官作为裁量主体,斟酌眼前案件个别的、具体的情形后,认为并无必要将案件移送法院追诉。此时,公诉机关可以作出不起诉决定。起诉便宜主义同暧昧的文化形态相得益彰,因此可以以《日本刑事诉讼法》为典型例证。《日本刑事诉讼法》中恰恰就将起诉便宜主义称为"起诉犹豫"。相应的法律依据规定在《日本刑事诉讼法》第248条。该条规定,根据犯罪人的性格、年龄、境遇和犯罪的轻重、情节以及犯罪后的情况,公诉机关认为没有必要提起公诉时,可以不提起公诉。对于侦查终结的案件,若未能使得检察官足认其具有可以定罪的犯罪嫌疑,或事实虽足以成罪,但因诉讼条件,或刑罚权不复存在等因素,而导致追诉不能;或因程序特殊的考虑,或因诉讼经济的诉求,对于较为轻微的案件,没必要使其进入审判程序。对此等较为轻微的案件,为避免审判上的负荷,检察官可以在特定条件的容许下,不予以起诉。便宜原则允许检察官于起诉法定原则之外,终结案件,此为法定原则的例外关系。

根据便宜原则,检察官大有可为,可依据自身对于案件性质的理解、证据充分与否的把握,以及对于最终处置的判断,决定是否对案件提起公诉,或者在某些体制下,通过和解、"转处"等方式结案。若便宜原则大行其道,则存在权力滥用的可能性。权力滥用的表现形式就是控方违反法定起诉条件,大致可能的情形无非有两种:①对于并不符合起诉条件的案件,任意作出起诉决定,从而推动其进入审判程序;②对于已达起诉条件,且并不属于酌定不起诉政策范围的案件,任意作出不起诉处理。

起诉便宜原则以酌定不起诉为典型代表。在承认酌定不起诉的体制中,纵使案件情况本身满足了起诉条件的要求(即满足"合法性"要求),检察官也可以依照自身理解对案件提起公诉是否妥当作出判断(以"合目的性"为标尺)。按照最初的一般观念,除非检察官的决定逾越其裁量权限,属于明显违法;或明显基于无关事理得出的结论,属于明显任意,否则,无论最后的决定是提起公诉还是不起诉,只存在"适当与否"而不产生"合法与否"之争议。

起诉便宜主义赋予公诉机关扩张自由裁量权的重大机会,故此检察院将之牢牢抓住作为拓展实力的理论基础。加之,20世纪初期刑罚目的理论实现了从近代化向现代

---

① 陈子平.刑法总论[M].台北:元照出版社,2008:18-28.

化的转型,发展出长足进展,康德、黑格尔式的古典报应理论被更为人性化的预防理论所取代,从刑罚的个别化角度而言,也更加强调根据犯罪人及犯罪的具体情况给予适当处理,由此有利于犯罪分子的再社会化和更新、改造,重新复权为公民。加之两次世界大战相继发生、继而美苏两大阵营进入长期"冷战"过程的历史背景,各国的诉讼资源均存在不堪重负的问题,起诉便宜主义乘势而起,在使用有限资源解决社会问题上交出了较起诉法定原则更为美好的答卷,因此逐渐被不同法域的制度所采纳和承认。以德国为例,起诉便宜原则将是否应当因某个犯罪行为而采取措施这一问题,交由检察院裁量决定。这一为达到促进节约费用的目的而采取的行为受到严肃的批评。有人认为是对依法治国原则与权力分立原则的严重违反,要求扩展检察机关尽可能无须法官参与和监督的人,不应当忘记,刑事诉讼法是何时以及如何对法定追诉原则进行软化的:起源是第一次和第二次世界大战中总统以紧急命令权所颁布的法律及戒严法。在1877年《德意志帝国刑事诉讼法》颁布以后,适用的是纯粹的、严格的法定追诉原则。随着法院的权力转移给检察机关,法定追诉原则于1944年达到软化的最高点。这种做法违反了宪法和诉讼法的基本原则,即法律优先原则、权力分立原则、平等对待要求、联邦国原则、法定原则。在实践中可以容忍对这些原则的违反,但这种违反使得整个法律制度受到质疑。

第四章 审判中心保障制度的技术运用

第一节 进行司法审查的必要性

　　法律是一个规则体系,事先确定的规则使人们可以确定某个具体的行为规则何时是法律行为规则的一部分,但是由于许多规则都不能像游戏规则那么精细,仅仅适用现有的法律规则,常常不能妥善地处理案件,因此在遇到这种法律未规制的案件时,裁量权行使也就呼之欲出了。承认裁量权之存在,可使法律适用具有弹性,而非一成不变。因此有学者就指出裁量权的本质使得立法者无法将所有相关情况全部包括在内,并存在将它变成一般原则的困难,且法律规范也无法随时适应社会变化的脚步,因此必须存有弹性法则便于执法者作出不同的选择,以回应社会价值的改变。

　　刑事司法制度的特点是具有相当大的自由裁量权——无论是在犯罪的界定上(立法机关可以根据自己的意愿将行为列为犯罪),还是在刑法的执行上(警察机关与检察机关可以根据自己的意愿分配追诉资源)。在一个充满自由裁量权的制度下,很容易发生歧视,而宪法对此规范甚少。19世纪,欧洲大陆在起诉法定原则(legality)和起诉便宜原则(opportunity)之间艰难拉锯。总体来看,长期以来自由裁量权在这场争论中占了上风。时至今日,除个别法域还在坚持严格的起诉法定原则之外,主要法域都已经承认起诉便宜原则的适用,选择赋予检察官广泛的自由裁量权,包括基于形势政策决定不起诉(dismiss cases)。比如《法国刑事诉讼法典》第40条第1款,"共和国检察官接受告诉和控诉(控告)并审查、确定应当作出的适当处理"。甚至像德国的刑事诉讼这种传统上一向强调检察官客观义务的堡垒,也不得不向现实的压力低头。检察官已经获得了尽管未必是绝对的但一定是影响巨大的程序终结权,成为一个有巨大裁判权威的"类法官"(judge-like)形象。

　　在实体和程序性制裁上,检察官能够提出或撤回若干措施,事实上享有类似裁判者的权威,同时其行使权力的方式又类似于行政权。而且,检察官行使权力基本不必面临追责的危险。在许多大陆法系体制中,检察官尚存有较为浓厚的行政色彩,在人事管理上通常隶属于司法部等等级制系统,处于检察权力顶端的往往是司法部部长

（Minister of Justice）或检察总长（Attorney General）。司法部部长以及检察总长可以向下属检察官下达指令，并由其对检察院作出的决定对外承担责任。在这些国家，只要检察官的决策没有显而易见的违法违规，没有因此受到纪律处分，检察官就不需要对外负责。这种责任链条的风险在于，司法部部长在等级制系统中拥有特定的政治身份，他的决策不仅对所在单位的宏观决策有影响，而且对所在单位的日常检察决策均有影响。这些决策有时难免是出于可疑的政治动机作出的，而对这种动机无法通过议会控制（parliamentary control）来予以制约。

在美国，大多数地方检察官都是由选举产生的，并因此直接对选民负责。即使存在内部政策指南的指引，检察官滥用公诉权力的现象也并不罕见，特别具有代表性的是选择性起诉和报复性起诉。下面分别予以简要介绍。

选择性起诉通常指违反宪法第十四修正案的平等保护条款"任意选择被告的起诉行为"。辩方通常在庭前动议中提出，以选择性起诉的理由驳回指控，但是由于极难收集证据予以证明，往往很难成功。基本的假设是检察官会基于公正起诉，而要推翻这个假设，辩方必须建立一个初步的证据，证明起诉是故意为之的；且其他情况相似的人没有被起诉，而这种做法是宪法修正案规定的平等保护条款所禁止的。被告必须展示这两个方面的证据，否则驳回起诉的动议将无法得到支持。如果被告提交的证据具备初步证明标准，则举证责任转给检察官。法院召开听证会，辩方将获取接触政府档案的良机，并向检察官提出质询。检察官必须证明或解释起诉的理由。召开证据听证会的目的，是让被告有机会证明歧视起诉的初步事实。

美国检察官滥用自由裁量权的另一种表现则为报复性起诉。法院将报复性起诉定义为控方为回应被告行使宪法权利而作出的惩罚性指控，该项行为应当被禁止。惩罚经常发生在被告拒绝认罪或者成功上诉后，检方报复性地提出增加，或提起更严厉的指控。宪法所确立的正当程序保障被告免受报复性起诉。在博登克尔彻诉海耶斯案中，美国联邦最高法院解决了报复性起诉是否适用于辩诉交易的实践问题。其认为，"只要检察官有合理根据相信被告人犯下了法定罪行，是否起诉以及向大陪审团提出何种指控，一般取决于检察官的自由裁量权"。在辩诉交易的背景下，如果被告不承认最初的指控，而是坚持进行陪审团审判，那么检察官威胁将起诉更重罪刑在宪法上是可以接受的。美国联邦最高法院认为，在辩诉交易博弈过程中，只要被告具有自主接受或拒绝控方的提议的自由意志，就不存在惩罚或报复的因素。此外，法院注意到，检察官在辩诉交易开始时，就已明确表示打算增加指控。因此，当辩方作无罪答辩时，就应充分了解检察官提议的真实意思。在古德温案中，美国联邦最高法院强调区分审判前和审判后权利的重要性。法院认为，在审判前的诉讼阶段，检察官对起诉的适当性程度的评估可能没有具体化。此外，被告在审判前通常会提出各式各样的审前动议，给起诉带来成本，但这本身是对抗程序的组成部分。因此，最高法院拒绝采用报复性起诉推定，称应对审前采纳报复性起诉的僵化假定保持谨慎。从博登克尔彻诉海耶斯案和古德温案可以看出，在刑事诉讼中，报复性起诉在一定程度上是可以被接受的。检察官在被告人拒绝认罪或撤回认罪后提出更多指控，不会被认定为报复性起诉。总而言之，在审前对抗以"报复性起诉"为由的诉求很少成功。实践中防止报复性起诉原则几乎对辩方没有提供任何保障。

可见，检察官就是否起诉所作出的初始决定，是刑事诉讼中最重要的决定之一，对被告人、被害人和公众有着深远的影响。起诉决定的作出将被控者从犯罪嫌疑人变成了被告人，采取限制人身自由的强制措施可能会不可挽回地损害被告人的名誉，被告人会遭受经济上和心理上的双重打击。此外，不起诉的决定对被害人也有影响，如果检察官决定不起诉，当被害人缺乏审查检察官的决定是否适宜的法律救济途径之时，被害人和公众有理由相信检察官会因偏袒、偏见等原因而决定对犯罪嫌疑人不起诉。对上述问题选择如何回答，就特别引人关注。不言而喻，控制检察官是必然的选择。

综上所述，自由裁量权若不受约束，必然会产生行政的恣意和行政权的滥用。裁量的价值与裁量的危险是并存的。我们必须明白，裁量只有被正确运用的时候，才是趁手的工具，否则就会成为伤害或谋杀的助手。在强调尊重裁量价值的同时，也必须留意其危险性。法治原则日渐深入人心，司法审查的意识与方法均得以长足发展，随着人们对人权保障与权力分立关系认识的变化，必须经由某种途径或采用某种手段，将行政裁量控制在合理范围内，从而规范行政裁量的行使，自然就演变成为一种现实的需求和不可逆转的趋势。

第一，行政裁量广泛存在，多数的行政活动中均存在行政裁量的因素。在法的框架内最终作出何种决定，取决于行政机关对不同因素的考量。可以说，裁量权的行使空间大小以及其不受其他力量干预的程度，才是行政决定最关键的环节。而且由于立法技术等原因，立法者往往会给行政机关保留较大的裁量空间。如果不能对行政裁量的环节进行审查，则所谓司法审查与权利救济很大程度上是在画饼充饥。

第二，行政裁量要接受司法审查，这是现代法治国家的必然要求。行政裁量是立法授权行政机关而行使的，超越授权范围行使裁量权自然不被容许，属于违法行为。然而，什么是裁量？裁量的范围在哪里？对于这些问题的判断并不明确，如果只要是裁量行为就一律排除于司法审查之外，将无法阻止行政权的滥用。因此，将什么是裁量、裁量的范围在哪里等问题的判断权置于司法审查之下，意义重大。行政机关存在自由裁量、行政裁量不可被司法审查的说法，实质上有反法治主义之嫌。概言之，"裁量不予审理"已逐渐成为历史，而"审理但应尊重裁量""尊重裁量但裁量应当合理"已成为司法审查的一杆标尺。

第二节　实施司法审查的可能性

一般认为，自由裁量权是一种公务人员依法享有的特权，以官方的身份作出的适当的和公正的决定或行动，是一种在一般指导方针、规则或者法律下采取行动的权力，既没有具体的规则要遵循，也没有必要解释或证明每个决定。在这个意义上，我们可以参照行政裁量来对检察官起诉或不起诉决定的属性进行理解。起诉还是不起诉的权力，在便宜主义的视野下，都可归属为自由裁量权。

裁量这一概念来自行政执法的范畴。立法者通过法律的授权，期待行政机关在执法过程中通过个案上的充分斟酌，形成产生最佳法律效果的决定。因此裁量的本质是先"量"而后"裁"，法律所规范的构成要件事实明确认定后，方由行政机关对法律效果作出决定。法律赋予裁量权时，其实是要求裁量主体作出"合义务性"之裁量，旨在个案上实现法律目的和价值。可以说，裁量的标准或境界应该是"没有做对，就算错"，而不是"没有做错，就算对"。

传统上，行政裁量意味着司法不能予以控制。司法不审查行政裁量权是基于以下两个方面的理由。

首先，出于权力分立理论的需要。行政不仅是执行法律，而且行政的目标是在执法的同时要实现社会公益目标。如果极其简化地说，司法的目标可能更为单纯，法官可以仅仅考虑如何适用法律规范而已，即使由此造成天塌下来也不属于他应该考虑的范围。所以司法同行政在此处就分道扬镳，源于其固有基础、思维方式及活动领域均具有本质的差别。行政的目标必须保护基于公益的考虑，可以说，基于公益的考虑正是行政裁量的本质所在。既然裁量是"行政的固有领域"，司法也不得染指，因此，裁量不必服从司法的控制。

其次，出于巩固行政权的现实上的需要。在德意志和奥地利，行政权在传统上是由君主概括性授权而来的，由于这两个国家的近代化比英国、法国要晚，它们还没有让固化的行政权实现近代化。从而，要设定法院介入行政的界限，为了实现拥护行政权这种现实的功能，也有必要让司法不审查行政的裁量。1875年的《奥地利行政法院法》首次以成文法的形式明确了"裁量不予审理"，其规定了行政机关自由裁量所赋予的权限，不属于行政法院的审查对象，并不纳入行政法院的审查范围。在之后德国等国的行政法院法或行政诉讼法中，也能见到相同旨趣的条文。

即使到今天，司法审查止步于行政裁量也具有一定的存在空间，形成了"裁量不予审理"这一行政法领域的基础原则。司法何以要尊重行政裁量？一般理由如下。

第一，从行政裁量的过程来看，法院一般要尊重行政机关的裁量权。根据良好行政的要求，行政裁量的过程要符合调查、公开、说明、咨询等程序要求，符合法律、平等、比例、理性、效率等诸多实体要求。行政机关与法院本质不同，目的有别，在组织结构、认知方式、行为规范等诸多方面都存在结构性差异。一次良好的行政活动是如何通过行政机关行使权限实现的，可能具有经验性和排他性的特质，不是同样的行政机关难以重现这一思维和实践过程。法院在审查裁量决定时，固然可以审查其裁量决定本身的合法性、合理性，以及作出决定的判断过程是否掺杂了其他不合理因素，但是在行政机关能够完成其具有合理性的自辩时，法院原则上不能以自己的判断来取代、凌驾于行政的判断。

第二，从行政首次判断权的角度来看，法院也要尊重行政机关的裁量权。所谓行政的首次判断权（primary jurisdiction），又被称为"首先管辖权"，或"第一次判断权"，是指"法院和行政机关对于某一案件都有原始管辖权时，由行政机关首先行使管辖权，法院只在行政机关作出决定后才进行审查"。行政之所以享有首次判断权，实际上就是考虑到了分权的原理，考虑到了保障行政政策的一致性，考虑到了行政需要运用到其他机关所不掌握的专业知识。专业知识为行政机关所独有，甚至形成垄断，往往为独得之秘，不足为外人道也。这是适用首次判断权原则的一个重要理由。当然，当这个理由不存在时，就不适用这一原则了。

随着实践的发展和理论的细化，又逐渐形成了一种共识，那就是司法可以对行政裁量进行审查。对行政裁量中的羁束行为，可进行司法审查；而行政裁量中的自由裁量从完全不受司法审查，发展为一定程度上可接受司法审查。

一、羁束裁量可审查

行政法学者对于自由裁量的性质也是逐步认识的。最初"自由裁量"被区分为"羁束裁量"和"狭义的自由裁量"。羁束裁量中的行政判断服从司法审查。在狭义的自由裁量中，行政与立法者居于同等的地位，司法对此不得审查。

理论上，行政裁量行为虽然属于司法审查的对象，但只有在超越裁量权的范围或存在滥用的情形时，裁量的行使方为违法。除此之外，裁量并非撤销的对象。以德国为例，"对于行政机关依其裁量权作出的行为，行政法院有权审查行政机关是否逾越法定裁量界限，是否以不符合裁量授权目的的方式使用裁量"。日本也存在类似的规定，"有关行政机关的裁量处分，限于超越裁量权范围或滥用裁量权时，法院可予以撤销"。

这些均可视为这一动向的典型例证和表征。[①]

二、狭义的自由裁量亦可审查

随着对分权原则理解的深化和司法审查技术的发展，司法对所谓"狭义的自由裁量"亦予以审查，羁束裁量与自由裁量的差别逐渐相对化了。这一发展趋势的根本原因在于"羁束裁量"和"狭义的自由裁量"之间往往也就是程度上的差异，本来就是理论上的强行类型化，很难说存在什么实质差别，类似于光谱，处于连续的状态，区分二者的界限不但极其复杂，而且变得不再必要。因此，整个行政裁量均成为司法审查的对象。最终的效果也就是自由裁量仍然是"自留地"的状态，尚不必接受最严格的司法审查，但是可能会需要对一般程度、较为宽松的司法审查敞开大门。行政裁量的历史可以说是行政裁量日益窄化的历史，也可以说是法治发展的一个缩影。[②]

历史至此所形成的格局是，一方面司法不甘心退避三舍，拱手相让，势必要对行政裁量予以审查；另一方面司法出于对权力分立的尊重，以及技术外行等原因，也不得不对行政裁量的行使保持一定程度的敬而远之。司法借助于立法的助推，逐渐从形式上和实质上加强对行政裁量的审查。

第三节 司法审查的实现途径

一、审查方法的类型化

检察官作出起诉与否的决定，从其过程来说，完全可以类比为行政决定，且从理想状态出发，一般不存在违法的情形，只会产生是否合目的的争议，当然也不尽然。赤裸裸的违法也不是十分罕见的。因此原则上，审判对于控诉的制约止于合法性的领域；个别情况下，有必要深入合目的性的层面。

对审查对象而言，法院对行政裁量的审查职能越来越宽泛，从不予审查发展到可能审查；对审查方式而言，审查框架、标准也都越来越精致化，审查方法越来越多样化；对审查强度而言，不同司法审查强度体现着立法对行政的不同要求，体现着法院

[①] 王贵松.行政裁量：羁束与自由的迷思[J].行政法学研究，2008（4）：47-51，91.
[②] 王贵松.行政裁量：羁束与自由的迷思[J].行政法学研究，2008（4）：47-51，91.

对行政机关不同程度的尊重。①通过施加审查,法院根据具体情况选择不同程度的尊重,施以不同强度的审查,也体现出更加强化自身司法机关的定位,而没有以扩张权力为目的。整体回溯这一过程,不能认为法院侵入了行政的腹地。

  裁量问题包括两个面向,即"受法律拘束的程度"及"司法对裁量审查的密度"。原则上,司法持消极的审查态度,无裁量之滥用即可推定不存在违法。换言之,裁量上属于"当"与"不当"之问题,司法通常不审查,只有裁量过程或结果存在重大瑕疵时,方予以审查。一方面,裁量受法律授权的约束,不能逾越法律规定的范围;另一方面,裁量主体的内部动机亦应受到限制,不能以与事件无关的动机或与立法无涉的要素作为裁量基础。否则即为裁量的滥用,应接受适合的审查。

  在行政法实践中,逐步发展出了一些控制和规范行政裁量的制度、方法和手段。主要是通过对于不同裁量类型适用不同审查强度的路径来实现的,对此虽然是行政法的研究成果,但是在刑事诉讼领域具有较大的互通性,完全可资借鉴。基本的思路在于,不同的裁量对于公民基本权利有不同程度的影响,那么要让各种不同的裁量面临不同强度的审查才是正确的方向。而不同强度的审查要依赖、仰仗不同的审查方法。以《法国行政法》为例,为了实现对行政裁量进行实体上的合法性审查,行政法院发展出比较成熟的理论,将审查强度大致区分为三种类型,从而实现对要件事实与行政决定之间的均衡比例性进行审查。①最大限度的控制,适用于直接限制公民人身自由或减损公民财产的情形。也就是对于基本权利的限制,比如,刑事诉讼中的对人强制措施如刑事拘留、逮捕的适用,对物强制措施如搜查、扣押的适用,其在不同程度上都属于对基本权利的限制,因此要接受最为严格的审查。②通常的控制,适用于可从法律明确规定中直接推导出一定的要件或者援用事情的性质或立法者的意思,就能推导出一定要件直接适用的情形,其审查方法主要是对要件事实的法的性质认定进行判断。这种审查强度介于最严程度和最宽松程度之间。③最小限度的控制或最宽松的控制,适用于行使行政权限的要件中使用了外延不明确的法律概念,或者适用情形无明文规定,其审查方法主要有法的错误、滥用权力和对要件事实实质正确性的控制。

  原则上,裁量权不得超越与滥用。当裁量行为仅存在不当、不妥程度的瑕疵时,就属于合理性问题,一般而言,并不存在司法审查应介入的余地和空间。如裁量行为明显逾越权限,自然构成违法,必须接受司法审查。这种审查主要是针对效果裁量的内容进行的,性质上属于最为保守的审查。一般而言,由于客观现实的需要,或者存在立法的明确授权,效果裁量的自由度普遍较大。因此,法院的审查强度、干涉力度

---

① 王贵松. 论行政裁量的司法审查强度[J]. 法商研究, 2012 (4): 66-76.

就不能过大，否则就有违该种裁量得到法律正当化的要求，有司法侵犯立法的嫌疑。在这高低两个限度之间，还存在着诸多的形态。

二、审查强度的体系化

正所谓"过犹不及"。司法审查强度是其中的关键，可折射出司法、行政与立法三者之间的关系。审查强度的适当可以产生如下积极效果。

第一，给司法审查权提供必要的指引。对于不同的行政裁量，司法审查可以运用不同的方法，施以不同强度的审查。犹如刑事实体法中以刑罚为纲来梳理犯罪案件一样，在以审查强度为坐标，对审查方式实现类型化之后，法院在对行政裁量的审查版图中就出现了一个大致的路径指引和思维框架，仿佛刑事实体法的构成要件一样。无论是"三阶层"还是"四要件"，都胜于无秩序。思维框架的存在有两大好处：一是法院审查可以不再漫无边际地进行，思维具有经济性，节约的成本非常客观；二是对法院审查过程也会存在事后审查的可能，按照明确路径进行的思维推导也容易被复盘和评判。

第二，限制司法审查权的恣意。法院的审查也要有正当的依据，并非任意进行。司法审查权实际也不是精密科学，本身就存在一定的裁量空间，到底要作出何种强度的审查，在不同的形式下，基于不同的政策取向，法院可能有不同的选择。所以将审查强度类型化，区分为大概不同的严格程度，也是要求司法机关重视自我拘束的有力方式。对于某一类行政裁量，比如涉及某项剥夺财产的处分，一般是采用通常审查标准，法院就不能随意超越某一类型的强度进行审查。如果要超出或低于通常的审查强度，造成失之于严或失之于宽的结果，就要通过说明理由的方式自证清白，对于审查标准的采用合理性给出更强有力的论证。

第三，维护司法、行政权力分立的基本体制。行政的过程就是寻找社会调控的最佳方式，所以难以通过"一刀切"的方式来完成。立法者无法直接对社会实现管理，通过授予行政机关以裁量权，实际上包含着希望行政机关作为桥梁，根据立法精神实现对社会的调控。行政机关的裁量权具有正当性的一个重要表征就是，对应着不同的法律根据需要作出不同程度的行政裁量，否则都是一个标准行政过程也就丧失了自身的特殊性，从而从本质上取消了自身。对社会施加调控，设置不同的政策目标和行动计划，对此唯有通过民主程序产生的立法者才最具有正当性。其他无论是法院，还是行政机关，都只是一个方面的代言人。所以术业有专攻，比如法院也并非吃饱了没事儿干，也不是越俎代庖，只是根据自身的职责定位，在一定限度内以谨慎的态度对行政裁量进行审查，维护或阐明立法的意旨，防止行政裁量权的超越与滥用而已。

总体说来，司法机关对检察官裁量决定妥当与否，应秉承"最小审查"的强度，以小心翼翼的谨慎方式对待它。"最小审查"标准适用于裁量空间较大、余地较多的情形，主要针对效果裁量的实体性内容以及裁量过程中体现的程序性内容，可以依托超越裁量权及滥用裁量权的相关理论进行审查。一般而言，裁量违法的三种主要类型：逾越、滥用与怠惰。其中滥用显然属于本书关注的重点。

在滥用的观念中，又可细分为违反目的的起诉、违反平等原则的起诉和违反比例原则的起诉等几种类型。

（一）对违反目的的起诉行为的审查

比如对于报复性起诉的审查。原则上，不应允许法院去评判检察院对具体案件起诉与否的动机。作出决定的动机并非事后可以清晰呈现的因素，这是证据上的难处；另外，行为的动机体现了裁量机关管理中自治的一面，应该予以尊重，不应妄加揣测。但在明显属于滥用权力的案件中，也不能完全束缚法院的手脚，应允许有限制地评判检察院行为的动机。司法权审查行政裁量权，并非妄图以司法的公正取代检察机关的自治和自觉，而是旨在让行政性质的执法行为与法律规范本身的意图之间保持一致的方向。当然要查明行政的目的仅仅通过书面审理案卷材料是存在很大困难的，如何查明和证明裁量机关的主观目的与法有悖需要进一步探索。

（二）对违反平等原则的起诉行为的审查

每个具体的社会背景下都有专属其自身的平等观，同历史发展阶段、特定文化传统等因素息息相关。以前被认为可以接受的事情，当前就有可能违反平等的观念。以我国为例，并不存在如美国社会一般基于种族而产生的歧视，但是其他类型的歧视观念则比比皆是，有些只是公众习以为常、视而不见，导致歧视"隐身"了而已。比如经济优裕者和困乏者，面临刑事诉讼程序所应得到的保障不说是完全不同，也可以说是差距甚大。另外我国现状仍然是各地区发展差距较大，人民观念的差异甚至比社会发展差距、经济水平差异更为极端化。对于违反平等原则的司法审查，可以通过社会通行观念审查的途径来进行。社会通行观念审查是一种对裁量进行有限的实体性审查的方法。参照社会通行观念来看，如果裁量明显欠缺正当性，即可认定存在违法的情形。在一定时期内、一定地域内的司法政策可以作为社会观念审查的参照依据。所以所谓的通行观念，也并不是全国同一个标准、同一把尺子。

（三）对违反比例原则的起诉行为的审查

在具体案件中，检察官行使裁量权，法律后果的选择不符合法律目的，或者所选择的措施缺乏必要性，对相对人和其他利害关系人造成损益不均，这时就违反了比例原则。可以得出这样的结论，即对于技术性、政策性越强的问题，司法越应保持谨慎的态度，恪守互不干预的立场；对于公民基本权利受侵犯性质明显的问题，司法则应偏于积极扩张的方向。这一思路同法院自身的角色定位和专业技术的局限直接相关。

中 编　境外经验

第五章 大陆法系的相关经验

第一节 法国

一、基本情况

(一) 现代检察制度的奠基

从历史的角度看,检察官制度无疑和王权关系紧密,并随着王权的扩张而发展。从某种意义上讲,检察官制度正是王权延伸出的机构设置。法国大革命后,随着王权向国家主权的让渡,检察官自然成为具有行政性质的国家代表(政府代表),其职责也从维护国王利益转到代表国家保障公民的自由和利益。①

法国刑事检察制度发展的一个重要转折点就是拿破仑时代的产物——1808年《重罪法典》的颁行。通过《重罪法典》,检察官得到了革命的回馈,从立法者处获得了在刑事诉讼结构中举足轻重的地位。"检察一体""上命下从"的权力结构得以从组织法的层面确立,从而开辟了检察机关的新时代。从权力分立的角度,立法者将预审法官的权力拆分,新创设的检察官分得其中最大的既得利益,将刑事公诉权纳入囊中,立法者还出于对检察官在启蒙革命中扮演的角色的好感,对其给予相当的信任,从而在立法上保障了检察官行使权力的普遍性和自治性。对于检察官来说,怎么高估《重罪法典》的地位都不为过,现代检察制度的基本内容、原则和结构通过上述改革得到了确立。②

既然有着如此"举火燎天何煌煌"的起源,检察院在刑事诉讼过程中的垄断地位和强势职能也就可想而知了。纵观历史,法国的起诉实践存在从私诉向公诉垄断的发展过程。关于"谁有权提起公诉"(公诉的积极主体)的问题,可以有两种答案,相应

---

① 黎敏. 西方检察制度史——历史源起与类型化差异[M]. 北京:清华大学出版社,2010:81.
② 周博见. 检警关系比较研究[D]. 青岛:青岛大学,2011.

地，法国的诉讼程序也相继实行过这两种制度，目前还保留着这一痕迹。[①]可以承认受到犯罪侵害的个人有追诉犯罪人并进行诉讼的权利，这是"控诉诉讼"制度；与此相反，"纠问式诉讼"制度坚持对犯罪人提起追诉并进行追究的权利是一种专属于社会的权力，国家和社会从对于犯罪的指控和追究中获得相关利益，这种制度优势是私人控诉所无法获得的。这就是"公权控诉"。随着历史的发展，公权诉讼逐渐胜出，而其主导者逐渐演变成检察官，与此同时，检察院的追诉权垄断局面得以确立。

当前，公诉占据着优势和主导地位。与此同时，私人控诉制度仍然留有某种遗迹。受害人受到犯罪损害，在一定范围内或一定条件下，仍然有权发起公诉。这一制度以法国为典型例证。现在的《法国刑事诉讼法典》中仍然保留着此规定。受害人通过申请成为"刑事诉讼中的民事当事人"来行使发动公诉的权利。

法国实行"检察一体"的模式，检察官主导侦查过程。凡是自认为受到犯罪侵害的人都可以提出告诉。[②]检察官在通过自己职务渠道收到犯罪线索，或者接到当事人提起的告诉之后，需要进行调查，检察官调查的最终任务即其行使裁量权的重要环节，他要从合法性与适当性两个层面对于发动公诉进行审查，并根据具体情况，分别作出不同的决定，包括发动追诉或者不予立案，在一定条件下，比如在法律允许进行和解的情况下，也可以决定实行追诉替代措施来终结程序。实行刑事和解或者刑事调解，在刑事和解经法院院长认可并得到切实执行之后，公诉即可消灭。

公诉权或者追诉权属于社会。检察院并不是权利的所有人，对于诉权并不能如同民事当事人一样任意处分。因此检察院仅仅是公诉活动的发起者，但是并不能根据自身的意愿放弃公诉。比如在发起公诉之后，检察院既不能撤回诉讼，也不能停止法院的管辖权。依据《法国刑事诉讼法典》第6条第3款，在某些特定案件中，公诉人可以进行类似辩诉交易的行为。但是总体上，"通过正式判决以外的途径解决刑事案件不是法国的方式，而且采用的模式都借鉴自国外。但是当法官和检察官认为合适时，把不予起诉（classement sans suite）作为一种判决则是相当传统的办法。一件案件可能由于有关的努力和在侦查程序已经达到威慑效果的意义上以免予起诉作为判决"。[③]

即使刑事诉讼是由当事人发起的，检察院在刑事程序中也是作为"主当事人"角色出现，行使法定权力的，这一点与民事案件的情况有所不同。相对地，在民事案件中，检察院有时是"主当事人"，有时是"从当事人"，就两个对立个人之间的争议向法官提出意见。而在刑事诉讼中，进行公诉的始终是检察院，即使是在公诉由受到损

---

① 魏武.法德检察制度[M].北京：中国检察出版社，2008：9.
② 布洛克.法国刑事诉讼法[M].罗结珍，译.北京：中国政法大学出版社，2009.
③ 贝尔.法国法律文化[M].康家昕，周青阳，李鹿野，译.北京：清华大学出版社，2012：179.

害的当事人发起的情况下，检察院仍然是主当事人。[①] 在刑事诉讼中，检察院的职权与角色有其特殊性，在一定程度上比受到追诉的人处于相对优势的地位，拥有更多的强制手段。总的来说，检察院对其发动的追诉拥有指挥和监督权力。检察院是发起公诉的决定者，是决定被追诉者命运的第一道关口。是对被追诉者提起公诉，还是决定不予立案，抑或决定采取追诉替代措施？除了第三种措施需要法院的同意，其余都是检察院自身自主决定的。检察院可以实行"审前认罪出庭程序"，可以参与对受到追诉的人的询问、对质，可以听取民事当事人的陈述，甚至可以亲自前往现场进行勘验、参与搜查。预审法官签发逮捕令、撤销对当事人的司法监督时，以及在受审查人受到先行羁押或者提出释放请求时，检察院都要提出意见。检察官可以提出"紧急羁押"申请。预审法官掌握着有重要意义的强制调查措施，但预审法官的角色是被动的，只有应检察官的请求才能开展行动。在案件侦查的过程中，检察官可以随时通过提出补充侦查意见书的形式，要求预审法官实施对查明事实真相有益处的任何包括强制措施在内的行动，并积极地参与其中（《法国刑事诉讼法典》第82条第1款）。

（二）硕果仅存的预审法官

1. 预审法官的演变

法国的预审法官制度源自1808年的《重罪法典》。《重罪法典》继往开来，确立了一种旧有传统同创新制度混合嫁接于一处的诉讼模式，将刑事诉讼程序宏观上区分为审前的调查程序和实质的审判程序，并在审前和审判中分别遵循不同的原则。审前程序强调效率优先，承袭了旧有传统的很多特质，如以书面审判为主，以秘密调查为手段，以非对抗性为特征；审判程序则恰好相反，其真正体现了现代诉讼制度得以奠基的若干特质，如以言辞辩论为查明手段，以法庭上的公开对抗为保障辩方诉权的有效手段，从而其同审前程序有着强烈的对比。

法律从程序的层面上即确定了追诉职能、预审职能与审判职能三者之间非常明确的分立。再细化一点，诉讼程序可以被分为三个阶段：审前程序可进一步被划分为起诉阶段和预审阶段两个不同主体负责的领域，检察官负责起诉阶段，预审法官和预审庭（负责作出终结预审程序的裁定）负责预审阶段；法官则负责最终的、典型的审判阶段。这一"侦—审"+"诉—审"的诉讼构架一直延续至今。预审法官作为中世纪的留存，并没有被大革命彻底清洗，而是注入了新的职能和活力，开始在法国刑事诉讼过程中扮演崭新的，同时也是更为关键的角色，主要负责重大且复杂的刑事案件的预

[①] 魏武. 法德检察制度[M]. 北京：中国检察出版社，2008：43.

审。①"在程序条款中,法国法律的特殊性体现在侦查(enquete)、预审(instruction)和审判(jugement)三个阶段的紧密联系中。这涉及人员的分离和程序的区别,但是和许多法律制度不一样,几个世纪以来,在法国这三个阶段已经有了审慎的连续性。"②"在法官(或者是检察机关,在更重大的案件中是预审法官)控制之下的侦查程序的作用以及案卷的地位是程序公正概念在侦查过程中的重要特征。在审前案卷基础上的对被告和证人的审问与在较严重的案件中使用陪审团是法国公正审判概念的重要特征。在法国的观念正因为欧洲条约而改变的同时,法国人也很珍爱这个模式中的许多中心特征。"③

预审法官的理念同启蒙时代开启的近代社会更为契合。随着社会的发展,犯罪形式也发生了剧烈变化,随着犯罪的复杂化和国际化,司法警察逐渐获取了侦查的主导权,因为其掌握着更多的技术资源,群体之间有着更为便捷的沟通方式,为了有效打击有组织犯罪、跨国犯罪,司法警察的侦查权及强制措施适用权也极度扩张。当今,由预审法官进行正式侦查的案件并不多,只有约3%涉及暴力犯罪、严重欺诈、共谋或公众人物的案件会提交预审法官,绝大多数案件都由检察官在预审法官不作任何干预的情况下进行处理。随着预审法官的衰落,组织实施审前侦查的任务大部分落在了检察官身上。当前,预审案件数量逐渐减少,预审法官只参与严重犯罪或敏感案件的调查,以监督者的角色介入,或与检察官共同承担责任。

过去侦查法官支配着法国的刑事司法程序,现代侦查法官的角色有显著的倒退,现代检察官已代替侦查法官成为刑事调查的支配角色,检察官有权决定是否将一个案件送交侦查法官调查,大部分的情况下,检察官选择不将案件交予侦查法官调查,而保留自行调查。法律规定所有的重罪均必须由巡回法院审判,并要求检察官将该案件送交侦查法官调查,但检察官仍以犯罪行为人所涉及的犯罪为中度刑或轻罪为由,规避此限制。法国检察官减少追诉案件,被称为矫治化(correctionalization)的过程,且被认为是法国版的认罪协商。但法国矫治措施则没有取代审判的效力,审判法官必须小心检验检察官所提出的证据,除非有充足的证据证明被告有罪,否则不能施以刑罚,与美国认罪协商可以取代法院审判相比较,法国制度在程序上更能确保充足的证据,只有这样才会获得法院的支持。

2. 预审法官的职权

(1)启动的被动性

案件是否需要经过预审或侦查是根据类型和影响来判断的。重罪案件必须进行预

---

① 施鹏鹏. 不日而亡?——以法国预审法官的权力变迁为主线[J]. 中国刑事法杂志,2012(7):118-127.
② 贝尔. 法国法律文化[M]. 康家昕,周青阳,李鹿野,译. 北京:清华大学出版社,2012:180.
③ 贝尔. 法国法律文化[M]. 康家昕,周青阳,李鹿野,译. 北京:清华大学出版社,2012:180.

审调查，此处预审就属于强制进行的必要环节；对轻罪案件，预审为非强制性的，除非有特别规定要求必须进行。如检察官按照法律的规定提出要求，轻罪案件也可以进行预审。

预审法官并不能主动开启侦查程序或采取强制措施，而是需要应检察官或当事人的申请介入。起诉和预审原则上是分离的。预审法官属于被动角色，不能由自己主动提起预审，除了特定的例子，原则上只能根据检察官的申请开启。检察官以向预审法官提出"立案侦查意见书"的形式发起公诉。[①] 除此之外的途径就是，自称受到轻罪或重罪侵犯的受害人提出告诉，成为民事当事人，预审法官才能据此受理案件（《法国刑事诉讼法典》第51条第1款）。预审法官指挥司法警察。检察官只负责跟踪监督，并不参与。但是，预审法官的调查权仅限于检察官请求调查的事项，无权调查检察官请求中未涉及的罪行。2000年的《无罪推定法》规定由羁押法官决定是否审前羁押，从而进一步限制了预审法官的作用。

（2）权力的广泛性

预审法官有权实施所有的必要措施。在需要收集犯罪证据的案件中，广义上，侦查程序可以分为"初步调查"和"侦查"（information 或 instruction，也可译为"正式侦查"）。二者的区别在于主体不同，初步调查是以司法警察为主体进行的调查活动，正式侦查则是以预审法官为主体主导实施的调查程序。

法国预审法官当前的权力包括：其一，除临时羁押可以由司法警察根据案件紧急情况自行实施外，预审法官经检察官或当事人申请，可决定批准适用所有的强制措施；其二，预审法官可自主决定或批准适用所有的侦查手段，在自主决定的情况下，其可自行侦查，也可委托司法警察进行侦查；在被批准的情况下，经由检察官或当事人申请。在大多数情况下，警方进行初步调查后，预审法官应检察官的要求进行司法调查，可围绕查清事实实施必要的侦查行动，例如，对人的强制措施包括讯问被审查人、听取证人证言，也可责令双方进行对质；对物品和场所的强制措施包括决定或批准进行搜查、扣押物证、对适当对象实施电话监听等。上述强制措施以获得令状审批为原则，因此为了保障侦查行为的顺利完成，预审法官有权签发相关令状作为执法凭证，包括传唤令、通缉令、拘票或逮捕令等文书。

（3）角色的双重性

综上，预审法官的职权具有双重意义：一方面他隶属于调查机关，能够依职权或依申请批准司法警察查找证据、查明事实；另一方面他对于收集到的证据材料需要作

[①] 斯特法尼, 勒瓦索, 布洛克. 法国刑事诉讼法精义（上册）[M]. 罗结珍, 译. 北京: 中国政法大学出版社, 1999: 143.

出司法裁判权性质的决定。①预审调查活动一经完成，预审法官即由调查角色转入裁判角色，在对调取的证据材料进行审核后，预审法官需要作出裁定来决定诉讼进程的发展方向：①如果认为查明的有罪证据并不充分，没有必要也缺乏可能对受审查人继续进行追诉的证据，预审法官需要决定终止侦查，作出不移送起诉的裁定；②如预审法官经认定的证据足以帮助他形成有罪的内心确信，其需要作出裁定，向审判法庭移送案件，通过这一方式受审查人将被移送到刑事法庭接受审判。

二、对于起诉的制约

总体而言，法国刑事法律现在采取了起诉便宜原则。对于经司法警察调查的事项是否要提起追诉，由检察官根据案件的具体情况来作出决定。检察官只有在公共利益受到侵害时才会提起公诉，对一些初犯案件、危害极其轻微的案件、几乎没有损害公共安全的案件以及被害人撤回起诉的案件可以不予提起公诉。近年来，为了提高透明度，起诉便宜原则的适用已经体系化。为制衡起诉时检察官的巨大权力，必须建立一个独立和公正的司法机构来审查某些措施的合法性和适宜性。鉴于检察机关在刑事司法体系中的地位，某些强制措施，特别是对侵犯基本权利而采取的强制措施，不应由检察官负责，而应由调查法官负责。

法国刑事法律将刑事犯罪分为三类：第一类为轻罪（contraventions, minor offenses），第二类为中度刑犯罪（delits, intermediate offenses），第三类为重罪（crimes, serious crimes）。因应这三类犯罪，分别设置三个一审审判法院：办理轻罪的治安法院（Police Court），办理中度刑犯罪的矫治法院（Correction Court），办理重罪的巡回法院（Assize Court），检察官有权单独决定是否向矫治法院起诉或向治安法院起诉，矫治法院与治安法院不使用预审程序，重罪必须在巡回法院审判，但需要先将之送请侦查法官（examining magistrate）做司法调查，侦查法官调查完后，会提议是否送交审判，在法国，侦查法官的调查被认为是具有较大追诉控制权的象征。从这个意义上说，绝对有必要将起诉行为置于司法机关的控制之下。法国体制通过围绕追诉决定的构成要件构建相关理论，来对起诉行为进行制约。在决定是否有必要提起追诉的过程中，检察官根据法定的构成要件，对于面前的具体案情主要围绕两大标准来进行审查：一是追诉的合法性标准，二是追诉的适当性标准。②

---

① 布洛克.法国刑事诉讼法［M］.罗结珍，译.北京：中国政法大学出版社，2009：366.
② 布洛克.法国刑事诉讼法［M］.罗结珍，译.北京：中国政法大学出版社，2009：327.

(一)追诉的合法性审查

1. 对公诉的"表见依据"进行评判

检察官首先应当确认的是,从当下收集的证据材料来看,是否能够确信犯罪确实存在,以及将来是否具备追究犯罪嫌疑人的刑事责任的高度可能性。也就是说,是否确实具备有可能宣告有罪判决的各项条件。

(1)检察官应当详细审查并提交其审查的证据材料,对涉及的各项事实和罪名进行认定,具体来说,应当仔细审查根据勘验、查证收集到的资料,并且听取证人证言,即使事实看起来一目了然,已经得到确认。在认定事实的基础上,检察官还应当对这些事实符合何种实体罪名作出认定,这是一个典型的三段论的适用过程,大前提是实体刑法的规定,小前提是检察院认定的事实情况,结论是具体罪名,工作过程就是审查这些事实是否能够符合实体刑法条文规定的构成要件和具体范围。假定已经查明的事实构成这一或那一犯罪,检察官此时应当审查这些事实是否具备构成这种犯罪所要求的全部要件:客观要件(事实要件)与主观要件(心理要件)。[①]

(2)在建立了犯罪确实发生,且能够确定归属于何种具体罪名的情况下,下一步就是谁来负刑事责任的问题。在犯罪行为人为多人的情况下,检察官应当按照实体刑法的规定,作出区分正犯及共犯的认定,决定受追诉者的作用、地位。如果犯罪行为的实施有法人参与,应当确定对自然人与法人实行何种追诉。

检察官还应当审查基于实质考虑是否存在免责原因,也就是说,还应当审查是否存在"可以免除行为人责任的有证明效力的事实"。这些主要是阻断行为违法性的情节,比如正当防卫、紧急避险,或者是特定主体行使特定权利的过程中引发的后果,如公务员执行上级并非不合理的命令,或者存在其他影响责任的成立,导致可以"免于归罪"的原因,再如行为人陷入精神错乱时、受到胁迫或强制不得不参与犯罪时,或者审查行为人是否属于外交人员、存在特定种类的外交豁免权,等等。

在通过上述审查环节之后,如果检察官仍然产生并保持公诉有充分依据的确信,才可以认为追诉已具备充分的法定条件。

2. 对公诉的可受理性进行判断

公诉不但要具备充分的法定条件,并且从程序上看公诉还要符合可受理的程序条件。检察官对公诉的"表见依据"进行评判并形成确信意见之后,方开展对公诉可受理程序条件的审查工作。公诉的可受理性主要涉及程序法的适用,对于是否符合追究

---

① 布洛克. 法国刑事诉讼法[M]. 罗结珍,译. 北京:中国政法大学出版社,2009:327.

条件，往往受具体案件事实涉及的实体法罪名和相关实体规定的影响。审查公诉是否受理，基本围绕如下几个方面进行。首先，是对检察机关自身是否具有管辖权的审查，包括职权管辖和地域管辖两个方面。地域管辖决定了具体机关是否对"地域"和"事务"方面可以依法处置相关情况，缺乏关联就丧失了管辖权。职权管辖相当于事务管辖。其次，诉讼法规定了若干公诉消灭的原因，因此检察官还应当审查是否已经发生某种原因导致公诉权已经消灭，常见的情况如时效具有实体法和程序法双重性质，时间的自然流逝会导致公诉时效已过；另外如具体犯罪行为人已经死亡（可能对这些人消灭公诉）；同时，"一事不再理"或者"双重危险"原则此处也有适用空间，检察官应对法院是否曾经就相同的事实作出了具有既判力的判决进行审查，有罪判决当然表示案件已经经过实体处理，但即使是无罪判决也会发生既判力，同样产生公诉消灭的效果；此外，是否有适用于此类特定人或特定事项的大赦法律。公诉权虽不可被任意处置，但是在符合法律规定的情况下，控辩交易也可以例外地使公诉消灭。

（二）追诉的适当性审查

经过追诉的合法性审查，如果检察官得出的结论为，拟提起的追诉从正面来看有充分的事实依据，从反面来看公诉权没有消灭，缺乏不能得到受理的情形，那么就算通过了合法性审查，下一步则应当审查提起追诉是否属于适当的行为。当然，只有在涉及是否发动公诉时才需要考虑追诉适当性的判断。相应的法律规定在《法国刑事诉讼法典》第40条。该条规定，检察官受理当事人的申请或知情人的告发时，需要作出相应的评价和处理。

这里所谓的"评价和处理"包括了检察官决定的三种形式，即提起公诉、不予起诉、附条件不起诉（实行追诉的替代程序）。据此，检察官受理申诉与控告，要按照相应的法律依据规定予以审查。若检察官根据向其提交的各项材料，认为提交审查的行为构成犯罪，且已查明行为人及其住所，在无法律禁止起诉的情况下，有权依据案情独立作出如下决定：提起公诉、转为替代程序、作出不予立案的决定。当事人的知情权受到法律保障，检察官应将其所作决定告知告诉人与受害人。尤其是在不予立案的情况下，检察官应向告诉人与受害人告知相关决定，并说明理由。

作出不予立案的决定可以出于实体的、程序的或证据的原因。一般的实体原因包括检察官认为案涉具体情况并不符合实体刑法要求的犯罪的各项构成要件。一般的程序原因主要涉及公诉可受理性的审查结论。如果认为追诉不具备可受理性，比如公诉因为法定的原因包括相关人员死亡、赦免或受"一事不再理"影响已经消灭，检察官有义务作出不立案的决定。一般的证据原因主要是检察官认为证据不足，如果进入审判程序举证存在不可克服的困难，也可以作出同样的决定。对于刑事政策的把握，检察官还有一定自由裁量的余地，即使仅仅认为提起追诉不适当，检察官也可以基于这一确信作出不立案决定。①

这里就涉及不予立案决定的效力。不予立案决定是一项行政决定，同法院的判决不同，它并不是具有司法裁判权性质的决定，因此并没有终局的既判力。因属于行政性质，它的救济渠道也不是通过相应的上诉途径，只能按照检察机关内部的行政体系，向作出决定的上级检察机关首长，包括上诉法院院长直至检察机关的权力顶端司法部部长提出申诉。因为是自己基于内心确信得出的决定，检察官也完全可以无须交代任何理由就随时改变自己的决定，只要案件还在追诉时效内，不存在新的消灭公诉的情况，那么即使在未产生任何新事实、未发现任何新证据的情况下，检察官也可以改变曾经作出的不予立案决定。举轻以明重，如果发现新的证据材料，检察官更能够随时改变自己的决定。②检察长或司法部部长如果作出应该起诉的判断，则根据检察一体的规则发出追诉的命令。另外，公诉权不仅是由检察机关一家掌控，也受到当事人诉权的影响和制约。对于检察机关的不追诉决定，被害人可以通过向刑事法院提起民事诉讼的方式发起公诉，将检察机关卷入审判过程中。当然在审判过程中，检察机关只是不能表示放弃公诉而已，仍然可以坚持自己的意见。

（三）公诉启动的效果和限制

便宜原则只适用于追诉启动阶段。一旦追诉已经启动，检察官将不能撤回追诉，这是因为尊重预审管辖权和审判管辖权的独立性。一旦提起公诉，检察机关就不能以撤诉的方式任意处分，从而剥夺法官的预审管辖权与审判管辖权。因此，刑事诉讼在进入审判程序之前，还可以经由预审法官的不予起诉决定作出终结。在进入审判阶段后，只有一个出口，就是法官的司法决定，且只有两种可能，不是有罪判决就是无罪释放，之后诉讼程序才算结束。但是检察官个体可以持同公诉机关相反的意见，如果检察官认为不再具有进行追诉的理由，他可以通过放弃控告的方式表态，明确要求法院对被告人无罪释放。

因此，公诉一旦启动，就产生了不可逆的效果，俗话说"禁止回锅"，也就是程序不允许倒流。启动公诉之后的过程中就不存在"追诉适当性"规则的适用空间。这一效果对于检察官、预审庭、审判法庭都一样适用。对于检察官来说，其职责要求表态只能有一种，只能向推进审判、获得有罪判决的方向努力，不得再以"适当性"为理由，提出旨在不起诉来终止程序或申请宣告无罪的意见；预审庭或审判法庭一经受理

---

① 布洛克.法国刑事诉讼法［M］.罗结珍，译.北京：中国政法大学出版社，2009：336.
② 段明学.法国起诉裁量权的发展及启示［J］.人民检察，2006（13）：56-59.

案件，也不得再以"追诉适当性"充分与否这一因素来终结诉讼程序。① 因此公诉一经启动最终的处理结果如何，就不是妥当与否的问题，而是合法与否的判断，最终的走向只有法官对被告是否有罪作出裁判这一条路，而这条路上唯一的路标就是严格的法律考虑，这是最终结论的唯一评价标准。

对于检察院作出的启动公诉的决定，不存在可能的上诉途径。但是，法律仍提供了周延的保护，以确保检察院所作的评判仅仅是出于对社会利益的考虑。第一，认为检察官所作的评判损害其利益的个人，可以请求该检察官的上级关注他们的案件。由于检察一体、上命下从的原则，检察官必须服从上级的监督和指导，检察长有可能向其发出不同的指示意见。第二，进入审判程序之后，被追诉的人继续受到无罪推定原则的保障。对于他们而言，检察院作出的追诉决定虽然是基于其对追诉的"合法性"与"可受理性"所作的权衡，但并不代表受到追诉者实际会被判有罪，也不具有既判力。况且，预审法庭或审判法庭还要对检察官所作的判断进行再次审查。

三、对于不起诉的制约

法国大革命时期的立法者对于法官和检察官极度不信任，因此明确采纳了法定追诉原则，一切违反刑事法律的行为必须受到追诉，没有为司法官保留任何自行判断的可能性。但从19世纪工业革命开始，社会形态就日益复杂，犯罪浪潮无时无刻不在侵袭资本主义社会。无论是司法实务界还是理论研究界都秉承了实事求是的态度，承认国家刑罚机器不堪重负，不可能强制要求检察院对任何被发现的犯罪行为和犯罪人一律提起追诉。其之所以如此，首先，是因为检察官常可以援用对犯罪事实与法律条文的过分宽大的解释。其次，如果犯罪行为给社会造成的损害特别轻微，比如侵害的标的微不足道；又如存在特殊的因素，导致行为人的动机从社会政策和效果来看可以接受或值得怜悯。在上述情况下强制要求提起公诉可能造成公众对于犯罪的不敏感，反而激发公众对于被追诉者的怜悯，走向初衷的反面。最后，一概起诉会导致过多的案件涌入法院，只能让司法机构陷入瘫痪。为了避免司法系统不堪重负，完全可以理解法定原则逐步走向软化，检察官可以轻易地将为数不少的犯罪案件不予立案，以确保司法系统能够承受。②

在法国体制下，公诉由国家垄断。尽管当事人可以以成为刑事诉讼中的民事当事人的方式发起公诉。但检察院也因此被卷入诉讼。所以可以认为所有的案件都要通过检察院提起公诉。

---

① 郭烁.酌定不起诉制度的再考查[J].中国法学，2018（3）：228-248.
② 王彦强.犯罪成立罪量因素研究[D].南京：南京师范大学，2013.

检察官享有不起诉的决定权。通过对于追诉合法性和追诉适当性的评价，其所掌握的不起诉决定权获得制度支撑。那么其评价追诉适当性的权力，会不会导致某种专断或者某种偏袒？如何确保检察院所作的决定仅系出于对社会利益的考虑？为了防止检察机关滥用权力，法律也设置了相应的控制部门。在法国，这种控制并不能通过法院来进行，法院不得对于检察院在评判提起追诉的适当性方面行使权力发表自己的意见，以保障权力分立不受影响。因此，救济是通过行政渠道实现的。法国体制给出了两种途径，一种是通过内部等级体系，另一种是通过被害人行使诉权，来确保检察机关不会任意行事，而是有若干追诉义务和追诉禁止。

（一）通过检察院内部等级体系的制约

根据"检察一体"的等级性原则，检察官必须接受上级检察长的领导，也就是所谓"上命下从"。传统上起诉便宜原则同检察机关的等级隶属性质密切联系在一起，因为需要保证全国范围内公诉政策的协调一致。法国体制下，检察权还具有比较浓厚的行政权的属性，检察官必须服从上级的监督和指导，其最高首长是司法部部长，这是来自组织人事体系上的保证。如果上级检察长或者司法部部长认为检察官作出的不立案决定违背社会利益，就有可能向其发出指示和起诉意见，直至向检察官发出发动公诉的命令（《法国刑事诉讼法典》第36条）。为此，认为检察官所做的评判损害其利益的个人，就可以通过请求该检察官的上级关注他们的案件来改变检察官的决定。

（二）通过被害人行使诉权的制约

法国的法律在很大程度上是有利于被害人的，《法国刑事诉讼法典》非常重视被害人在整个刑事诉讼程序中的知情权和其他诉讼权利，并且明确规定了司法机关的义务对于被害人权利的实现予以保障。

诉权丰富，且受到法律明确保障，对于检察机关的决定形成有效的制约。并非只有检察机关唯一可以作出追诉决定，该决定也可以出自受到犯罪损害的当事人。被害人可以自行启动刑事诉讼程序，也可以通过同时提起民事诉讼获得救济，请求民事损害赔偿，甚至可以先在民事法庭提起民事诉讼。在检察官作出不予立案的决定时，被害人仍然有通过起诉成为民事当事人，从而发起公诉的权利。被害人间接发起公诉的权利，制约了检察官不起诉的权力。

一般来说，在刑事诉讼中作为民事诉讼原告的诉讼权仅属于那些因刑事犯罪直接受到损害的个人（《法国刑事诉讼法典》第2条）。如上所述，在检察官没有提起公诉的情况下，被害人可以启动刑事诉讼。如果在一项犯罪没有对个人造成损害、仅对公共秩序造成了一定损害的情况下（如持有毒品或武器），个人是无权启动刑事诉讼的。只有在成为民事当事人的目的是对属于犯罪定义范围内的行为引起的"本人的""现时的""直接的"损害请求赔偿时，成为民事当事人的请求才能得到受理。但这一看法有被新规则取代的趋势。最高法院原则上倾向于将民事当事人的范围扩张到任何受害人。①

过于扩张诉权保障范围也带来了一定的负面影响。为了限制受害人过多地提起民事诉讼，2007年3月5日法律规定，一般的轻罪案件，受害人要成为民事当事人需要以向检察官或者警察机关"提出告诉"作为前置程序，否则不能被受理。在3个月期限之后或者检察官不进行追诉，受害人可以向预审法官提出告诉（《法国刑事诉讼法典》第85条第2款）。② 新闻犯罪案件或者选举犯罪案件属于特定类型案件，不受上述规定的制约。因为此类犯罪没有特定的受害人，或者说涉及社会公益，整个社会公众群体都是潜在的受害人。新闻作为传统三权之外的"第四权"，对于监督政府部门依法行事、保障公众的知情权，其功能无可替代；选举犯罪案件也直接影响政治行为的正当性，为了保护民主制度的纯净性，例外地允许扩张诉权的适用，而与一般公民之间的个人纠纷、具体犯罪做不同处置。

（三）通过上诉法院预审庭的制约

最后一个保证属于补充性质，相关主体是上诉法院的预审庭。上诉法院预审庭受理在预审过程中提出上诉的案件，在审理上诉过程中，上诉法院预审庭可以依职权就遗漏罪行和遗漏嫌疑人直接进行追诉。具体而言，对于检察官提出的立案调查意见书中遗漏的主要犯罪事实或与之有关联的事实，其命令检察院对受到控告的人进行追诉。如果相关人员并未在案，尚未受到审查，那么上诉法院预审庭也可以依职权直接命令检察院提起追诉。此项权力的法律依据为《法国刑事诉讼法典》第202条。当然，这一制约有其限度，即如果检察官认为对任何人都不应当提起任何追诉，那么这一案件也不能进入上诉法院预审庭的视野中，所以这一保证发挥作用的渠道是间接的和有限的。

四、小结

（一）检察官同时具备行政性和司法性两个维度

鉴于法国人民对于检察机关性质的质疑，以及欧洲人权法院的判例明确要求检察

---

① 斯特法尼，勒瓦索，布洛克.法国刑事诉讼法精义（下册）[M].罗结珍，译.北京：中国政法大学出版社，1999：143.
② 苏琳伟.公诉裁量研究——从现象到制度的考察[D].厦门：厦门大学，2012.

机关拥有一定的独立于行政权力的特质，法国检察官的司法官地位和独立性得到增强。[①] 不同于权力性质单一的情况，法国检察官可以兼有行政权与司法权双重属性。对于行政权而言，权力构造呈"金字塔"形，强调的是权力等级形成的命令链条，主要体现为"上令下从"，上级是下级的指挥者，下级为上级的代理人；而对于司法权而言，则强调在诉讼过程中主要秉承客观公正义务，成为"法律守护人"。

检察官的重要制度渊源在于"国王代理人"[②]。若不了解这个渊源，就不明白检察权的定性争议。作为司法官，行政性也是检察官的一个重要属性，至于是不是次要的属性存在很大争议的空间。一般承认，检察官主要是具有司法性质的特殊司法官。其特殊性主要体现在如下三个方面：其一，检察官超越私人利益，其职业目标是以保护国家、社会的公共利益为追求的，其价值定位是保障公民个人的自由和基本权利不受非法侵犯；其二，检察官在具体的案件诉讼中尤其是刑事中代表国家行使"当事人"的职责，严格遵循"控审分离"的宪政基本理念；其三，检察官的司法性和行政性经常融为一体，难分彼此。例如，检察官在制定和推行司法政策，尤其是刑事司法政策时反映了其行政性，但刑事政策在个案的运作中却往往反映为机构的司法性。法国检察机构受司法部部长领导，权力高度集中且等级分明。这种结构主要是为了确保法律的正确统一实施，限制自由裁量权，但同时在某种程度上分割了司法裁判权。对于当事人（主要是犯罪受害人）来说，却获得了另外一条救济途径，在寻求救济时可通过行政（向上级检察院申请层级复议）及司法（诉讼）两种途径。

（二）对于起诉的审查很大程度上由检察官依据合目的性自我进行

法国刑事诉讼以便宜为原则，检察官拥有全面起诉裁量权，检察官是否启动预审，预审裁定后是否向重罪法院提起公诉，均拥有裁量不起诉处分之权力（《法国刑事诉讼法典》第40条第1款）。但不保证所有的案件均能获得有罪判决，更确切地说，法国检察官有义务公平处理案件并送交法官审判，此一原则规定于《法国刑事诉讼法典》第40条：检察官接受告诉或告发之刑事案件，并为处理程序之决定，此一规定可以诠释为，即使行为人有犯罪嫌疑，检察官也不一定要进行追诉，检察官进行追诉时仍有很大的裁量空间，包括有充分证据证明被告犯罪、所犯者为轻罪（triviality of the offense）等。由于在追诉过程中检察官有广泛的裁量权，统计数据显示出大部分的案件最终都没有进入刑事审判，估计有百分之五十至百分之八十的案件并未被进一步追诉。

法国的重罪预审程序，反而是由地方法院预审法官及高院刑事审查庭，依职权替检察官收集被告犯罪事证并审认罪名后，再交由检察官斟酌是否向法院（重罪、轻罪、

---

① 魏武.法德检察制度[M].北京：中国检察出版社，2008：13.
② 黎敏.西方检察制度史研究——历史源起与类型化差异[M].北京：清华大学出版社，2010：106.

微罪）提起公诉之程序，并非审查检察官是否不当起诉之程序。从权力的归属来说，决定权掌握在检察官手中，而非预审法官手中。这一点同后文我国澳门地区检察院仅有建议权，而预审法官掌握决定权的权力分配大相径庭。

从主体上言，法国刑事诉讼程序基于分权制衡理念，区别追诉者（检察官）、预审者（预审法官）、审判者（陪审法院）三种职务。其中重罪案件应经预审程序，轻罪除法律有特别规定者外，可选择是否进行预审。犯罪先由警察进行刑事侦查，然后其将全部侦查所得资料，交由检察官裁量决定是否追诉并交付预审（《法国刑事诉讼法典》第 40 条）。当检察官决定交付预审后，预审法官应主动从事犯罪证据收集，以确定被告犯罪事实及犯罪罪证（《法国刑事诉讼法典》第 176 条）。预审结果认为被告罪证不足者，应作出不予追诉之裁定（《法国刑事诉讼法典》第 177 条），对此裁定，检察官可以抗告于二审法院。如检察官认为被告罪证充分，应分别作出移送违警罪（《法国刑事诉讼法典》第 178 条）、轻罪（《法国刑事诉讼法典》第 179 条）、重罪（《法国刑事诉讼法典》第 181 条）的裁定，将其搜证调查取得的卷证经地方检察院检察长，分别移送该管辖法院审判。

虽然法国检察官有广大的裁量权决定是否发起刑事追诉，可一旦提起公诉，就没有撤回起诉的权力，不论是将案件提交给法院还是侦查法官，检察官不能在未获法院或侦查法官许可的情况下撤销对案件的追诉。

（三）当事人可以通过程序监督权对检察院控诉决定进行制约

在法国，检察官的起诉裁量也受到被害人的限制，被害人的角色在美国是极小化的，被害人只能申诉或指证而不能发起追诉，但在法国却可以扮演更大的角色，法律准许被害人作为民事诉讼的当事人（partie civile），每一个被害人都可以有两种方式参与刑事程序：如果检察官已提起公诉，被害人可以参与程序成为民事原告；如果检察官选择不为起诉，被害人亦有权利提起自诉，如果是重罪，被害人可以直接向侦查法官提出自诉，如属中刑度或轻罪，被害人则可向矫正法院或治安法院提起自诉，此时，检察官没有选择余地，只能接续进行追诉，检察官可以表明不同意被害人的自诉，要求法院或侦查法官撤销案件甚至请求法院判决被告无罪，但检察官没有权力自行撤销该案件，不论如何，该案件只能由法院或侦查法官来决定如何处置。

按照《法国刑事诉讼法典》，公诉亦可由受到损害的当事人依该法规定的条件发起。法国刑事诉讼中，在检察官决定不起诉，或使用司法转处等公诉替代措施时，被害人或利害关系人可以通过一定的途径启动公诉，同样也可以产生发起公诉的效果。因此受害人或利害关系人不仅可以通过内部的行政救济渠道要求检察官上级对自己的情况予以关注，从而获得有效救济；也可通过中立法官（这里是预审法官）实施的外部监督来实现对于公诉权的制约;还可以通过选择成为刑事诉讼中民事当事人的方式启动公诉,从而将检察院拉入追诉程序中,对其利益的保护不可谓不周全。

第二节 德国

一、基本情况

(一) 检察角色发展

1789 年的法国大革命以摧枯拉朽之势破除权力集中于一身的纠问旧制。欧洲大陆改革者纷纷采用控诉原则,重新设计了整个刑事诉讼架构。原来权力集中于纠问制法官一体的刑事诉讼流程被拆解为两大阶段,其一为调查阶段,具体表现方式为追诉,主要指侦查,即查明案件事实阶段;其二为审判阶段,即具体适用法律、确定刑事责任的阶段。检察官作为新创设的角色,号称"革命之子",获得了主导侦查程序的权力,同时承担控方任务,负责决定是否将指控进行下去;审判官角色则归于单纯,与原来纠问制法官之权力相差很大。如同民事诉讼中的"不告不理",刑事诉讼整体架构笼罩于控诉原则之下,"无起诉则无裁判"。至此,"检察官必然成为刑事程序入口处一夫当关的把关者、守门人。法官则侧重于中立、消极、被动的角色塑造,以保持其作为裁判官应该具备的客观性"。[①]

欧陆的大趋势如此,德国作为代言人,其检察制度的创设与流变同大势所趋基本相符。整个 19 世纪和 20 世纪大部分时间里,预审法官都是刑事诉讼架构中的重要角色,法官和检察官的职能仍然有相融的因素,并未完全分离,检察官在预审程序中与德国预审法官具有同样重要的作用。随着预审法官逐渐失去权力,1974 年底其彻底被撤销。此后检察官作为审前程序中无可争辩的指挥角色,在起诉中一直处于垄断地位。

检察院作为执行侦查和公诉的机关,被科以客观公正的"法律守护者"的义务。一般认为,刑事诉讼程序有三大功能,即发现真实、保障正当程序,以及恢复法律安定秩序。检察官被认为是同法官一样的持中立立场、客观态度的政府官员,承担着发现真实的准司法职能。既要收集、出示对被追诉者不利的证据,也要收集、出示对其有利的证据。法律对于检察官的要求不是不择手段地赢得诉讼,把被追诉者打入牢狱,而是追求客观公正。客观事实是凌驾一切的追求,无论是否符合检察官最初的怀疑和

[①] 林钰雄.检察官论[M].北京:法律出版社,2008:5.

判断，发现事实真相都是他法定的职责。根据《德国刑事诉讼法典》第 160 条第 1 款，检察机关承担的法定职责是，一旦得知犯罪行为，就要对此展开调查。事实上，《德国刑事诉讼法典》第 160 条第 2 款规定，即使检察官已经提起了指控，其至少在理论上也保有作为司法官员的中立地位，也不能自我降格为司法竞技场中的角斗士。例如，检察官完全可以对于具体案件保留自己的意见，法律保障他可以在庭审结束时，要求法院对被告人宣判无罪，以及检察官可以代表被定罪的被告人利益而提起上诉。

（二）法定主义原则

《德国刑事诉讼法典》重视法定原则。该原则之下，检察官代表国家承担追诉义务，负有追诉犯罪的正面义务，其决定是否启动侦查及是否提起公诉时，须严格依照法律之准则行事。其内涵是够罪即诉。与此一体两面的是，检察官在承担法定性的同时也具有客观义务，其内涵是在指控犯罪的同时，还负有防范无辜者被恣意追诉或定罪的义务。法定性和客观性同时发挥作用，以期达到毋枉毋纵的效果。这也正是创设法定原则的原始用意，既防范检察官滥权，同时又避免其被干预。这两个义务的金字招牌也就创造了检察官同时保持追诉立场和中立立场的神话。

1. 法定原则的体现

当存在充分的犯罪事实根据时，检察官有义务启动侦查。除了判断证据的强度是否足以成立犯罪嫌疑这一必要考量，《德国刑事诉讼法典》第 160 条第 1 款并未赋予检察官在启动方面的任何裁量权。对于法定最低超过 1 年监禁刑的重罪（verbrechen），如果存在充足的证据基础来支持提起公诉，检察官出于服从起诉法定原则的要求，就有义务依职权签发起诉书①。

至于是否存在"充分依据"，也即证明有罪的证据是否足以产生对于一个定罪判决的合理期待，需要检察官对证据进行独立评价。检察官的主要职能在于基于对警察收集的证据材料的评估来预测审判结果。任何案件中，是否能够获得有罪判决的高度可能性是"金线"和标尺，是否存在"足够的嫌疑"以支持提起公诉是由检察官凭借职业经验予以独立判断的。如果确有必要通过继续侦查来收集相关材料，以帮助其作出是否公诉的决定，检察官还可以要求警察补充其他信息。在作出决定时，检察官也会考虑相关证据的可采性②。

---

① 魏根特. 德国刑事程序法原理 [M]. 江溯，等译. 北京：中国法制出版社，2021：8.
② 魏根特. 德国刑事程序法原理 [M]. 江溯，等译. 北京：中国法制出版社，2021：48.

2. 便宜原则的体现及条件

现实中，检察官所处理的大部分案件都是轻罪（vergehen）。在这些案件中，即使存在充分的证据足以获得一个有罪的判决，检察官也可以选择不起诉。便宜原则的主要依据在《德国刑事诉讼法典》第 153 条，如果能够证明行为人的刑事责任可以被视为轻微，且不存在必须追诉的公共利益，检察官可以对轻罪案件不提起公诉，也就是撤销案件。

即使证明嫌疑人有罪的证据充分，但若涉嫌的犯罪是法定刑在 1 年监禁以下的轻罪、嫌疑人的罪过（如果业已查明）较小，而且不存在必须提起公诉的公共利益，检察官可以撤销案件。①

（三）侦审关系特色

1. 侦查法官的设置

检察官作为侦查程序中的指挥者，可以实施所有围绕事实侦查及实现国家刑罚权的必要措施。但也有许多措施——尤其是影响极深、极强的措施，因为法律保留的规定，其不得为之，只有法官才有权力为之。为使这些措施照样能在侦查程序中被实施，并满足法律保留原则的要求，法律上规定了侦查法官的设置，即由检察官向所属管辖区法院法官申请实施其认为有必要的，且影响极深、极强的，只有法官才能实施的强制措施。

2. 侦查法官的权限

（1）限于合法性审查，不包括合目的性

侦查法官不得自己进行侦查；如果其认为检察官所附之文件尚不足以核发羁押或搜索命令，则该法官须嘱托检察官再次侦查，提供其他数据。而如果检察官无法完成此项嘱托任务，则其所提之申请即遭拒绝。

侦查法官审核该申请措施的合法性（《德国刑事诉讼法典》第 162 条第 3 款），不仅需要考虑授权进行该侦查行为是否符合特定的法律要求，而且需要考虑其范围是否符合比例原则的标准，即对个人权利的干预是否与发现事实的侦查行为的重要性相符合。例如该申请措施是否合乎适当原则，只要涉及法官裁量权的合法性，则该适当原则即适用。但不得仅就申请措施是否合乎目的性来审核。例如不得以由检察官申请实

---

① 魏武. 法德检察制度［M］. 北京：中国检察出版社，2008：203.

施的法官讯问为多余为理由，或以该检察官可以自行加以讯问为理由，而拒绝该申请。

（2）源于基本法层面的保障

任何没有经过事先司法授权即予执行的强制措施随后要交由侦查法官决定它的合法性。这意味着，只要公民声称他的基本权利在刑事调查过程中受到侵害，就可以得到司法裁决。德国宪法也作出了这样的要求：《德国基本法》第19条第4款规定任何人的权利受到国家工作人员侵犯时，都可以将他的案件提交法院裁判。

侦查法官负责审查在侦查阶段所有可能用到的基本权干预措施，还可以基于检察官的要求实施特定的行为，而这些行为是不能或不宜由司法警察或检察官来完成的，比如讯问嫌疑人或询问证人。需要明确的是，为了保证权力不被滥用，侦查法官跟纠问制法官的最大区别就是，侦查法官不可能成为一个积极的调查官员，他只能根据检察官的要求，或者在某些情形下基于受侦查行为影响的当事人的请求而采取行动。只有在有迟疑之危险时，侦查法官才能采取主动。

对强制措施进行司法控制意味着防止对公民基本权利恣意干预。但是德国学者也承认，对具有干预性的侦查行为事先进行司法授权几乎没有实践效果。因为法官必须在警察报告的基础上作出裁定，并且通常没有对受影响的公民进行聆讯，故他几乎没有理由拒绝检察官签发令状的要求。只有在明显没有理由怀疑存在犯罪或所申请的令状范围过于宽泛的情况下，法官才可以拒绝检察官的要求。①

二、对于起诉的制约

（一）功能和意义

1. 功能

《德国刑事诉讼法典》第199—211条规定了中间程序。中间程序指当检察官向审理法院提出起诉书后，由法院判断应否开启审判程序这一独立环节。中间程序的内容包括通知被告起诉书的内容、被告反对主要诉讼程序开启的声明及申请调查证据或提出证据。

在中间程序中，负责法庭审理的管辖法院作为司法机关，独立于检察院。职业法官主要通过阅读案卷的形式，不公开地审查是否存在"足够的犯罪行为嫌疑"。

中间程序还同时具备另外一个功能，即在进入主审程序前就给予被指控人一个辩护环节和机会。被告在接到起诉书时，即可以通过对起诉书反驳的方式，向审查法官

---

① 魏根特.德国刑事程序法原理［M］.江溯，等译.北京：中国法制出版社，2021：6.

表明意见，并允许其提出查证申请。被告的反驳对于开启审判程序的裁定会产生影响，从而阻碍案件畅通无阻地进入主审程序。

2. 意义

通过开启主审程序，案件才能进入主审程序中。所以这一环节承担着"看门人"的角色，将中间程序及主要诉讼程序区分开来，由此才进入主审程序中。

在中间程序中，法官只能进行一定的、补充性的证据收集。这是由于控审分离形成的结构。法律上不准许法院进行较大规模的侦查，以补足检察院的公诉指控使之完整，同样，也不准许大范围的证据收集，例如，为公诉而询问被诉人、为阐明对被诉人不利证言而询问关键证人，因为这些活动都属于提前进入法庭审理阶段。[①]

中间程序的主要意义在于其具有负面的监控功能。也就是将案件继续推动进入主审程序的合法性及必要性，交由一个独立的法官或合议庭，以不公开审理的方式进行决定。它的初衷在于尽量避免主审程序被随便开启，当事人因而承担不必要的诉累，受到不平等的审判程序。

(二) 法院的处置

1. 处置主体

对审判程序有管辖权的法院就是所谓的"裁定法院"，可能位于不同管辖层级。但中间程序的审判组成人员均须为职业法官，因此法律予以之较高的客观性。在区法院（参审法庭亦同）由刑事法官进行裁判；在地方法院的大刑事庭（陪审法庭亦同）则由3位职业法官组成合议庭进行裁判；在州高等法院则由整个法庭作出裁判。

2. 结论

当裁定法院已完成应否开启审判程序之裁判时，中间程序就完结了。结论包括如下两种。

（1）被告有充分的嫌疑涉案于一犯罪行为时，即可裁定开启审判程序。

对于证明标准也有一定的要求。允许开启主审程序的证明标准是，法院在两个层面均取得确信，一是证据材料显示实体法所要求的诉讼要件将在主审程序中得以满足，二是犯罪行为存在可罚的必要性。如果侦查结果为被告对一犯罪行为有"充分的犯罪嫌疑"（《德国刑事诉讼法典》第203条），相当于被告被判有罪具有高度可能性，则

---

① 宗玉琨. 德国刑事诉讼法典[M]. 北京：知识产权出版社，2013：177.

法院应该认为检察院提起公诉的条件是符合法定原则的，需要作出开启主审判程序的裁定。

如果法院的开启裁定无效或存在严重瑕疵，检察院可以通过抗告提出异议，而被告人不可以提出异议，因为这只是对其行为的暂时评断，对这种暂时的评断，可以在法庭审理中以及通过对作出的判决提出法律救济来进行充分的审查。

如果开启裁定存在瑕疵，此裁定对程序的影响需要依瑕疵的严重程度而定，这里区分严重和不严重的瑕疵，二者的划分界限为：在多大范围内可以基于开启裁定所包含的信息进行切实的辩护。如果是严重瑕疵，则裁定无效；如果瑕疵不严重，则可在法庭审理中补救。

（2）当法院拒绝开启审判程序时，则作出中止诉讼程序之裁定（《德国刑事诉讼法典》第204条）。

（三）学术的争议

对于中间程序是否能够发挥充分的制约效果也存在严肃的反对意见。主要理由在于，中间程序带来的弊端大于其收益。在没有起到制约作用的情形下，即当法院裁定开启审判程序时，证明法院已经认定了被告具有非常充分的犯罪嫌疑，将来有高度的可能性被判有罪。因此在进行主审程序时，不能不认为思想上存在预先判断造成的负担，通俗地说，也就是会造成法官认为被告有罪的预断。据此，有时会有见解认为，干脆将开启审判程序之裁定及中间程序全部废除。

罗科信对此持反对意见，他认为，是否造成了法官的预断，需要在法庭上才能看到，到那时可以因偏袒之虞申请法官回避，并据此提出，正确的解决之道应是人事上的隔离，即开启审判程序之裁定应由其他的审判机关作出，而非由审判法院之法官为之。不应以存在预断的风险就彻底否定中间程序存在的意义。实践中，中间程序排除的案件只有不到1%。所以这一程序被认为无效率。但是罗科信强调中间程序的象征价值不可低估，还是值得保留的。①"如果彻底废除（中间程序），对被告可能受到的保护放弃得太快了。虽然实务中很多情况下审判程序都被毫不费力地开启，但是不能不承认相反的例子也存在……即使在很多关注程度非常高的政治性案件的诉讼程序中，法院也常常作出拒绝开启诉讼程序的裁定，这种情况下，中间程序对于公诉是否符合法定条件的监控功能显然得以完全的发挥。"②

---

① 罗科信.刑事诉讼法[M].吴丽琪，译.北京：法律出版社，2003：377.
② 罗科信.刑事诉讼法[M].吴丽琪，译.北京：法律出版社，2003：378.

三、对于不起诉的制约

(一) 不起诉原则上需要法院的同意

在有些案件中,检察机关无须法院参与,即可自行决定是否对案件起诉或追诉侦查;在有些案件中,检察机关在起诉前须得到有权决定是否开启审判程序的法院或该审判程序的法院的同意,方得裁量是否起诉。

1. 需要法院批准的情形

如果待决犯罪行为的法定刑高于罚款,或造成了严重的损害,那么,撤销案件需要审判法院的批准。依据是《德国刑事诉讼法典》第153条第1款第2句。审判法院几乎无一例外地作出批准,并且,是否存在公共利益全由检察官决定,不受司法的审查。①

2. 无须法院批准的情形

但如果涉嫌犯罪的法定刑为不超过5天的日额罚金,检察官可以在没有司法参与的情况下自行撤销案件。很多常见犯罪不附带加重的法定最低刑,如单纯的盗窃(《德国刑法典》第242条)、诈骗(《德国刑法典》第263条)、非严重伤害(《德国刑法典》第223条)以及侵入住宅罪(《德国刑法典》第123条)。被害人对于这种裁量性的撤销不享受任何救济。

(二) 强制起诉

1. 意义

强制起诉程序的首要目的是确保法定原则的适用。对于检察院不起诉的案件,通过被害人的申请来让法院监督检察院行使公诉权的情况,从而纠正检察院的不当不起诉。在这种情况下,检察官起诉与否的意见就为法院的意见所取代。强制起诉给不服不起诉处分者一个请求法院救济的途径。其意义在于提供一个来自外部机关的监督渠道,让检察官的不起诉权限暴露于法院面前,法院得以介入审查其作出裁量的过程。

---

① 连孟琦.德国刑事诉讼法典[M].北京:中国政法大学出版社,1995.

制度运转的效果在于督促警察机关、检察机关审慎周延地侦查案件。[1]

2. 效果

该程序在实践中较少使用且很少获得成功。以德国为例，每年有60万件以上之案件为检察官所中止（即作出不起诉处分），却只有2,000件的强制诉讼程序被提起。[2]犹如实行起诉审查制的效果一样，只要存在强制起诉制度，检察官裁量权的行使就不是不受外部制约的，其"自留地"的固有范围便会被进一步压缩，而相对地，法院作为承担审查权能的机关，其权限则会实现相对扩张。检法两家共享同一性质的权力，饼就那么大，你多点儿我就少点儿，如何分配要受到各种原则的制约。因而强制起诉制度是否会对控诉原则造成挤压和破坏，对此一向存在争议。

3. 条件

（1）提起主体

只有当告发人同时是犯罪的受害人时，方才允许提起这一程序。例如，在对国家安全的犯罪中，此类犯罪中并无个别的私人受到伤害，也为此并无施行强制诉讼程序之可能。在杀人罪中，虽非被抚养之亲属，亦有强制起诉之权利（《德国刑事诉讼法典》第395条第2款第1句）。在伤害罪中，反之，只有健康受到伤害之人才有强制起诉权。在诈欺罪中，一般而言，只有受到损失的人才是被害人，此时被诈骗之人只有当该受损失之人向其索赔时，才算是被害人。

最近有人认为被害人的范围应予以扩张。每一个因案涉之违法犯罪行为而利益受到侵害者，以及有权按照刑事追诉途径要求刑事上的处置反馈之人，均可以被认定为被害人。具体言之，这项见解基于被违反的条文所保护的范围（"规范射程"）的角度出发，较为广泛地扩张了相应范围，至于该条文所保护者是否至少是单独个人或可以扩张到某一特定的人群的问题并没有得到充分的讨论。

（2）受理主体

根据《德国刑事诉讼法典》第172条第2款第1句，不服检察长拒绝的裁定时，得于一个月内申请法院裁判之。受理这一申请的管辖法院为州高等法院（《德国刑事诉讼法典》第172条第4款）。由于受理和裁决的主体同将来实际承担审判任务的主体并不一致，而且职业法官能够作出独立的判断，这一规定的目的在于规避对于产生预断的怀疑，使得将来具有管辖权的下级法院不致有预受裁定允许的拘束之虞。

---

[1] 兰耀军.论刑事诉讼中的"强制起诉"[J].法学论坛，2007（5）：105-111；纵博，郝爱军.台湾地区公诉权制约机制及其借鉴意义[J].台湾研究集刊，2009（4）.
[2] 罗科信.刑事诉讼法[M].吴丽琪，译.北京：法律出版社，2003：371.

（3）律师强制代理

在强制起诉申请中，申请人必须就指控事实符合"充分的犯罪嫌疑"附具理由及证据（即对被告部分有充分的立据），且申请需要由一位律师签署（《德国刑事诉讼法典》第172条第3款）。这一规定的目的在于避免毫无根据的干扰性申请，或者仅仅是利用诉讼程序拖延、陷他人于诉累的申请。

（4）审查方式

州高等法院为了澄清事实，可基于裁量要求查阅检察机关的卷宗，或自行调查，并得为裁判之准备委请一受命或受托法官为其调查（《德国刑事诉讼法典》第173条第1款、第3款）。

州高等法院可规定预定期间，通知被告在预定期间内答辩；对该申请为裁定前，为此通知。否则即属于对被告要求合法审判权（《德国基本法》第103条第1款）的权利维护不周。

（5）处理结果

州高等法院对该种申请作出裁定决定。如不成立充分之犯罪嫌疑，则申请人有义务负担费用（《德国刑事诉讼法典》第174条第1款，第177条）；如该申请成立时，即裁定应提起公诉（《德国刑事诉讼法典》第175条第1款）。如果检察机关拒绝侦查，则州高等法院同意适用《德国刑事诉讼法典》第172条之规定，命其侦查。

如果法院裁定应予以提起公诉，提起公诉的行为由检察机关执行，亦即由检察院提交起诉书（《德国刑事诉讼法典》第175条第2款）。这一规定的重要意义在于，法院强制起诉的效力仍然是公诉案件，而非自诉案件。另外，由检察院提起公诉，形式上仍然维持了公诉原则。由于检察机关受到州高等法院裁判之约束，对此也存在质疑的声音。但检察机关的其他义务，包括客观公正履职义务，并不受州高等法院之裁定的影响。检察机关在稍后的诉讼程序中仍然要独立行使职权，甚至在审判程序中可以为被告人申请无罪裁判。

被告不服州高等法院之起诉裁定也无权提起法律救济（《德国刑事诉讼法典》第304条第4款）；只有当被告先前未获合法之审判时，其方得行使《德国刑事诉讼法典》第33条中所规定之特定的法律救济。

州高等法院对强制起诉之申请作驳回裁定时，具有有限的实体法效力。依《德国刑事诉讼法典》第174条第2款，在此之后，只有当有新事实被提出时（亦即州高等法院尚未知悉者），才得提起公诉。

（三）检察机关的内部审核

如果检察官在侦查结束时认定嫌疑人并没有实施犯罪、不存在妨碍审判进行的程序事实（例如，诉讼时效阻止程序的继续）或缺乏足以使被告人获得定罪判决的充分证据，他可以撤销案件。法律依据为《德国刑事诉讼法典》第170条第2款第1句。

提起申诉的被害人有权在检察官因缺乏足够（起诉）理由（法律或证据上的理由）而撤销案件时接到通知。检察官必须书面解释撤销案件的原因。被害人可以在收到通知的一周之内向上级检察长提出抗告。法律依据为《德国刑事诉讼法典》第172条第1款。

如果检察长经审查案卷后认为撤销案件的理由不充分，他可以命令地方检察官重新启动侦查或提起公诉。若撤销案件理由成立，检察长则可驳回被害人的抗告。被害人仍可以针对该决定向州上诉法院提出进一步的申诉。此申诉状必须由律师撰写，而且必须详细载明既往的程序、程序的结果以及推翻检察官撤销案件之决定的依据，还应包括相关的证据。法律依据为《德国刑事诉讼法典》第172条第3款。

四、小结

（一）对起诉法定原则的坚持

德国基于依法治国原则、明确性原则和平等原则的要求，立法者原则上必须自己确立刑罚的前提要件，而不应将对此要件的决定权让予刑事追诉机关，即让其决定谁在具体案件中应被处以刑罚，是以德国始终坚持采用起诉法定原则（principle of legality），只要有足够的事实根据，检察机关原则上就有义务对所有犯罪进行调查，调查显示有足够的事实依据就应提起公诉。起诉法定原则之例外则源于基本法的适当原则，亦即基于预防因素的考量，而在个案中得放弃对犯罪行为施加刑罚。

法定起诉原则例外的就是对犯罪嫌疑可以不加以起诉，其类型有四种：（1）当犯罪嫌疑轻微且无追诉必要者，对轻罪的调查程序，检察官经取得审判管辖法院的同意后，如认定行为人责任轻微，且与公共利益无涉，则不为追诉，如轻罪属于侵害他人财产案件，且只能科以最轻本刑者，其不为追诉毋庸经法院同意；（2）当对犯罪追诉的必要性可经由其他方式达成时，例如，被告已因其他犯罪受刑罚或保安处分的确定判决，可不予起诉，如果与其他犯罪行为比较，起诉并不重要且没有加以制裁的必要，检察官则不为追诉；（3）当国家利益优于对犯罪追诉之必要，以保护国家生存及发展所规定之政治犯构成要件有关之犯罪，其诉讼之进行对德国有重大不利的危险或损及其他公共利益时，检察总长则不为追诉，其已进行追诉者，亦得予撤回；（4）当被害人可自行对犯罪追诉者，这类犯行大都不涉及公共利益，例如非法侵入、诽谤、妨害通讯秘密、伤害、恐吓及毁损等。

(二) 特别重视中间程序承前启后的枢纽地位

德国传统上的纠问法官集侦、诉、审大权于一身，为了分权方才创设检察官这一角色来实现控审机关的分离。随着预审法官制度被废除，以及检察机关有权根据《德国刑事诉讼法典》第153条第1款第2句对一定罪责轻微的案件终止程序，有些情况下甚至并不需要经法院的同意，原本属于法官的权力被一步步蚕食，逐渐让渡给检察官。① 出于对权力重新集中在检察官身上的戒惧，德国特别强调检察官的"法定性义务"和"客观性义务"。法定性义务特指起诉或不起诉都要遵守立法的法定条件。检察官依照侦查所获取的证据材料进行裁量，如果认为能够获得有罪判断的高度可能性，才满足法定的起诉条件，从而提起公诉。"金线"以上，法定起诉；"金线"以下，放弃追诉，但这毕竟是对于检察官客观公正的理想期许，如何保证检察官能够自我约束，恪守起诉法定原则的门槛？德国特有的起诉审查制就是中间程序。德国学者的权威教材将德国刑事诉讼划分为三个阶段：由公诉检察官主导的侦查阶段、检察官向法院提交正式起诉书之后的中间阶段以及审判阶段。中间阶段同侦查阶段、审判阶段并列，属于独立的阶段。中间阶段被独立出来，成为一个同侦、审并列的环节，可见对于开启审判的要求有多么严格。中间阶段的主要功能在于权力制衡，通过法院来监督检察官的起诉权力，保证其恪守起诉法定原则。从保障被追诉人的角度看，中间阶段额外赋予了一个新的机会对抗起诉。所以起诉审查功能在于实现审判对于控诉的反向制约。

(三) 特别重视侦审之间通过司法审查产生直接互动

通过提早引进侦、诉、审三面关系，如实行法官介入检察官特定处分审查之侦查法官制度或诉讼监督模式，以免被追诉者沦为侦讯客体，步入纠问制度的后尘。通过侦审互动机制的引入，让法官事先参与或事后审查检察官之便宜处分，避免检察官以便宜裁量为诱饵，不当予取予求。另外创制便宜原则若干例外作为司法审查的依据，如公共利益之限制，即于犯罪事实之澄清有特殊公共利益存在时，禁止检察官实施便宜裁量。

(四) 特别重视上升到基本法层面给予被追诉者保障

强制起诉的设置也有深厚的宪法层面的支撑。有学者认为，"与其说是保障客观的法律原则得到遵行，不如说是为了保护犯罪案件中，被害人基于法定原则及国家提起公诉之垄断权所产生的主观上的公权力"。② 这一规定的宪法基础在于，任何没有事先

---

① 谢鹏程.检察制度的实践理性与历史选择[N].检察日报，2021-09-16 (3).
② 罗科信.刑事诉讼法[M].吴丽琪，译.北京：法律出版社，2003：371.

经过司法授权即予执行的强制措施随后都要交由法官决定它的合法性。这意味着,只要公民声称他的基本权利在刑事调查过程中受到侵害,就可以得到司法裁决。根据《德国基本法》第19条第4款,任何人的权利受到国家工作人员侵犯的时候,都可以将他的案件提交法院裁判。

第三节 俄罗斯

一、基本情况

(一)历史发展

因为社会发展阶段的多次变化,俄罗斯体制的发展变化有着鲜明的历史阶段特征。1864年俄罗斯在沙皇统治之下,受西欧开明专制思潮的影响,逐步推进司法改革,检察机关由原来的"沙皇之眼目"逐渐演变成刑事追诉机关。检察机关同时承担着双重职责,一方面是传统的公诉职能,具体就是在刑事诉讼中支持公诉,"对案件提起公诉并启动刑事审判是检察长行使的唯一权力,也是检察长承担的唯一义务"[①];另一方面是其普遍监督权的具体化,具体就是在公诉的同时对法院是否正确适用法律实施监督。[②]苏俄领导人特别重视一般监督的使用。十月革命后曾短暂撤销检察机关,但随即又恢复。列宁的指示以及其关于法制和检察的政治观点,成为建立新型检察制度的基础。在他撰写的若干文件中,阐明了检察机关承担的崭新任务——最高监督机关和保证法制统一的机关。列宁撰写的《论"双重领导"和法制》一文指出,"检察机关以法律监督为专职专责,不执行任何行政职能,受中央垂直领导,行使中央检察权"。[③]检察机关最为关键的职能就是通过实施法律监督在苏维埃国家内部实现整个共和国对法制有真正一致的理解,即使加盟共和国存在地方差异,仍必须适用统一的法律,执行统一的意志。

诉讼监督权与一般监督权共同构成苏俄检察机关的权力内容,而一般监督权又是国家检察权力的核心和标志,它不同于诉讼监督权,没有特定阶段及对象的限制。苏俄检察机关是一元化领导下统一的中央集权组织,官职等级分明,且有权对所有政府

---

① 田夫.依法独立行使检察权制度的宪法涵义——兼论重建检察机关垂直领导制[J].法制与社会发展,2015(2):54—67.
② 韩大元.中国检察制度宪法基础研究[M].北京:中国检察出版社,2007:313.
③ 诺维科夫.苏联检察系统[M].中国人民大学苏联东欧研究所,译.北京:群众出版社,1980:13.

机关、企事业单位、合作社的行为，以及对所有人是否遵纪守法进行监督，既包括监督履行职务的公务员，也包括监督行使权力的公民，甚至对审判权也无差别地行使监督权。这些职能同崭新的国家活动形式是同时产生和形成的。

1922年年底苏联成立后，组建了苏联最高法院检察院，随后又撤销了设在法院中的检察院，建立了独立的苏联检察院，负责领导各加盟共和国的检察机关，并监督加盟国的法院适用法律的情况，同时又肩负提起追诉并支持公诉的职责，对警察、劳改机构实施监督。1936年以后，各级检察机关直接隶属于苏联检察长，进一步强化了集中统一。最高苏维埃政权负责任命总检察长，总检察长再负责任命各加盟国的检察长，而无须通过各加盟国的最高苏维埃。

1953年以后，苏共开始提倡社会主义民主，健全社会主义法制。在民主与法制的道路上苏联可谓历经坎坷，尤其在检察机构的性质与职能上，由于执政理念和历史惯性，改革进展相当缓慢。

20世纪70年代末80年代初，苏联对检察机关的角色逐步进行反省，承认检察长只对法庭行为是否符合法律实行监督，但并不凌驾于法庭之上，不能操纵法院的活动，不能向法院发号施令，不能撤销法院的裁判。

1991年苏联解体后，继承其主要遗产的俄罗斯联邦仍然保持了统一的检察机关机构设置，检察机关由俄罗斯联邦总检察长负责领导，仍然坚持集中统一原则，规定其工作人员不得在政治性社会组织兼职，不得领取其他工作报酬，但教学、科研和创作活动除外。时任俄罗斯联邦总统叶利钦主导的改革完全推翻了苏维埃体制，借鉴西方国家检察体制，司法权仅由法院行使，将检察机关列入司法部内，使检察机关仅承担刑事追诉职责，不再承担监督法院的职能。①

（二）体制特色

1.检察监督与法院监督"二元"

弥散广泛的监督并不排除当政者对权力机关的疑虑。双向是并重的，既强调检察机关的普遍监督，也强调其他权力和权利对于监督机关的监督。在这一体系中占据核心地位的是一种近似于"二元体制"的诞生——检察监督和法院监督的双向制约。刑事诉讼案件中各阶段所发生的诉讼行为都需要合法有据，检察监督是落实该保障的重要手段，且是第一序列的，但并非唯一手段。在很大程度上以及很多事项上，检察监督需要法院监督作为第二序列，但也是非常重要的补充。这些监督从每个刑事案件的

---

① 邓子滨.刑事诉讼原理［M］.北京：北京大学出版社，2019：338.

提起开始并且实际上以各种形式伴随着刑事案件的所有诉讼阶段。检察长对各机关和公职人员在提起刑事案件与审前调查过程中的决定和行为的合法性实行监督。

不仅是刑事诉讼参与人可以对侦查机关、检察机关、审判机关及上述机关的人员的作为或不作为提出申诉，刑事案件的提起还意味着利害关系人有可能利用这类措施。如果正在进行的刑事诉讼行为或刑事诉讼裁决影响了其他人员的利益，则被影响者亦可对被影响的权利提出申诉。① 可以看到整个刑事司法体系态度的转变，刑事案件的提起不仅意味着为有关机关和公职人员作出决定和实施《俄罗斯联邦刑事诉讼法典（新版）》以及其他刑事诉讼法文件规定的行为背书，它的目的还在于使所有权利和合法利益可能因为这种决定或行为而受到限制或损害的人能够借助法律规定的措施保护自己，以免于受到可能的错误甚至是滥用权力的侵害。

2. 法院监督地位提升

由于控诉制约审判的原则得到确定和坚持，法院只能对交付审判的刑事被告人作出裁判，并且也只能针对被告受到的指控作出裁判。只有在有限的条件下才有例外。在依照刑事诉讼法规定的条件下，比如《俄罗斯联邦刑事诉讼法典（新版）》第252条第2款规定的"不得恶化受审人的状况，且不得侵害他的辩护权"，才能背离该规定。因此实践中，在提起公诉和审前调查阶段法院的监督往往无从谈起。1992年5月其通过了一项法律，如果当事人对判前羁押性的强制措施提出申诉，允许法院对此予以审查。

以1993年通过的《俄罗斯联邦宪法》为契机，法院监督逐渐开始介入刑事案件提起公诉以及之后的审前调查阶段，这一变化是循序渐进的。法院通过一系列的其他决议和裁定进一步扩展了《俄罗斯联邦宪法》第46条的适用范围。按照这一路线的要求，普通法院管辖范围内的刑事案件，如果涉及关于侦查人员等司法人员违规办案的申诉，上述法院应当直接受理申诉并展开实体审查。法官们依据上述决议和裁定的精神，受理并审理针对司法机关和司法人员违规办案的申诉，这其中包括审理针对不法的不起诉决定提出的申诉。可以理解的是，在办理刑事案件时监督检察院和其执法机关仍然属于新生事物，由于制度和心态的惯性，大部分的法院依然会小心谨慎地予以处置。法院阶段的这一进路在2001年颁布的《俄罗斯联邦刑事诉讼法典（新版）》中予以规范，首先是第123条和第125条明确了法院监督介入审前阶段的制度，并成为刑事诉讼的基本制度之一。上述制度保障了承担刑事侦查、审查起诉职责的公职人员所作出的诉讼行为和决定于法有据。②

---

① 黄道秀.俄罗斯联邦刑事诉讼法典（新版）[M].北京：中国人民公安大学出版社，2006：111.
② 古岑科.俄罗斯刑事诉讼教程[M].黄道秀，等译.北京：中国人民公安大学出版社，2007：285.

二、对于起诉的制约

（一）准备阶段的功能和意义

刑事诉讼阶段的各个环节环环相扣，连续发生。在这一整体体系中，开庭准备是一个承上启下的中间环节。这一环节的特殊地位在于，它处在案件被提起和审前调查过程与法庭进行实体审理的中间。因此，开庭准备环节是以审判庭为审查主体的，同时承担两个方面的任务，一方面要对审前的调查行为的合法性履行审查监督职能，另一方面是为了日后的实体审理履行预备职能。这一双重任务足以说明这一环节的地位和意义。[1]

下面对审查监督职能和审理预备职能分别论述。审查监督职能体现为主管准备阶段事务的法官作为主体，对前端的调查机关、侦查机关和检察院为提起具体案件所进行的行为是否合法有据进行的监督审查。同时，正如以下所要谈到的那样，主管法官并非仅仅是消极地观察和记录，法律保障他具有充分的权利对偏离刑事诉讼立法规定审判程序的行为消除不良后果，以保障相关行为的纯净适法。因此主管法官的立场并非所谓中立，而是要依职权主动行使的，当然其履职也要保证在法律允许的范围之内。这一职权主义色彩浓厚举动的目的应从两个方面来理解，首先在于保护司法的纯洁性，保证国家公权力机关实施的诉讼行为得到最大限度的"净化"，以排除将来所有可能影响法庭作出公正裁判的负面因素，属于解决当下问题的举动。其次在于对侦诉机关将来的调查、取证行为实施一定的震慑和影响，以促进并激励其重视将来行为的合法性和根据的充分性。就其实质而言，属于面向未来的举措，这是对刑事案件在启动和调查过程中正确履行诉讼行为进行司法监督的最有效方式。

审理预备职能主要从审判事务安排的角度考虑，与审查监督职能紧密相关，通过审查监督功能消除了失误、错误和滥用权力的不良后果，自然可以被界定为属于开庭准备的一种表现，并为庭审的顺利进行创造条件。

（二）准备阶段的历史沿革

庭前程序的功能以及其是否能够得到实际发挥受政治因素影响巨大。对于法庭审理的预备阶段，俄罗斯学者自己都评价道：在俄罗斯的刑事诉讼中，该阶段最不稳定，可谓"饱经磨难"，与其他阶段相较而言，该阶段不但经常变化，而且还会推倒重来，背后的原因也不得而知。显然这一环节极其敏感，因为其功能所致，同权力分配的各

---

[1] 蒂里切夫．苏维埃刑事诉讼［M］．张仲麟，等译．北京：法律出版社，1984．

种安排关系密切，属于权力交错、倾轧的主要战场，受政治气候影响之大可见一斑。

1864年还是沙皇年代，在当时的刑事诉讼规章中，该阶段被称为"交付法庭"。在这一阶段检察长是最为积极的角色（经常是区法院的检察长）。他在收到侦查材料并进行研究之后，只要必要的依据具备便制作起诉书，而该起诉书被认为是他交付法庭的结论。即使从形式上也并不要求法院作出交付审判的专门裁判。

20世纪20年代初，苏维埃革命全面深入开展，在各个领域均大放异彩。《苏俄刑事诉讼法典》作为当时法律变更的重要成果呈现于世人面前。在该法典中，这一阶段保留了"交付法庭"这一称谓，但要遵循的程序规定和流程已大不相同。案件进入审判程序需要法院的开启，但仅仅是形式上的要求，缺乏实际意义。法院受理案件之初，检察长以起诉书的形式，建议法院自己对于提起公诉的决定进行确认并将刑事被告人交付审判。如果没有不同意见，法官召集控辩双方参加预备庭，预备庭作出"批准起诉书和将刑事被告人交付审判"的裁定。显然是走过场的意思。

20世纪60年代，苏联的国内形势又有巨变。《苏俄刑事诉讼法典》有所修订。其第20章标题从"交付审判"改为"案件庭审前法官的权能和开庭审理准备行为"。标题的变换也侧面印证了审查重点的调整，目的在于试图强调法院不应履行控诉这一职能。

（三）准备阶段的审理主体

准备阶段的审理主体发生过一系列的变化。1960年《苏俄刑事诉讼法典》通过以后，直至1992年5月，交付审判的决定一般由独任法官作出，该法官之后在对该案进行实体审理时担任审判长。只有在下列几种情况下才由合议庭作出交付审判决定：①对未成年人犯罪案件的审理，以及对死刑案件的审理，之所以这两种案件具有一定的特殊性，主要是从刑事政策的角度出发，考虑要更为慎重；②在法官不同意起诉书结论的情形下，显然需要合议庭通过少数服从多数的议事规则来避免一些尴尬情形的出现；③必须变更在移送法院之前选定的强制处分措施，对于变更由集体决定即时防范法官滥权，同时也是保护法官之意。起诉书在任何情况下都是由检察长批准的，而非法院。俄罗斯作为苏联遗产的主要继承者，基本沿用了前述的规定，但根据国内形势的变化又进行了修订。在1992年至1993年间相继通过两部法律对相关规则进行相应修订之后，形成了现行庭前环节的法律依据，即《俄罗斯联邦刑事诉讼法典（新版）》第227条第1款。该条规定，由独任法官审理和解决案件被移送到法院之后至开始法庭审理之前所出现的所有问题。

也有意见认为，交付审判的裁定似乎就等同于同意起诉书的指控。但是对于预断问题显然不是俄罗斯法律考虑的重点，法律也未就此问题直接作出规定。任何情况下，法官解决与准备审判庭开庭有关之问题的事实,都未列入《俄罗斯联邦刑事诉讼法典(新版)》第63条规定法官回避理由之中。实际上,处理庭前问题的独任法官往往就是后来对本案进行实体审理的法官,无论是以独立(独任)制还是参加合议庭的形式。一般通行观点倒是持比较乐观的态度,认为交付审判无论是过去还是现在,从来不意味着作出对受审人有罪或者无罪将要得出的结论会有丝毫的预断。它总是另有所指——也就是决定对该案进行实体审理,并根据审理结果作出有罪或者无罪、对其判处刑罚或者免除处刑等合法的、根据充分的和公正的刑事判决。

(四)准备阶段的具体展开

1. 庭前听证的初步审查

对移送到法院的刑事案件,如果符合审判管辖的条件,法官有权进行初步审查,决定是否指定庭前听证,或者开庭审判。

初步审查是依职权主动进行的,比如对于强制措施,在准备程序中,法官要从适用是否合法,以及根据是否充分两个维度,对于侦查阶段所采取的强制处分予以主动审查。即使当前的强制处分系根据该审查法官自己的决定,或者根据其他法官的决定,也会一并纳入审查范围。审查是主动进行的,并不需要根据被追诉者的请求或者申诉进行。就其本质而言,这项法律规定可以被视为实施诉讼强制措施合法性的补充保证。

初步审查的内容主要有如下几个方面:

(1)管辖是否适当,该刑事案件是否属于本法院管辖;

(2)为了保障诉讼顺利进行的相关审判事务问题是否已得到关注和处理,比如是否向当事人、辩护律师等诉讼参与人送达起诉书,以及是否采取了恰当的财产保全措施用来退赔犯罪行为造成的利益受损者以及执行可能判处的财产刑;

(3)涉及申诉权的问题,包括审查前刑事强制措施是否必要,是否需要变更;是否应该满足相关人已经提出的申请和申诉;是否存在庭前听证根据。

初步审查需要遵守相关期限。刑事诉讼法明确规定了审查期限。法院应当在受理相应刑事案件起30日内作出初步审查结果。如果相应案件的犯罪嫌疑人被采取了羁押性强制措施,那么为了保障当事人权利,法院应在受案起14日内作出审查结果。如果控辩一方提出请求,法院需要向其开示证据,以保障申请人的诉权。

相关结论必须公示和送达。为了保障参加人的知情权和程序参与权,前提就是保障相关人员及时获得案件进展信息,以便及时了解初步审查的结论,对于可能发生的错误及时采取依法应对的措施。法官裁决的副本应当向被告人、被害人和检察长送达。①

2. 庭前听证的开启

（1）庭前听证既可以依申请，也可以依职权发动

庭前听证的目的在于为法庭审理该案"消除障碍"。它可以基于一方申请而进行，也可由法官依照《俄罗斯联邦刑事诉讼法典（新版）》第34条的规定依职权主动为之。

（2）需要进行庭前听证的情况

①一方提出排除非法证据的申请；②起诉书制作或送达存在瑕疵，符合在本法典第237条规定的将刑事案件退回公诉人的情形；③存在中止或终止刑事案件的事由的情形；④需要听证确定是否需要由陪审法庭审理该案。②

庭前听证可因对方的同意而无须继续进行。比如因给予排除非法证据的申请而召集，则可因对方的同意而直接达到该目标，则法官应在此状况下直接作出决定开庭的裁定。

3. 庭前听证的进行

（1）庭前听证不公开进行，由独任制法官主持，控辩双方以口头辩论的方式表达意见；控辩双方均需要参加，但是在刑事被告人主动申请的情况下，庭前听证可以在其不到庭的情况下进行；这是为了在维护其权利和程序迅速进行之间取得平衡，因为不见得被告人在场就一定对其有利，应该允许被告人对自己的利益自行作出评价和选择，以决定哪种方式更好。（2）至少应在进行庭前听证前3日发出传唤控辩双方出庭的通知，给相关方足够的准备机会，避免"偷袭"；已经按时通知到的诉讼参加人不到庭也不妨碍庭前听证的进行，这主要还是从效率的角度而言，在该方出于主动选择自己放弃的情况下没有必要强制其到场。（3）辩方有在准备或者庭前听证进行过程中提出证据的权利、质证的权利。如果辩方申请传唤证人，用以提供案发时被告人的不在场证明，法庭应予以满足，但是如果要求其他的证人对于案件事实发表意见，则不应允许，因为这是准备环节，并不能取代后续的审判；如果辩方提出调取补充证据或物品的申请，如果该证据和物品对查明事实有意义，则应该予以满足；此处法庭还是有一定的裁量权限的，或者说辩方申请要提供相应的证明材料以证明其申请的必要性。（4）在听证程序中，如果控辩双方申请侦查人员、鉴定人员、勘验人员等所有参与形成证据材料的人接受询问质证，都应当被准许；这一规定保障了直接原则在庭前听证环节的适用，对于法庭查明争议事实具有重要意义。（5）只要听证会性质上是为了开庭进行的准备活动，那么均应形

---

① 黄道秀. 俄罗斯联邦刑事诉讼法典（新版）[M]. 北京：中国人民公安大学出版社，2006：227.
② 黄道秀. 俄罗斯联邦刑事诉讼法典（新版）[M]. 北京：中国人民公安大学出版社，2006：229.

成笔录,且听证结果应当在法院的最终裁决文书中予以体现。

4. 庭前听证的处理结果

(1) 中止或终止

在被告人下落不明等情况下,案件存在继续审理的实际障碍,或者本案需要向法院发出咨询以解决前置问题等情况下,可以决定中止或终止本案的审理,并解决相关事务问题。

(2) 决定开庭审判

如果作出开庭审判的决定,则一并解决相关审判事务问题,包括开庭日期、审判组织的形式、指定辩护人等事项。法官应当为开庭采取必要的准备措施,包括下达书面指令传唤证人出庭。

(3) 退回检察长

在案件存在违法行为,达到一定严重程度,已经形成对于裁判障碍的情况下,法院需要将刑事案件退回检察长。这一行为的目的非常明显——检察长应当保证实施侦查行为的正当性,这是刑事被告人得以维护自己宪法规定的辩护权的重要诉讼手段之一。至于法院本身直接去纠正这些违法行为的可能性是被排除的。这是一种底线思维的体现,法院在任何情况下都不应接触指控,即使是为了排除违法行为,也会让人产生一种法院认同"漂白"之后的指控的想法。因此,最为彻底的做法就是法院根本不接触,法官应责成检察长在5日内弥补瑕疵、补强证据,以排除违规侦查行为的影响。在将刑事案件退回检察长时,法官应一并解决对刑事被告人的强制处分问题。在检察长退回的刑事案件中,不允许实施本条规定以外的任何侦查行为或其他诉讼行为。

法院审理刑事案件过程中,发现有以下情形之一时[1],可以认为存在障碍,法官应根据申请或依职权主动将刑事案件退回检察长,以排除有关诉讼障碍。这些所谓障碍主要属于程序性质。从程度上,违法行为不应是轻微的,应是严重性的,才可能对诉讼形成障碍;从效果上,应该是客观的,违法行为应现实构成作出判决或者其他法庭裁判的障碍。

实践中,具体可以用什么标准去准确地判断这些违反排除或者不排除作出判决或其他法院裁判的可能性并没有一定之规。因此,对于退回或不退回的裁判理由的合理性,无论是过去还是现在都经常引发争议。为克服因《俄罗斯联邦刑事诉讼法典(新

---

[1] 起诉书或起诉意见书的制作违反了《俄罗斯联邦刑事诉讼法典(新版)》的要求,致使法院不可能根据该起诉书作出刑事判决或其他裁判。起诉书的副本没有送达给刑事被告人,但法院认为检察长依照本法典第222条第4款(被告人拒收)或第226条第3款所作的决定(终止刑事案件)合法有据的情形除外。有必要对移送法院并附有适用医疗性强制措施决定的刑事案件制作起诉书。存在本法典第153条规定的合并刑事案件的根据。在刑事被告人了解刑事案件材料时未向他说明本法典第217条第5款规定的权利。

版)》措辞的不确定性,俄罗斯联邦宪法法院和俄罗斯联邦最高法院都曾经介入进来。前者在其 2003 年 12 月 8 日的决议中明确支持了退回检察长的权力。决议指出,退回检察长不是为了解决调查不充分的问题,而是为了聚焦司法行为的纯洁性。换言之,退回不是为了实现补充侦查、继续指控的目的,而是为了保障刑事案件的审理不存在障碍。如果在审前阶段发现,确有不能视而不见的严重违法行为,则法院无论是依申请还是依职权将案件退回检察长都必须得到保障。①

5. 庭前听证的法律效果

对法院根据庭前听证结果作出的裁判不得进行申诉,但关于终止刑事案件和(或)决定开庭审判解决强制处分问题的法院决定除外。②

三、对于不起诉的制约

(一) 被害人享有广泛的诉讼权利

法律保障被害人在审前阶段享有充分的知情权和程序参与权,可以通过比较全面和深入的参与对国家公权力的运行形成制约。根据《俄罗斯联邦刑事诉讼法典(新版)》第 42 条的规定,被害人的范围比较广泛,除了因犯罪行为而受到身体、财产、精神损害的自然人,还包括因犯罪行为而在财产和商业信誉上蒙受损害的单位法人。根据该条的规定,被害人享有如下权利:

1. 知情的权利。如果被害人或其诉讼代理人提出申请,侦查员等办案人员应允许被害人参与到侦查活动中。

2. 获取资讯的权利。一旦审前调查程序终结,被害人有权查阅全部证据材料,并对证据材料的任何部分予以摘抄或使用技术手段复制。

3. 表达意见的权利。被害人有权查阅其所参与形成的所有笔录,并对上述笔录提出书面意见。

因此,在审前阶段,被害人对刑事诉讼的参与权通过一定程度的参与侦查行为并了解案件材料、表达意见等方式得到了保障。

(二) 针对刑事诉讼特定问题进行申诉的权利

《俄罗斯联邦刑事诉讼法典(新版)》中规定了广泛的申诉权利。针对侦查、起诉

---

① 黄道秀. 俄罗斯联邦刑事诉讼法典(新版)[M]. 北京:中国人民公安大学出版社,2006.
② 古岑科. 俄罗斯刑事诉讼教程[M]. 黄道秀,等译. 北京:中国人民公安大学出版社,2007.

机关拒绝提起刑事案件，权益受到影响的相关人员可以通过向法院提起申诉的方式要求司法机关予以审查。因此对于这一具体问题，权益人主要通过向法院提起申诉来应对。刑事诉讼参与人可以对侦查机关、检察机关、审判机关及上述机关人员的作为或不作为依照法定程序提出申诉，如果正在进行的刑事诉讼行为或刑事诉讼裁决影响了其他人员的利益，则被影响者亦可对被影响的权利提出申诉。就范围而言，后者提出申诉的权利受到一定的限制，他们只能对"涉及其利益的"行为（不作为）和决定提出申诉。普遍的申诉权规定在《俄罗斯联邦刑事诉讼法典（新版）》第123条中，第125条则对审查申诉的诉讼程序予以规范。①

1. 申诉对象

申诉提出的对象是：对调查人员、侦查员、检察长关于不起诉决定、终止审理决定以及其他可能损害刑事诉讼参与人基本权利和自由或妨碍利害关系人参与诉讼的作为或不作为的决定。申诉对象必须存在实质的危害性或障碍性，满足以下两个条件之一即可以认为符合相应的标准：①行为或决定可能"损害刑事诉讼参与人宪法权利和自由"；②行为或决定可能"妨碍公民参与审判"。

2. 相关主体

申诉主体和申诉途径都相对广泛。相关申诉可以由认为自身权利受到损害或妨碍的申诉人本人提出，其也可以选择由辩护人、法定代理人协助提出。

申诉接受机关当然就是法院，法院可以直接接受相关人员提出的申诉；也可以接受向法院转达的申诉。

3. 审查方式

（1）开庭审理

申诉应该向审前调查进行地的法院提出。法官应在收到申诉之日起5日内，召开庭审，以双方到场口头辩论的方式审理调查人员、侦查员、检察长关于不起诉决定、终止审理决定以及其他可能损害刑事诉讼参与人基本权利和自由或妨碍利害关系人参与诉讼的作为或不作为的决定行为是否合法有据。

相应的审理应公开进行，但《俄罗斯联邦刑事诉讼法典（新版）》第241条第2款规定的依法不公开审理的情形除外。

---

① 黄道秀. 俄罗斯联邦刑事诉讼法典（新版）[M]. 北京：中国人民公安大学出版社，2006.

（2）到庭人员

申诉以开庭的方式进行审查，所以申诉人属于必须出庭的主体；如果申诉人有辩护人、法定代理人或代理人，则相关的上述人员也应该到庭参与；权利义务可能受刑事诉讼的作为或不作为直接影响的利害关系人也应该出庭。检察长的行为是否合法有据属于审查对象，故检察长也应出庭。上述人员如果已及时收到关于审理申诉的通知又不坚持要求在其参加下审理而不到庭的，不妨碍法庭对申诉的审理。

（3）听取陈述

宣布开庭后，法官应当向出庭人员说明此次审查何种申诉，并向诉讼参与人说明他们的权利和义务。接下来，由出庭的申诉人本人亲自陈述申诉的理由。听取意见的机会是平等的。法官在听取申诉人陈述后，也要听取其他诉讼参与人的意见，同时应保障申诉人行使答辩权。

4. 裁决结果

经过审议，法官的裁决对象不是案件有罪无罪的问题，而是属于"诉中诉"或"判中判"的性质，其就审查对象或审理范围作出下列裁决：（1）认为申诉有依据，从而认定调查人员、侦查员、检察长关于不起诉决定、终止审理决定以及其他可能损害刑事诉讼参与人基本权利和自由或妨碍利害关系人参与诉讼的作为或不作为的决定，属于违法或缺乏根据，裁决可一并责成相关主体排除其违法行为；（2）认为申诉无依据，如作出申诉并无根据的判断，则应驳回申诉。

为了保障程序的顺利进行，法官作出裁决后应向申诉人和检察长送达裁决副本。

5. 程序效果

只要调查人员、侦查员、检察长、法官认为没有必要中止被审查对象（行为或决定）的继续进行或执行，提出申诉并不中止被提出申诉的行为或决定的执行。

上述提出和审理申诉的程序不仅在法院审查决定和行为是否合法有据时应该得到遵守，而且在审前调查阶段也应该得到遵守。

四、小结

（一）检察权的复杂性质

俄罗斯联邦检察机关的职能主要在于对法律执行情况的监督，对于其性质一直有较大的争议，但是最主要的观点认为它既非立法权力机关、执行机关，也不是司法机关，独立于三权之外，是一种特殊的国家机关，可称之为"护法机关"[①]。检察权一家独大局面的形成属于历史问题的特殊遗存，同政治、社会的发展息息相关。检察机关的国家职能是对一切国家机关、社会团体、公职人员和公民的活动是否准确执行法律实施的最高监督，这就确定了检察机关同其他国家机关的区别，并构成检察机关活动形式和方法特点的基础。从其成立开始，检察机关就在法院中履行公诉职能，但支持公诉并非检察长孤立的职能，而是在法院中实施监督职能的一个特殊部分、一个分支。

（二）庭前审查的特殊功能

庭前环节就是战场，检法双方都想提升自身的控制力。庭前的定位、功能、具体操作甚至是具体名称，均受政治气候的影响一再变化，特别凸显出在权力犬牙交错领域的互相制约意图。"案件退回检察长"是俄罗斯解决检法争议的一种独特做法，从一个侧面体现了对于控审分离的重视。将刑事案件退回检察长的目的非常明显——应当由检察长来保证实施侦查行为的合法性以及起诉的纯净性，这是刑事被告人得以维护自己宪法规定的辩护权的重要诉讼手段之一。通过法院的行为主动纠正这些违法行为的可能性是不被允许的。因为这种理念是得到保护，即法院在任何情况下都不应接触指控，即使是为了排除违法行为，也会让人产生一种法院认同"漂白"之后的指控的想法。

（三）申诉监督的无处不在

基于社会主义民主与法制制度的惯性，《俄罗斯联邦刑事诉讼法典（新版）》中仍然体现了较多的允许人民通过申诉的方式实现对于司法行为监督的精神。相关的法律和规定赋予民众广泛的申诉权利，针对起诉与不起诉、作为与不作为，"总有一款申诉适合你"。针对侦查、起诉机关拒绝提起刑事案件，刑事诉讼参与人和权益受到影响的相关人员都可以通过向法院提起申诉的方式，要求司法机关予以审查。对于具体问题，主要通过权益人向法院提起申诉来应对。申诉接受机关当然就是法院，法院可以直接接受相关人员提出的申诉；也可以接受调查人员、侦查员或检察长接受并向法院转达的申诉。检察机关作为监督机关的主要功能还是保障在广阔的疆域和复杂的民族背景下，在整个国土范围内法制的统一，普遍的监督权并不能给予该机关在所有层面都凌驾于其他机关之上的权力，毕竟，不管是沙皇还是谁的眼目，也需要有制约的存在。

[①] 韩大元.中国检察制度宪法基础研究[M].北京：中国检察出版社，2007：330.

第四节 日本

一、基本情况

(一) 公诉由国家垄断，检察官行使重要权能

1. 起诉垄断主义

日本于明治维新起，致力于"脱亚入欧"，先学法国，后学德国。第二次世界大战败于美国之后，其国土亦被占领。日本法制发展由此受美国影响至深至远，但其大陆法系的底色依然浓厚。

日本自 1868 年明治维新开始，在三十多年的时间内，陆续制定了 1889 年的宪法、1890 年的裁判所构成法和刑事诉讼法、1907 年的刑法。裁判所构成法是参照德国法院的模式，由德国人起草的，分为裁判所及检事局、裁判所及检事局官吏、司法事务的职务及监督权等四编。刑事诉讼法规定了日本检察机关的组织机构、人员任免、职权范围和活动原则。刑事诉讼的检察业务，以公诉为中心，提起公诉的第一步工作是准备公诉，共分为两个阶段，一为起诉前的侦查处分，二为起诉后公判前的预审处分，前者属于检察官的权限，后者属于预审法官的权限。一切刑事案件必须由检察官提起公诉，法院才能受理。①

因此日本现行刑事诉讼法的特征，是以先前引进法国及德国大陆法系国家的诉讼法为基础的。第二次世界大战后，其受到美军的占领，开始效仿美国法律制。昭和 23 年（1948 年），日本在裁判所构成法外另制定检察厅法，使二者在组织关系上明显分离，在诉讼程序上强化了当事人诉讼结构。

当今日本体制之下，检察官提起公诉后直接进入审判程序，起诉与审判中间没有其他审查程序。②公诉作为侦查和审判的中间环节，就是请求法院对特定的刑事案件进行审判的意思。日本贯彻了彻底的国家追诉理念，并借助检察官起诉垄断主义来落实。由检察官作为国家公益之代表提起公诉，且只有检察官才有提起公诉的权利。由于检察机关是国家机构的一部分，承担提起刑事诉讼的职责，所以称为公诉。检察官经过

---

① 裘索.日本国检察制度［M］.北京：商务印书馆，2003：4.
② 松尾浩也.日本刑事诉讼法（上卷）［M］.丁相顺，金光旭，译.北京：中国人民大学出版社，2005：151.

侦查，认为犯罪事实已经查明，请求法院通过审判对被告人给予刑罚处罚。只有通过公诉，才能开始审判程序。因此可以说日本采纳了三方结构的现代刑事诉讼理念，而摆脱了发起者同审判者一体的旧制度。[①]

2. 检察官的权能

检察权由检察官具体来行使。检察厅则是统管检察官事务的官厅。

日本检察官制度的特色有以下几点：

第一，检察官是行使检察权的主体，而非检察厅这一管理检察官的机构。检察官被称为独任制官厅。每一个检察官作为独立之机关，就其所担当的案件，依据实际情况，基于自身的权限和责任，以自己的名义进行起诉或不起诉的处分。尽管是独任制官厅，如后所述，检察制度采用检察官一体化原则，检察官作出是否起诉的决定时，会受到上司的指挥和监督，并接受其裁决。

第二，检察官根据检察官一体化原则行事。虽然每一名检察官都独立行使检察权，但在国家层面检察官又被视为整体，这是因为检事总长、检察长或检事正可以亲自处理检察官业务，也可以指示其他检察官处理业务（《日本检察厅法》第112条）。

第三，关于法务大臣与检察官的关系，法务大臣可以对检察官行使一般性的监督指挥权，但是只有检事总长可以就具体案件指挥检察官从事具体的诉讼行为，比如进行讯问或处分（《日本检察厅法》第14条）。

检察官的权限贯穿于整个刑事程序中。检察官拥有下述权限：(1) 侦查的权限（《日本检察厅法》第6条第1款、《日本刑事诉讼法》第191条第1款），这种权限具有警察的功能；(2) 提起公诉的权限（《日本检察厅法》第4条、《日本刑事诉讼法》第247条），这种权限具有法官的功能；(3) 提出证据、陈述意见等的权限（《日本刑事诉讼法》第298条第1款），这种权限具有律师的功能；(4) 裁判的执行指挥权限（《日本检察厅法》第4条、《日本刑事诉讼法》第472条），这种权限具有矫正官员的功能（关于其他权限，请参照《日本检察厅法》第4条）。检察官从侦查犯罪到执行刑罚，在所有刑事程序阶段均发挥重要的作用。仅从这一点看，检察官在行使权限时很容易陷入"独尊自大"的弊端。[②] 应当尽可能分散检察官的权限，探索其权限同现行法律的当事人主义诉讼结构之间适当的关系。

（二）事实上的起诉裁量

尽管落在字面上的表达存在争议，但是日本很早即开始事实上持续应用起诉裁量

[①] 田口守一.刑事诉讼法 [M].7版.张凌，于秀峰，译.北京：法律出版社，2019：197.
[②] 田口守一.刑事诉讼法 [M].7版.张凌，于秀峰，译.北京：法律出版社，2019：204.

主义。在其旧法时代加以明文化，并沿用至今。当初有资源、财政上的考虑，时至今日，由于经过了长期的例行运作，已经作为日本本身的制度而有所发展，并具有大体上的判断基准。

之所以最终从起诉法定主义转向起诉裁量主义，理由如下：

第一，可以妥善利用刑事政策，给予被追诉者适当的处理。现行的《日本刑事诉讼法》第248条规定的考量因素中增加了"罪行轻重"，这一实体表述涉及刑事政策的边界。被宣布起诉犹豫的人不承受被提起公诉的负担，可以早日回归社会。起诉犹豫制度原本适用于轻罪案件，但司法实践中对于杀人罪等重罪案件也适用起诉犹豫制度，这体现了对刑事政策的重视。但起诉犹豫并不是通过审判程序确定有罪的，因此应当划定刑事政策的界限。

第二，应当审查被害人和其他公民的意见。检察官既不能被舆论牵着鼻子走，也不能毫不回应舆论的关切，检察官应当特别关注主张无罪的意见。即便符合入罪标准，如果被害人与行为人和解，被害人对行为人谅解的，也可以考虑定罪免刑。财产类犯罪符合这种情形的更多。

第三，合理的裁量和分流有利于诉讼经济。明治时期开始出现的起诉犹豫制度的背景之一，就是当时政府为监狱增加经费而感到窘迫。现在也必须从诉讼经济的角度考虑问题。如果轻微刑事案件有效节约释放了司法资源，司法机关就能够投入更多资源更加慎重地处理疑难复杂案件。

在起诉裁量主义的背景下，检察官直接掌握了是否起诉的自由裁量权，这就要求检察官在全面侦查的基础上慎重作出决策。在上述三个重大理由深入人心的基础上，一旦促进指控，向法院提起公诉，可见检察官无论是从法律上，还是从心理上都作出了有罪的认定，进行了充分准备。这就导致司法实践中提起公诉的案件几乎全部有罪，有罪率甚至超过99%。这种司法形态被称为"精密司法"，这是具有日本特色的真实主义与效率主义相结合的刑事司法形态。①

二、对于起诉的制约

检察官处置案件需要以正当行使追诉裁量权为前提。应该考虑的事项大致包括与犯人有关的事项、与犯罪本身有关的事项以及犯罪以后的事项。由于现行法没有直接对于起诉进行审查的制度，因此日本在辩护实务中，发展出特有的公诉权滥用论，对起诉裁量进行规制。这种理论主张公诉权被滥用时，就应当终止程序。

---

① 田口守一. 刑事诉讼法 [M]. 7版. 张凌, 于秀峰, 译. 北京：法律出版社，2019：199.

(一) 公诉权滥用的理论基础

实体的审判请求说认为，公诉权就是请求法院作出有罪或无罪这一实体判决的权力，即"刑罚权有无的认定诉求"。通俗地讲，就是可以提起"无嫌疑的起诉"。现在的主流观点认为这种起诉是违法的，应该判决驳回公诉。与实体的审判请求说相对的是"有罪的认定诉求"，现在日本的司法界接受后者，并对"起诉是刑罚权有无的认定诉求"大张挞伐。公诉权行使需要目的，没有目的的滥用是违背起诉裁量原则的。这一观点主张，"客观的犯罪嫌疑"是进行诉讼行为的条件；"确凿的犯罪嫌疑"代表着获得有罪判决的高度可能性，是提起公诉的积极条件；"高度的犯罪嫌疑"是在具体案件中作出提起公诉决定的标准。即使认为客观的犯罪嫌疑是提起公诉的要件，如果在实体审理过程中审查这个要件并判明公诉内容缺乏犯罪嫌疑，那么在这个阶段就可以中止程序。而且，因为提起公诉要求存在犯罪的客观嫌疑，并不等于纠问式侦查观，不能教条地理解控辩式追诉观。这种观点已经逐渐被人们所接受。

(二) 公诉权滥用的类型

公诉权滥用论主张公诉权之行使如有明显违法，法院进行实体审理之前，应先对起诉进行司法审查，基于维护刑事程序的正当性，以检察官行使公诉权违法为由，通过形式裁判驳回起诉。得到普遍承认的滥用有三种类型：(1) 缺乏客观嫌疑的起诉行为；(2) 符合起诉犹豫标准，却没有作出起诉犹豫的决定，仍然进行起诉；(3) 基于违法侦查行为的起诉。其中，后两种获得审判实务的支持，如日本最高裁判所曾针对逾越裁量权之起诉的情形，作出判例，指出公诉权行使如有"构成职务犯罪之类的极端场合"，可以认定检察官裁量权滥用事态已足以使得公诉提起无效。具体如下：

1. 关于无嫌疑的起诉，此与起诉门槛如何设定及如何审查有关。如上所述，现在的主流观点认为这种起诉是违法的。如果出现无嫌疑的起诉，应当用判决驳回公诉。不过，如果明显是无罪的情况下，被告人提出申请的，也可能作出无罪判决。

2. 逾越裁量法则的追诉，又分基于可罚的违法性理论应缓起诉的情况、基于刑事政策之特别预防观点应缓起诉的情况、违反宪法平等原则之差别起诉的情况三种。

常见的情形是本来符合起诉犹豫的条件，应当作出起诉犹豫的决定，却决定提起公诉，这种情况包括：(1) 对罪行轻微的行为进行起诉，(2) 适用不平等的标准作出的起诉，(3) 心怀恶意的报复性起诉。即便客观上可以行使公诉权，追诉裁量权也可能被滥用。判例认为，检察官恶意履行裁量权不当起诉是无效的，但是，判例仅仅指向滥用裁量权严重至职务犯罪的程度所提起的公诉，这是极少出现的情形。依据判例的标准，只在极其有限的情况下才能采用公诉权滥用论的观点。

3. 基于程序瑕疵之追诉者,可再分为侦查程序瑕疵的追诉与公判程序瑕疵的追诉。前者属于基于违法侦查的起诉,一般有以下几种情况:(1)依据不法的诱惑侦查而指控,(2)对犯罪嫌疑人施加不当的暴行、实施违法侦查而进行起诉,(3)根据不平等侦查而提起公诉,(4)对于未成年人案件未及时移送至家庭法院而提起公诉。后者指案件因检察官举证不足,致审判长期延宕(实务中出现长达二十多年未结案件)未决之情况。

(三)公诉权滥用的效果

对于上述公诉权滥用,法院应为之判决,有学有主张其公诉行为因不合法而无效,法院应该做不受理的判决,也有学者主张其公诉权因滥用而消灭,法院应该做免诉的判决。但学说始终存在分歧。而日本最高裁判所则向来采取最保守的见解。

1. 嫌疑不充分的追诉,其认为只要在检察官提起公诉之际,审慎斟酌起诉时及公诉进行时的各项证据,按照合理判断过程认为有犯罪嫌疑的,即应认为检察官之起诉为必要及充分,没有违法滥权。因此不得请求国家赔偿。即无从主张嫌疑不足之起诉为无效起诉,构成公诉权滥用。

2. 就逾越裁量法则追诉的公诉权滥用情形,以公诉起诉裁量滥用,公诉起诉本身为无效,仅限其公诉提起本身已构成职务犯罪的极端情况,故即使同案共犯间有不平等的追诉裁量,仍不构成公诉权滥用。

3. 就侦查程序之手续瑕疵,日本最高裁判所则采用违法证据排除法则,不采用直接认定起诉无效的主张。

(四)充分重视诉讼条件制约公诉的机能

诉讼条件无法进行准确的定义,能够促进刑事诉讼,使得流程能够有效运转的条件因素应该都属于诉讼条件。包括公诉权行使的条件、应诉权行使的条件以及裁判权行使的条件。从开始提起公诉经实体审理,直到作出判决的每一个环节,都要具备上述诉讼条件。这里从以下观点对诉讼条件进行分类。

1. 诉讼条件不仅是法律规定的诉讼条件,也包括应当中止程序的其他事由(例如,违反快速裁判原则、滥用公诉权)。诉讼条件是一个开放的结构,首先要划分法定诉讼条件和其他非典型的诉讼条件。

2. 法定诉讼条件的大前提,诉讼条件是为了促进刑事程序顺利运转的条件。因此才有必要研究这个作为大前提的法定诉讼条件。

3. 其他的法定诉讼条件,可以根据诉讼主体划分为有关公诉权、应诉权、裁判权的条件。①

公诉权滥用论在多数情况下也是以非典型诉讼条件为理由结束公诉程序的。

1. 客观的嫌疑是提起公诉的前提条件，如果判明是在无嫌疑的情况下起诉的，就应当结束程序。

2. 关于基于违法侦查作出的起诉，按照违法的程度应分为以下两种情况：第一，应当适用非法证据排除规则；第二，因缺乏非典型的诉讼条件，应当结束整个程序。例如，诱惑侦查、违法拘留、少年案件延迟移送家庭法院等，当该违法到了严重的程度且不被允许继续进行时，应当结束程序。

3. 轻微犯罪应进入公诉程序、违反快速裁判原则、原判效力具有约束力、拒绝遵从开示证据的命令。②

三、对于不起诉的制约

（一）人民参与的基本立场

如果由国家完全掌握追诉权，被害人的意愿和社会公众的舆情容易被忽视，造成追诉权浸淫于官僚化体制中的危险。在官僚化倾向与检察官的起诉裁量权的共同作用之下，滥权后果变得更加危险。所以，从权力运行的角度看，一方面行使追诉权的机关需要监督，另一方面追诉权的运行也需要遏制官僚主义倾向。另外，检察官行使起诉裁量权，决定不提起公诉的案件，就无法进入审判机关的视野。未经审判会面临如下风险，比如检察官出于不正当的政治因素考虑决定对重罪案件不起诉，或者为了包庇侦查机关、追诉机关内部的犯罪决定不起诉，那么原本构成犯罪的行为人就不需要承担刑事责任，对于社会公益也存在伤害风险。

检察官公正处理案件需要以正当行使追诉裁量权为基础。以下两种制度有助于保障追诉权的正当行使：

第一，必须公开案件处理的程序，包括向当事人公开有关案件处理的决定性信息。在保障知情权的同时，还应该通过适当的方式给予当事人意见有被听取的机会的权利，尤其是对于不利的一方。比如检察官对案件作出不起诉决定时，显然不利于告诉人，那就必须经过听取告诉人意见的前置程序。因为检察官应当考虑到所有情况后才对案件作出处理，听取告诉人的意见是理所当然的。但是，决定起诉犹豫时，不需要获得告诉人的同意。只有保障了当事人的知情权，并在适当情况下妥善听取了受到不利处

---

① 田口守一. 刑事诉讼法[M]. 7版. 张凌, 于秀峰, 译. 北京：法律出版社, 2019：240.
② 田口守一. 刑事诉讼法[M]. 7版. 张凌, 于秀峰, 译. 北京：法律出版社, 2019：246.

置的一方的意见表达，才能保证正当地行使追诉裁量权。

第二，追诉权需要事后审查机制的制约。只有开示案件信息，事后审查制度才有发挥效用的空间。检察审查会和交付审判制度，就是对于检察官不起诉决定不当时的救济渠道。被害人等认为检察官作出的不起诉决定是不当的，可以提请检察审查会进行审查，也可以提起交付审判程序。在这种情况下，特别是案件的被害人相当于案件处理程序的监督者，因为他们的立场最适合判断该处分是否适当。

（二）检察审查会

1. 检察审查会的基本情况

国家追诉主义及起诉垄断主义易产生官僚主义所具有的弊端，而起诉便宜主义则易使检察官恣意与独断。[①] 有鉴于此，日本于1948年全面修正刑事诉讼法，为使公诉权的行使能反映民意，以谋求其正当性（《日本刑事诉讼法》第1条），另设立检察审查会，对检察官不起诉处分适当与否进行审查，并对检察事务提出建议和劝告。所谓建议、劝告，是对整体的检察活动所为，此一制度的主要存在意义是：①抑制不当的不起诉处分；②具有国民参与刑事司法的性质；③以保护犯罪被害人为目标。[②]

刑事诉讼法中并无此规定，这项制度是依照《日本检察审查会法》（昭和23年，即1948年法律第147号）建立起来的。为了"谋求公诉权的实行能适当地反映民意"，检察审查会设于地方法院及分院所在地，从有众议员选举权的人中抽签选出11位委员，任期为6个月。

检察审查会是人民参与司法决定的具体体现。审查会不是国家机关，而是由定期选取的公民组成的机构，它的权能在于审查检察官作出的不起诉决定，目的在于反映公民对公诉权行使是否有意见、公诉权行使是否公正，从而给检察官行使裁量权施加外部的制约。更为重要的是，这项制度开创了公民参与公诉案件的渠道，同时也是司法民主制的一种重要体现。

检察审查会制度的基本框架如下：

①机构设置

检察审查会作为不起诉决定的外部监督机关，需要一个实体组织才能具体运行，在司法实践中设在地方法院及其支部（《日本检察审查会法》第1条）。

②人员组成

检察审查会的组成人员来源具有鲜明的民选特色，组成人员来自具有众议员选举

---

① 宋英辉.日本刑事诉讼法[M].北京：中国政法大学出版社，2000：14.
② 三井诚.日本检察审查会制度[J].陈运财，译.法学新论，2010（21）：14.

权的人员，基本涵盖了各地的普通民众。在一定程度上具有英美陪审团同侪审判的意味。从这个因素来说，想否定日本自"二战"战败以来，法制建设受欧美影响至深也无可能。

选择方式既非自由竞选，也非上级指定，而是通过在一定群体内以抽签方式选出，保证了最大程度的随机性，从而也保证了审查会整体的广泛代表性。

审查会共有11名成员（《日本检察审查会法》第4条），其体量也接近美国陪审团（一般审判陪审团为9~12人）的规模。团体成员的数量其实并不是一个可有可无的因素。人数少了，团体容易受到部分核心成员的蛊惑引导；人数多了，如果采用全体一致的议事规则，则可能根本无法形成决议。即使采用多数决的议事规则，效率也低到令人发指。因此英美陪审团经过多年实践，最终将规模确定为9~12人的体量，而且团队人数同达成多数或一致意见之间的关系，业已经心理科学实证确认，并非故弄玄虚。

审查会任期为6个月（《日本检察审查会法》第14条），从而保证了流动性，避免了长期处于同一职务形成的僵化，以及由此带来的体制化弊端。

③审查对象

检察审查会管理的具体事务，也就是审查对象包括两个方面：一是外部监督机构，可以审查检察官不起诉决定是否适当，这是其主业，也是本书关注的焦点；二是建言献策机构，可以对检察业务的改进提出建议和劝告（《日本检察审查会法》第2条第1款）。

④审查启动

审查的开始可以有两种方式，一种是依申请，由告诉人、检举人、请求人、犯罪被害人提出申请（《日本检察审查会法》第30条）；另一种是依职权，法院根据职权进行审查（《日本检察审查会法》第2条第3款）。

⑤审查方式及决定

审查程序不公开进行，审查结果，如认为不起诉处分属于妥当，则作出"不起诉相当"的决议；如希望详细侦查，则作出"不起诉不相当"的决议；如认为应该积极地起诉，则作出"起诉相当"的决议。前两种情况如要作出应当起诉的决议，必须有多于8人赞成（《日本检察审查会法》第26条、第27条）。

⑥检察审查会决议必须以决议书的形式送交地方检察厅检察长（《日本检察审查会法》第40条）。

⑦地方检察厅检察长参考决议的内容，认为应当提起公诉的，必须履行起诉程序（《日本检察审查会法》第41条）。

检察审查会的决议中特别有意义的是，"应当起诉、不起诉不当"的决议。每年作出这种决议的案件大约有118件，其中由检察官起诉的案件约18件，起诉率约为

15.6%（2011~2015年的平均值），这意味着一部分检察官决定不起诉的案件，通过检察审查会制度的审查，最终作出了起诉决定，这本身就具有重大意义。

2. 检察审查会决议的效力

原来，检察审查会的决议仅作为检察官再次裁量的"参考"，并无实际约束力。显然属于"没有牙齿的老虎"。2004年在修改《日本刑事诉讼法》等法律时，检察审查会法针对"没有实质约束力"这一问题进行了相应修改，确认检察审查会的部分决议具有提起公诉的效果。这一修改，使长期争议的检察审查会决议的约束力问题得到了彻底解决。改正后的《日本检察审查会法》规定，由政令在2009年5月7日以前确定的日期施行。

这项修改将检察审查会的审查划分为两个阶段，第一阶段的审查结论如果对检察官不利，但检察官仍然置若罔闻，固执己见，再次作出不起诉决定或者在一定期限内不提起公诉，以行动表明对审查结果不管不顾，之后就开始第二阶段的审查。如果经审查，其仍然作出应该起诉的决议，该决议直接产生提起公诉的效果。如果检察官对此仍然是抗拒的，那么也不需他勉为其难提起公诉，该任务交由指定律师担当，以完成提起公诉的行为。把审查分为两个阶段，主要为了给作为本来是公诉官的检察官重新考虑的机会，同时也是为了使检察审查会的审查更加慎重，使被告人的权利得到保障。①

可以说，新的检察审查会制度通过明确和强化起诉决议的效力，以人民参与司法审查的方式对国家追诉主义的偏执予以补充完善，将民意的呼声注入公诉权行使的过程中。

3. 检察审查会的专业保障

检察审查会制度并不是只由市民"拍脑袋"，靠朴素情感来决定是否追诉的，新法规定了审查辅助员制度，给市民的法律问题提供帮助。在检察审查会认为需要有专业法律人士辅助审查的情况下，每件案件可以从律师中委托一名审查辅助员（《日本检察审查会法》第39条第2款）。在第二阶段的审查中，则必须嘱托审查辅助员。

审查辅助员的任务如下：第一，对该案件涉及的法令及其解释进行说明；第二，整理该具体案件的事实和法律问题，对该案件涉及的证据进行梳理；第三，从法律的角度对该案件的审查提出必要的建议（《日本检察审查会法》第39条第3款）。此外，审查辅助员还协助书写决议书（《日本检察审查会法》第39条第4款）。但是，审查

---

① 田口守一. 刑事诉讼法[M]. 7版. 张凌，于秀峰，译. 北京：法律出版社，2019：230.

辅助员对于检察审查员不得就特定的判断进行劝导，也不得有妨碍审查员自主判断的言行（《日本检察审查会法》第39条第5款）。

故此，检察审查会的具体运行过程中，需要有律师作为审查辅助员进行协助，且需要听取检察官的意见。这是一种市民与法律专家互动的体制。这种制度与裁判员制度结合在一起构筑了法律专业人员与市民共同协作的刑事司法体制。

4. 检察审查会的潜在危机

根据法律规定，检察审查会审查的对象仅限于不起诉决定，但我们且把检察官设想得"恶"一点：假设一个犯罪行为包括数个符合犯罪构成的法律事实，检察官采用起诉"点"而放过"面"的做法，仅对其中一部分罪行提起诉讼。既然存在起诉，检察审查会很难利用现行法的规定对此进行审查，那么其余部分也不会进入检察审查会的视野，从而悄悄地被湮灭。那么未被起诉的这个遗漏部分，实质上才是最重要的不公正。

日本学者也承认这属于一个重大缺陷。有学者试图借助起诉的"单一性"和"同一性"相关理论解决这一问题，他们认为，起诉部分和不起诉部分在法律上既然是可分割的，那么彼此不受影响，不能以其中一部分被起诉来掩饰另一部分未被起诉，检察审查会对其进行审查也是可以的。但是也不得不承认，这样处理是有些困难的，因此不如从立法上根本解决这个问题。

（三）准起诉程序

由于公务员侵犯人权的案件往往会引发社会极度关注，如果作出不起诉决定难免会引发"官官相护"的疑虑。如果检察官在公务员侵权引起犯罪的案件中不能公正行使追诉裁量权，那将是非常严重的不公正。处理不当将会严重破坏司法公信力。无论在何种社会制度背景下，都会引发公权力与公民之间激烈的碰撞。日本体制对此问题有独到的见解，并通过一种特别的诉讼制度予以落实。这就是"准起诉程序"或者"直接审判请求程序"（《日本刑事诉讼法》第262~269条）。

准起诉程序的主要内容是，检察官作出不起诉决定时，告诉人等可以请求法院直接审判该案件，也可以称为交付审判程序。这种制度与检察审查会不同之处在于，是一项诉请直接将案件进入法院审理程序的制度。这是前文强调的国家起诉垄断主义的唯一例外。

准起诉程序的相关法条规定了如下几个方面：

1. 启动主体

启动主体为公务员滥用职权罪（规定于《日本刑法》第 193 条）等侵权犯罪案的检举人、被害人、告诉人（《日本刑事诉讼法》第 262 条第 1 款）。

由于控审分离的存在，对于不起诉的任何形式和程度的制约，都是对于检察院自由裁量权空间的挤压，甚至有可能被理解为对于检察官体系的不信任，有可能引发控审之间的尖锐对立，对此日本体制对于审查的进行保持了审慎和克制的态度，对于案件类型有具体的要求，仅允许有限类型的案件可以提起准起诉程序的申请，可以说是要求法院尽量恪守控审分离的界限了。

对于提起申请的主体也根据同具体案件的关系进行了限制，而没有泛泛地允许任何人员均可提出相关诉求。这里，被害人和告诉人应该由具体案情决定，属于直接受到犯罪侵害的人及同其有特定法律关系的人，保持了传统的限制因素，但是检举人则不然，这一角色可能并非案件的具体受害人，同时他属于知情者，也不是泛泛的公众，而且检举这一行为就表明他足够关心公益，足以作为社会代言。依靠检举人作为提出申请主体的引入，可以说在保护个人权益和保护社会公益之间实现了一种很好的平衡。既没有允许人人皆可申请，也保障了公益有人关注和代表，确实体现了对于该制度性质和社会现实的全面和妥善的把握。

2. 启动前提

在告诉人不服检察官作出的不起诉决定时，即可在一定期限内向法院提出申请，要求将案件交付审判。另外，准起诉程序的适用有一定的前提条件，告诉人等提起交付审判请求后，如果检察官认为该请求有正当理由，必须提起公诉（《日本刑事诉讼法》第 264 条）。因此可以说交付审判决定是在检察官第二次作出不起诉决定以后作出的。

3. 时间条件

告诉人接到不起诉决定（《日本刑事诉讼法》第 260 条）之日起 7 日内，可向法院提出申请。

4. 诉求内容

告诉人提出申请的内容即请求法院审理相关案件（《日本刑事诉讼法》第 262 条第 2 款）。

5. 程序后果

法院以准起诉程序审查相关诉求后（《日本刑事诉讼法》第265条），决定驳回请求或启动正式审理程序（《日本刑事诉讼法》第266条）。如果其作出交付审判的决定，就视为已经提起了公诉（《日本刑事诉讼法》第267条）。也就是说，案件仍然是公诉程序，而不是自诉案件，在性质上存在天壤之别。

6. 律师代行公诉权力

由于检察官是先作出不起诉决定的，并且在告诉人提出交付审判的申请的情况下，仍然坚持自己的意见。在这种情况下，即使法院作出了交付审判决定，也不能强迫检察官作出违背自己前述意志的行为，这一点同德国的强制起诉制度存在根本区别。但是案件性质又被界定为公诉案件，那么必须由一个角色来担当检察官的职能，履行公诉人的职责。日本体制独辟蹊径，干脆规定从律师中指定合适人选，代行检察官职务（《日本刑事诉讼法》第268条）。这样，既保障了检察官的职务独立性和意志完整性，并不强迫检察官履职；同时又使得公诉程序能够顺利进行下去，不因检察官的放弃而遭遇障碍，可谓是英美法系实用主义精神运用的典范。

关于强制起诉具有影响力的案例是，日本执政党前党魁小泽一郎，于2004年在东京都内购买三亿五千万日元的土地，在收支报告上做不实记载的事件，东京地方检察厅特搜部在2010年2月以罪嫌不足为由对小泽一郎不起诉，由市民组成的检察审查会随后决议应加以起诉，但东京地方检察厅在同年5月再度决定不起诉；东京都第五检察审查会经二度审查，于2010年10月再度决议选定律师于2011年1月31日对小泽一郎进行强制起诉。①

四、小结

日本作为第二次世界大战的战败国被美国占领，法制建设受美国影响至深，故刑事诉讼体制倾向于当事人进行主义。为彻底贯彻无罪推定原则，认为若检察官起诉不足以认定被告有罪者，法院直接作出无罪判决即可，无须增设中间程序。因无罪判决比裁定驳回起诉或不受理判决对被告更有利，因而并无通常意义上的起诉前审查程序。《日本刑事诉讼法》第339条第1项第2款规定，检察官起诉书所记载之事实未包含任何犯罪事实，法院应裁定驳回起诉，通说见解认为此款规定属于程序上诉讼条件的欠

---

① 资料来源：http://blog.livedoor.jp/the_radical_right/archives/52641804.html（最后浏览日期：2021年12月10日）。

缺，故实质上并非审查起诉嫌疑是否充分。

（一）理论研究先行于司法实践

对于起诉的制约并无相关制度依托，主要以理论为之，即发展出公诉权滥用论予以制约。所谓公诉权滥用论追根溯源，缘起于20世纪40年代，因司法实务上发生一系列意图踩躏劳工劳动争议权的追诉；同类案件间存在不公平的差别追诉；基于违法搜索、拘提之追诉；审判长期延宕之追诉案件。辩方主张检察官的追诉裁量违反宪法比例原则、平等原则、正当法律程序原则、速审权保障等法理，高喊"起诉本身是不公正的话，审判就不可能是公正的""意图违反宪法基本理念，恶意起诉国民""拒绝恶意追诉之裁判"等口号，借由主张公诉权滥用，要求以不受理或免诉终止审判程序，因而展开一系列公诉权滥用之论述。现行救济法制既有不足，为对抗检察官裁量不当之追诉，任将被告强制带进刑事程序，乃对表面具备诉讼条件，实质已违反宪法基本人权保障及正当法律程序等相关条款之案件，因而积极建构公诉权滥用类型之一系列论述，发展出公诉权滥用论，作为节制检察官不当起诉之依据。因此，公诉权滥用论系发端于实践，完善于理论，并用于改变实践，多年来一直被辩护人团体锲而不舍地主张。

（二）尤其重视对于不起诉的制约

出于东亚社会的特色，对于职务犯罪，尤其是对于以公务员为主体实施的职务犯罪，担心民众产生"官官相护"的疑虑，从而影响政府行为的公信力。为了避免民众高度关注的案件被悄无声息地处理掉，必须由外部机关对于不起诉的行为进行审查和监督。对于不起诉的行为可以通过请求上级检察官行使指挥监督权的方式予以监督，但是因为日本采用检察官一体化原则，人们普遍怀疑内部制约的实效性，转而思考外部制约，并发展出两种具体制度，对不当不起诉实现核查。①检察审查会制度的初衷是通过吸收民众参与到司法决定中来，诉诸社情民意来增加程序的合法性；②准起诉制度即交付审判制度，是通过告诉权人向法院提交申请，由法院对于不起诉决定进行审查，从而使得对于内部管控不受信任的状况有所缓解。

面对司法民主的呼求，侦查程序的诉讼化、民主化，将会紧跟在人民民主要求之后揭竿而起。对于不起诉决定提出异议，不论采用告诉人申请再议的救济制，或采用职权再议的监督机制，都属于检察机关内部的监督，即使启动救济，案件依旧流连于上下级检察机关之间，此种其始为官僚机关，其终也官僚机关的形态，终而引致人民质疑检察体系，司法威信的建立遥不可期，对于不起诉处分所设立的来自外部的审查委员会，或许堪为借鉴。

（三）特别强调和重视民众的参与

在提升被害人地位的同时，日本法律极力扩张市民参与案件处理程序，对于公民法治精神的培育有高度促进作用。赋予检察官起诉裁量权，是为确保全国一致且公平的公诉权之行使，并使其有可观照个别嫌疑人之情况进行具体妥当处理的空间。今后，为了能呼应国民的期待，同时，使民意能直接反映于公诉权之行使，也同样重要。检察审查会的制度，正是为了使公诉权之实行能反映民意。作为国民参加司法制度之一环，有其重要意义，过去虽然被指出种种问题，但迄今实际上也发挥了相当的功能。这样的检察审查会，应进一步被扩充，同时对嫌疑人正当程序的保障也应一并留意，就检察审查会的组织、权限、程序的应有形态或起诉、实行追诉的主体进行充分的检讨后，对于检察审查会特定的决议应导入有法律拘束力的制度。

出于上述意旨，日本于 2000 年 5 月为了保护被害人修改了《日本刑事诉讼法》，同时也修改了《日本检察审查会法》，这两部法律在修改时都涉及被害人在公诉中的地位问题。修改后的《日本检察审查会法》扩大了对不起诉决定向检察审查会提出申诉的范围，申诉权人的范围从以前的"受犯罪侵害的人"，扩大到"受犯罪侵害的人死亡的，其配偶、直系亲属或者兄弟姐妹"（《日本检察审查会法》第 2 条第 2 款）。以前在司法实务中也可以依照职权扩大这个范围（《日本检察审查会法》第 2 条第 3 款），但有了明文规定，被害人的权利就更为明确了，从而使得被害人对于程序的参与权保障更上一个台阶。

第六章 英美法系的相关经验

第一节 英国

一、基本情况

（一）分散的控诉权

英国宪政体系历来与大陆法系国家的中央集权模式有所不同。发起控诉不是警方的独占性特权。侦查权、公诉权、举证职责分属于数个职能各异的机关。[①] 这是该体制最大的特色，从而决定了其与大陆法系传统截然不同，甚至与同一法系的美国也存在诸多差异。另外，由于英国的具体情况，下文里的"英国"仅包括英格兰和威尔士两个地区。控诉权分散的情况分述如下：

1. 警察作为追诉主体

传统上，英格兰和威尔士的绝大多数控诉都是由警方提起的，被指控者要么在警署被指控，要么由警官在执行职责过程中提交控告书。在提起控诉之前，警察会负责对所宣称的犯罪进行调查并获取证据。在检控署设立之前，警察还要负责在法院出示案件。大多数警察机关都有带薪的内部律师部门，少数情况下则向私人律师事务所发出指令。无论何种方式，警方对是否继续进行指控都有最终发言权，因为他们与出庭律师之间的关系归根结底是当事人与出庭律师之间的关系。

2. 检控署作为追诉主体

根据《1985年犯罪起诉法》第1条设立的皇家检控署（CPS）给这一体系带来了重大改变。尽管"检控署"职权远不如司法部来得大，但该机构在提起控诉的决策中

[①] 斯普莱克.英国刑事诉讼程序[M].徐美君，杨立涛，译.北京：中国人民大学出版社，2006：79.

扮演决定性角色。警察被卸除了实际起诉犯罪的责任。检控署是独立于警方的，而不是他们控诉犯罪的代理机构。检控署并不侦查犯罪。只有在警方移送指控后，其才开始履行职责，由检控署的律师来决定案件是否应当继续，如果答案为"是"，由他在治安法院代表控方进行诉讼（或雇用代理人进行），并向出席王室法院的顾问律师提供案情摘要。在对案件作出决定时，检控署律师显然会和警方紧密联系，但是他应当独立于警方而且最终应当按照自己而不是警方的观点来决定如何行动。

检控署的运行体系是这样的：一旦警察作出指控某人的决定，相关法律文件就会被送到具有管辖权的检控署分支机构办公室，由该办公室接管起诉。在那里，证据由一名检控署的律师加以审查，由他来决定指控是否合理。如果他认为不应该提起任何控诉，那么他有权终止诉讼程序；如果他认为需要额外的或替代的指控，他可以在出庭时向被指控者提出。

检控署存在的主要目的是通过设置一个独立的机构审查警方的指控决定是否正当，如果不正当就会被早早叫停。为实现这一功能，《1985年犯罪起诉法》第23条规定，当检控署对犯罪进行诉讼时，其可以通知治安法院表明不想继续控诉。大多数被指控者收到终止通知时都会喜不自胜，但极偶尔也有人会想要出庭，以向公众宣称对他的指控是完全无端的，或者通过获得一份正式的无罪判决来排除任何新的起诉的可能性。因为根据"禁止承受双重危险"的保障，一旦某人被宣告无罪，他就不能因同一罪名而再次被起诉。

检控署可以自主作出终止诉讼进程的决定，并将结果通知当事人。如果这个案件被起诉，但是实际上追究的必要性发生了变化，最终还有一招通过"不作为"来实现终结诉讼程序的方式——就是不向法院提出任何证据，无控诉即无审判，检控署既不履行证据提出责任，遑论尽说服责任，这使得诉讼无法再进行下去。法院除了宣告无罪也无其他选择。实践中，检控署在治安法院似乎有不提供证据的无限制的自由裁量权。

（二）复杂的审判方式

审判方式受限于实体法的规定和被追诉者的态度。英国传统的审判方式比较复杂。受英国传统司法体制的影响，不同程度的罪行在不同的裁判机构受审，包括治安法院和王室法院。相应地，发展出不同的审判方式，即起诉书审判和简易审判。

1. 起诉书审判

如上所述，起诉书审判一般用于指控较为严重的犯罪行为。审判需要在王室法院的法官和陪审团面前进行。"起诉书审判"这一名称最初起源于对指控的正式书面陈述，并且直指说明被指控者在审判之初答辩"有罪"或"无罪"的起诉状所包含的"罪状"。在起诉书审判中，基本原则可以说是："法律归于法官，事实归于陪审团。"

如果控方希望以起诉书审判，辩方就很难说服治安法官案件应适用简易程序。另外，如果控诉将由检察总长、副检察总长或检察长来进行，并且控方申请了起诉书审判，那么治安法官必须服从他的愿望并进行移交程序，可见控方对于起诉书审判方式具有决定作用。

2. 简易审判

简易审判在治安法院进行。审判开始时，被指控者对包含在被称为控告书的文件中指控的罪行答辩有罪或无罪。案件由地方司法官（又称"治安法官"）听审并决定，他同时决定事实和法律。绝大多数地方司法官是"业余"的（即所谓"旁门制"），但由于他们中的大部分都担任了此种职务很多年，所以对简易程序已经驾轻就熟，并非是"门外汉"。

简易审判的适用需要治安法官和辩方一致同意才能进行。如果治安法官认为起诉书审判更合适，他们的决定会被告知被指控者，并且案件会被移交给王室法院。如果治安法官认为罪行更适合于简易审判，法官助理会通知被指控者，如果他同意，可以选择由治安法官审判，也可以选择由陪审团审判。然而，如果由治安法官审判并认定有罪，并且治安法官认为应当科处比他们有权科处的刑罚更重的刑罚，可以将他移送王室法院量刑。在此阶段，被指控者就面临关键的选择——"希望由治安法官审判还是由陪审团审判？"如果被指控者不同意接受简易审判，则必须进行移交。

显然，起诉书审判的对象是较为严重或者复杂的罪行。

在此，结合实体法和程序法的规定，对于指控方式和审判方式的问题我们进一步梳理一下。为确定指控方式和审判方式，犯罪行为根据严重程度相应地分为三类：①该罪行比较严重，仅能以起诉书审判的行为。只能适用起诉书审判的罪名包括最严重的犯罪（谋杀、杀人、抢劫、强奸、乱伦及蓄意重伤等行为）。②该罪行比较轻微，没有必要麻烦王室法院，在治安法院就能解决，这种情况仅能申请简易审判。绝大多数非常轻微，甚至无须判处监禁。③严重或者复杂程度介于前述二者之间，尤其是那些严重性随个案具体事实有重大变化的犯罪（如偷窃、处理赃物、欺骗以获取财物、大多数形式的入室盗窃、非恶意刑事损害、攻击导致实际身体伤害、非法伤害及猥亵攻击等），可以适用两种审判方式中的任意一种，即所谓可以任选方式审判。[①] 罪行的严重与否是实体法层面的概念，而审判方式，以及在哪里出庭受审，则属于程序法的

---

① 斯普莱克.英国刑事诉讼程序[M].徐美君，杨立涛，译.北京：中国人民大学出版社，2006：4.

概念，实体法和程序法在此处以指控方式为桥梁连接了起来。需要指出的是，同一罪行提起起诉书审判和提起简易审判面临不同的法定刑，但并非起诉书审判的罪行面临的刑罚就一定比简易审判的更重，实际上，起诉书审判的下限很多情况下要低于简易审判的上限，两种方式所对应的法定刑区间是存在一定重合领域的，因此就存在检察官可以上下其手的空间。他可以用提起起诉书审判来威胁被指控人配合，同时对其提出比简易审判的上限更为轻缓的刑罚，从而迫使被指控人合作。对此后文将有详述。这一特点从侧面也可以证明具有悠久历史的普通法传统同大陆法系逻辑严谨的法典化相比是如何的凌乱和复杂。

还有一种更为简洁的区分方式，就是分为可控诉罪行和简易罪行。前者相当于将以起诉书审判的罪行和以任选方式审判的罪行归为一类，后者仍然相当于仅能以简易审判的罪行。所有的普通法犯罪都是源远流长的自然犯，比如盗窃、抢劫、诈骗、谋杀，这些罪行都属于可控诉罪行。如果规定罪行的制定法对于该罪行只规定了通过起诉书定罪后科处的刑罚，那么就是可控诉罪行。当规定罪行的制定法规定了两种不同的刑罚，一种是简易定罪后科处的刑罚，而另一种则是经起诉书定罪后的刑罚，那么所规定的罪行也是可控诉罪行，但是可以任选方式审判。为配合实体法的具体规定，并结合具体案件中被追诉者的态度，控方逐渐发展出一系列的程序操纵方式，从而获得一定空间内选择裁判主体的主导权力。

二、对于起诉的制约

检察官作为刑事程序的"看门人"一旦作出起诉的决定，那么就可能存在不当的情况，基本可以分为"过"和"不及"两种可能。所谓"过"，就是考虑了不应考虑的因素，属于起诉不当；所谓"不及"，就是起诉不充分。

（一）起诉的考虑因素

1. 起诉标准：定罪的现实可能性

《检察官准则》第 5.1 条至第 5.3 条中规定了检察官起诉的标准，那就是检察官必须收集充分的证据以保证他对所有被告人提起的所有指控都具有"定罪的现实可能性"。在审查是否起诉时，检察官必须将所有抗辩事由都纳入考量因素。"定罪的现实可能性"是一项客观标准，检察官需要解决的主要问题是，庭上向陪审员和治安法官进行了充分举证后，陪审员和治安法官是否有可能倾向于宣告被告人无罪？

2. 前提条件：是否可获取充分证据

提起控诉最主要的前提是是否获得了充分的证据。检察官不仅需要审查证据数量是否充足，还需要审查证据的可靠性和可使用性。为此，检察官需要审查：
（1）证据是否具备证据资格，比如证据的收集方式是否有不可弥补的瑕疵，证据是否违背传闻证据规则；（2）如果部分证据不具备证据资格，其他证据是否足以形成证据链；（3）证据本身的真实性和证明力。

3. 裁量依据：公共利益

（1）起诉裁量主义

在决定是否起诉时，检察官必须将对公共利益的判断纳入考虑。基本的原则是，充足证据的可获得性这一前提条件的满足并不能自动形成起诉决定。刑事犯罪必须自动地成为起诉的对象，这历来不是绝对的规则。将案件提交到法院属于自由裁量的事项，在此之前，首先是警察，然后是检控署都必须考虑起诉是否真的代表公共利益。如果不能，就应当对犯罪嫌疑人不采取任何行动或者进行警告后将其"宽恕"。

个别案件的起诉需要经过上级的批示才能进行，比如检察总长或检察长的同意是对某些犯罪进行控诉的前提条件。虽然没有明确界定的实践，但当起诉存在敏感因素，可能引起对公共政策、国家安全和与其他国家关系的疑虑时，议会倾向于起诉有检察总长的同意（或批准）。在严格适用法律条文可能对个人产生压迫或对公众观点有所冒犯的领域，需要检察长的同意。

（2）正面与负面清单：公益的认定标准与方式

《检察官准则》采取的衡量公共利益的方法是通过列举正面因素与负面因素的清单的方式来进行比较的。一方面列出有助于起诉的因素，另一方面列出不适宜起诉的因素。在进行全面的比较和衡量后，各种支持和阻碍起诉的因素都已被考虑到，方能明确起诉是否符合"公共利益"。这种方式符合英国传统思维方式——对一件事犹豫不决时，我们也往往接受此类建议，将好处和坏处拉个清单对照一下，取舍自明，大概《检察官准则》也是如此考量问题的。同一因素在不同的具体案件中权重是不同的。检察官在权衡手头具体案件的时候，必须决定涉及的某一具体因素在其正在考量的案件中的重要性，并据此作出一个综合性的总体评估。因素A在甲类案件中应该得到最充分的考量，同样的因素在乙类案件中就未必有这么高的权重。在这个过程中，唯一的例外可能是被害人的利益，无论在何种具体案件中都应该得到最为优先的考虑，尽管检控署促进指控的初衷并不包含代表任何特定的个人利益的因素，其行事的基础必须在总体上代表社会的公共利益。总之，检察官权衡的最高指导原则就是出于对公众利益的负责,并非简单地按计算器来计算数目。

(二)滥用程序的判断

程序滥用的可能性因为指控方式及审判方式的复杂而大大增加。举个例子,起诉书审判在王室法院的法官及陪审员面前进行。但大部分起诉书审判案件不是直接就被起诉到了王室法院,而是以在治安法院进行过一次审查为前置程序。控方不能阻止被指控者坚持以起诉书审判。然而,他们可以通过几乎无限的自由裁量权来间接控制审判方式。这就是刚才所说的检察院上下其手的空间。一般而言,以可任选方式审判的罪行面临的处罚要比简易罪行来得更为严重,比如危险驾驶,以简易定罪后可被处以6个月监禁和5,000英镑罚金,在经起诉书定罪后可被判罚两年监禁和无上限罚金。所以面对检察院的这种伎俩,大多数人可能直接愉快地接受。反其道而行之的话,会被认为是匪夷所思的。但在实践中,最严重的简易罪行和最轻微的任选审判方式量刑之间是有重叠的,因此在控方宣称事实同时符合这二者时,无论罪犯是以简易罪行还是以可任选方式罪行被定罪,他实际受到的刑罚(与理论上可能科处的最重刑罚不同)都可能是一样的。这时控方就能通过只指控简单快捷的前一种罪行来确保被告人在治安法院被审判。下一步的问题就是控方是否可以通过先指控可任选方式的罪行,如果被指控者选择起诉书审判,再将指控缩减为只能简易审判的罪行。基本的答案是"是的,从严格的法律来说,他们可以这么做"。[1]所以,控方利用程序规则上下其手大有空间。

1. 程序性制裁

治安法官负有《治安法院法》课予的一般制定法义务,首先听审获得的证据,然后决定有罪或无罪。法律不允许案件在假设不公正的基础上被驳回,而没有听审任何证据。在治安法院,不存在让法官仅仅以"程序继续是不公正的"(或)"程序的继续对被告人来说是歧视的"这样的理由驳回控告的权力。但是治安法官未经听审绝不能驳回控告书,这个说法就太宽泛了。一系列案例说明,一般原则有一定的例外。即使是在没有任何显著延误的情况下,控方的行为也可能构成程序的滥用。[2]

一般都同意王室法院有防止程序被滥用的内在权力。如果检察官有意严重拖延提起控诉,造成法院审理的迟滞,法官有如下的裁量权,即不再等待控方补充侦查的证据,而直接裁决释放被告人。这些判决体现的原则是,如果控方有意地操纵普通刑事程序,以不当方式利用被指控者,就应承担不利的程序后果。例如,在Connelly v

---

[1] 斯普莱克.英国刑事诉讼程序[M].徐美君,杨立涛,译.北京:中国人民大学出版社,2006:169.
[2] 斯普莱克.英国刑事诉讼程序[M].徐美君,杨立涛,译.北京:中国人民大学出版社,2006:213.

DPP［1964］AC 1254 案中，戴夫林勋爵指出，在特定刑事程序构成滥用程序时，法院有权拒绝以起诉书继续审判。法院阐明了导致偏见和不公平的延误本身就构成程序的滥用。例如，拖延提起公诉以期辩方关键证人因死亡、移民等情况无法到庭，或者指望潜在的证人记忆发生湮灭，或者检察官虽然行事不当但并非有意延迟，那么法庭仍有权释放被告人，而不必审查移交程序所寻求的证据。在一些案件中，可以从检察官必须反驳的实质性延误中推定其提起指控时存在歧视。在 Bell v DPP 案中，枢密院制定了确定拖延是否剥夺了被指控者公平审判权利的指导方针。其中的相关因素是：①拖延的长度，②控方解释拖延具有正当性的理由，③被指控者主张权利的努力，④对被指控者造成的歧视。①

2. 辩方的权利

辩方也可以提出相应的申请。如果辩方律师认为控方非常不公平，可以请求法官介入并停止控诉，即命令没有法院或上诉法院的同意不得继续程序。

3. 制裁的限制

法院拥有制裁权固然重要，但也不能任性地行使。法官应位于中立立场之上，谨慎行使制裁权力。一方面，法官没有也不应当显示出具有提起控诉的任何责任；另一方面，他也没有仅因为自己认为控诉不应当被提起而拒绝允许起诉进行的权力。只有当控诉达到了对法院程序的滥用并具有压迫性和纠缠不休时，法官才有权干涉。

三、对于不起诉的制约

（一）对于不起诉的充分尊重

在程序进入的端口，法院基本是持尊重控方判断的立场，不进行向前延伸的审查。可以说，对于不起诉，法院甚至没有干涉的权力，除了在一些极端的情况下警方采取的政策对维护法律来说已构成玩忽职守。正如丹宁勋爵在 Metropolitan Police Commissioner ex p Blackburn（N0 1）［1968］2 QB 118 案②中所言："我认为实施这块土地上的法律是各大城市警察局长和每一位警察厅长的职责……他必须决定涉嫌的人是否应被起诉……但是'在做此事时'他不是任何人的仆人，除了法律本身。没有哪个皇家部长能告诉他，他必须或必须不能起诉这个人或那个人。也没有任何警察当局

---

① 斯普莱克. 英国刑事诉讼程序［M］. 徐美君，杨立涛，译. 北京：中国人民大学出版社，2006：179.
② 斯普莱克. 英国刑事诉讼程序［M］. 徐美君，杨立涛，译. 北京：中国人民大学出版社，2006：80.

能够告诉他这样做。实施法律的职责在他的身上。他对法律负责并仅对法律负责。"因此，起诉犯罪嫌疑人的警察政策只有在总警官制定了一项明显不合理的政策这种不太可能的情形下才能受到反对。

（二）对于起诉不充分的制约

1. 治安法官的审查

起诉不充分的典型情况，就是将本应在王室法院受审的案件起诉到治安法官处。实践中如果控方满足于简易审判，并且辩方也提出被指控者希望选择简易审判，治安法官有可能不会再花一分钟去考虑他们量刑的权力是否充分。但原则上治安法官应当考虑量刑是否充分的问题。

治安法官考虑的因素主要是围绕罪刑是否相适应来展开的。《1980年治安法院法》第18~21条和第23条对以何种方式开展审判进行了规定。在程序结束时，法院可能为移送王室法院而准备控方陈述，或为简易审判而准备证人出庭而不得不休庭。如果被指控者答辩有罪，治安法官可以径直予以量刑。

第19（3）条提及的治安法官在考虑更适合的审判方式时必须注意的事项中，最重要的是在定罪的情况下，他们是否能够科处适当的刑罚。简单说来，他们能科处的最重的刑罚是：对任何一项可任选方式审判的罪行处6个月监禁和／或5,000英镑罚款；对两项或以上此类犯罪，总计监禁刑期12个月和／或每一罪行5,000英镑罚款。但是他们也需要同时考虑王室法院的负担。如果他们接受了实际上应当到王室法院审判的案件的管辖，那么因为他们权力有限，就有量刑不适当的危险。另外，如果他们因过度谨慎，而向王室法院移交过多的案件，又将会导致王室法院不堪重负而司法延误。

在决定如果被指控者被宣告有罪这些权力是否足够时，治安法官首先要审查指控的措辞本身所反映的罪行的严重程度。治安法官不能将被指控者的恶劣品质作为量刑加重的考虑。如果被指控者有前科，那绝不能在决定审判方式的阶段向法院披露。因此治安法官必须回答的问题局限于：假设被指控者品行良好，基于从指控的措辞和任何在双方陈述过程中向我们给出的有关控方案件犯罪情节的额外信息中得知的关于犯罪的严重性，如果同意简易审判并宣告有罪，6个月的监禁和5,000英镑的刑罚是否已经足够严厉？

如果答案为"不"，则不管一方或双方如何强烈地要求简易审判，治安法官都应选择移交王室法院审判。如果答案为"是"，那么简易审判通常是更适合的方式，但是偶尔会有其他因素（如牵涉的法律问题的潜在复杂性，或被指控者是知名的公众人士），治安法院也还是可能偏向选择起诉书审判的方式。

2. 控辩双方的救济

（1）被指控者

审查法官一旦作出将被指控者或释放或移送审判的决定，被指控者本人均无权提出上诉。法院的观点是，辩方权利会受到王室法院的关照，所以几乎不存在对移交提起上诉的需要，因为如果实际上无案可答，而控方在起诉书审判的时候没有补充好他们的证据，王室法院法官会指示陪审团在控方案件结束时判决无罪。

（2）控方

控方总是可以通过向高等法院申请强制状而避免举行移交程序。如果治安法院作出了释放被指控者的决定，控方可以通过向法官申请"强制起诉状"的方式反对释放决定。实际上，只有在移交程序已经举行但结果是被指控者释放，或者因为一些特殊的原因，举行移交程序变得不可取时，才能寻求强制状。审查不移送是否正当的裁决权归于高等法院的法官。枢密院指出，高等法院应最大限度地尊重治安法官的裁决，发出强制状的决定要万分慎重。《实践指示（犯罪：强制状）[1990] 1 WLR 633》中[①]宣称，"只有具有正义的目的，而并非从管理方便的考虑需要它时"，才准予强制状。更常见的是，控方可能重整旗鼓，对同一罪行提出新的指控，希望能在新的审查法官面前碰碰运气，有机会被认定"有案可答"。

四、小结

（一）历史影响跨越时空

公诉是政府正式对特定的个人向法院提出审判请求、要求判处刑罚的行为，因此公诉程序的启动直接威胁到市民社会的个人权利，不能任由政府单方面任意决定。基于审判中心主义的要求，两大法系都建立了由法官或法院出面对公诉决定进行审查的程序。英国传统上对于公诉实行两种司法审查程序：一是治安法官进行的预审程序，二是大陪审团进行的审查起诉程序。1933年英国废除大陪审团制度后，对公诉有无基本根据的审查全部由治安法官进行。近年来，英国对预审程序进行了多次修正，但其抑制不当公诉的基本精神始终未变。

诉讼制度不仅是法律制度，同时也受到社会发展的制约，更受到文化传统的影响。历史因素确实具有穿越时空的影响力。在英国，私人控诉为启动、大陪审团和旁门制

---

① 斯普莱克. 英国刑事诉讼程序[M]. 徐美君，杨立涛，译. 北京：中国人民大学出版社，2006：267.

法官为裁判的刑事诉讼体制自中世纪延续至今,导致检察官的角色迟到很久。从比较法的角度而言,英国控诉体制是最具有开放性的,保持了较多的私诉风格。在横向结构上,检察官对于检控和司法的干预有限,不是垄断地行使刑罚请求权的唯一主体,在审判中也需要聘用出庭律师来协助完成后期程序,活动范围受限。作为系出同源的对照组,美国则是一开始就废除了普通法的私人控诉体制,采用政府检察官的公诉体制,在联邦成立后建构起正式的检察制度,无论是联邦,还是各州都拥有自己的检察官,基本实现了对于刑罚权的集中占有和处置。任何法律制度的不同,都是基于背后不同的政治结构发展而来的,而任何一个国家政治结构的背后,又一定存在某种特定的思想基础或哲学依据。

(二)"外行"实现适度制约

虽然属于有限权力主体,检察官在诉讼程序中还是拥有强大的具体裁量权。这种裁量权由法院通过程序的观念和手段来加以制约。对于不当的起诉,因司法制度的权威,通过无罪和释放等终结程序,足以保障被追诉者的相关权利。英国体制中对于起诉审查问题又有独特的处理方式,治安法官承担了一定范围内起诉审查的功能。英国的治安法官都是出身于"旁门制",即未受过专业法律训练的人员,经任命承担一定的司法职能。说到底是"外行人",但在英国体制中却是必不可少地处理海量案件的主体,同时也对于追诉起到适度的制约作用。根据案件类型和被指控者的态度,刑事起诉的方式大概可分为简易起诉程序及正式起诉程序(起诉书审判程序),前者指轻罪案件,可以由追诉者(不限检察官)直接向治安法官提出简易起诉书(information)即视为起诉。后者又称交付审判程序(committal proceedings),指重罪案件,起诉前须以起诉书提出在治安法院审查的起诉程序。该程序主要审理起诉是否有相当理由,以保护无辜被告免受长期审判之苦。如被告得放弃此权利,直接承认有罪,此时即直接交付审判。反之,如被告否认有罪,则须对追诉者提出的证据作表面性但是全面的审查。追诉者提出的追诉证据,于表面上有理由时,纵使治安法官认为被告应受无罪判决,仍应作出交付审判的决定。如治安法官作出不交付审判的决定,则应将被告释放。追诉者如对治安法官不交付审判的决定不服,则应继续收集证据或径直向高等法院法官提出申请,请求其对原正式告发状的内容予以同意后,再向王室法院提出自行告发状(voluntary bill),方能获得审判。可见,交付审判程序仅是在起诉前,对于检察官提出的单方追诉证据,治安法官会审查表面是否具有相当理由,从而作出是否许可检察官提起公诉、交付审判之程序,属于起诉审查的范围。

(三) 绝对摒弃"绝对主义"

同大陆法系发展出来的明确而绝对的规则相比,英国传统无论在哪种标准上都充满了实用主义的弹性色彩,所以说"绝对如何"在这个领域内是绝对行不通的。比如法定起诉标准,在欧陆法系会表述为"获得有罪判决的高度可能性",即达到界限;但是在英国体制下,检察官在决定是否起诉时,除了考虑法定的符合性、证据的充分性和可获得性等因素,还必须将对公共利益的判断纳入考虑。基本的原则是,充足证据的可获得性这一前提条件的满足并不导致自动形成起诉决定。刑事犯罪必须自动地成为起诉的对象,这历来不是绝对的规则。将案件提交到法院属于自由裁量的事项,在此之前,首先是警察,然后是检控署都必须考虑起诉是否真的代表公共利益。如果不能,就应当对犯罪嫌疑人不采取任何行动或者进行警告后将其"宽恕"。

第二节 美国

一、基本情况

美国检察权的功能,分散在 52 个不同的管辖法域,包括联邦、50 个州以及哥伦比亚特区(District of Columbia),其各自都有刑法和刑事程序,也各自都建立了自己的刑事司法体系,唯一可以共同适用于这 52 个管辖法域的只有美国宪法,联邦刑事法律尽管戏剧性地扩张数十年,大部分的刑事案件还是由各州和地方机关来处理解决。

当代美国检察官的准确前身可以说是个历史之谜。虽然与英国同属于一个法系,但美国检察官并不是英国普通法传统的一部分。可以说,地方检察官是美国对普通法系独特的贡献,可能是自殖民时代以来美国发生的法律、社会和政治演变的结果。从几个方面来看,其都与普通法传统有巨大的背离。第一,美国采用了公诉而非自诉制度。英国司法体系至今都是以自诉为主。与此相对,美国殖民地于 18 世纪初已经开始实行公诉制度。第二,检察官是选举而非任命产生的。第三,检察官事务隶属于司法部,性质属于政府行政分支的组成部分。

在美国体制下,检察官提起公诉遵循彻底的起诉便宜主义原则。只要检察官有正当理由相信被告触犯刑法,就可以决定是否加以追诉或提交大陪审团,法院不介入检察官此一追诉裁量,亦即司法权不得侵越行政权,已成为美国刑事司法程序的重要特征。这一特征在美国联邦第五巡回上诉法院1965年Cox一案中体现得非常充分[①]。该案中，大陪审团决议起诉被告，但司法部下令检察官不要在起诉书上签名，下级法院判处该案检察官藐视法庭罪，上诉法院予以推翻，认为检察官之不起诉不受法院干预。该判决开宗明义地指出，美国检察官有权在案件起诉后、审判前撤销案件，不必得到法院的许可或被告的同意。

美国检察官的追诉裁量权的核心，包括追诉（charging）、认罪协商、调查的发动（initiating investigations），并具有以下特点：（1）检察官的不起诉裁量权没有案件范围的限制，即检察官对符合起诉条件的所有案件均享有不起诉裁量权；（2）检察官的不起诉裁量权包括起诉裁量权的内容，即在决定起诉时，其享有选择较轻罪名或降格罪名起诉的裁量权；（3）检察官的不起诉裁量权具有很大的独立性，基本上不存在制约的措施。对如此膨胀的裁量权，应该如何中立行使及避免滥用，常为社会聚焦的议题，也是社会关心的刑事司法改革议题。

起诉便宜主义的理念之所以被牢固地确立，原因主要有如下几个方面。

1. 实体法泛化入罪的结果

检察官裁量的权力主要源于现实压力。美国国会及州立法机关常将某些与社会价值观互相抵触的行为刑罚化，因此衍生过度入罪化的问题，过度入罪化之刑法规范体系不但无法深究刑法执法层面的问题，亦未将社会规范（social norm）之快速变化纳入考虑。比如通奸罪在美国仍然规定在许多州的刑事规范中，各地方以立法方式宣告该地方的价值观念或道德观念，并以法律保存该观念，但依据美国现行法律，通奸罪立法入罪化显然不合时宜。过度泛滥的刑罚法律将有构成要件不明确及规范目的不明确或立法不合时宜，甚至造成刑罚规范叠床架屋之嫌。当刑罚规范出现过度入罪化时，某种程度上，裁量权的存在是有必要的；又因犯罪的定义不明确或在法律不合时宜的情况下，自应容许检察官运用裁量权来排除适用规范不明确之法律。亦即检察官的决定不适用某些刑罚规范，而仅适用规范明确之刑罚法律。通过检察官审查某些法律的本身应否执行，可以避免过度执法及对轻罪适用重罚的效果。在此等情况下如果否定检察官的起诉裁量权，将无法避免会干预到检察官的执法目的及政策。普通法缺乏法典化传统，"因事立法"的现象非常普遍，且有极端的道德化倾向，试图把观念上反对的事情都认定为犯罪，而不太考虑其可能执行性。其结果就是对犯罪行为的松散规定和过分随意的刑事法的定义。刑法变成了不轨行为的垃圾箱。真要照章办事的话，任何一名检察官都没有充沛的精力和司法资源去起诉其职业生涯中遇到的所有犯罪行为。

---

① 资料来源：United States v. Cox, 342 F.2d 167（1965）。

这是普通法传统的影响所致。如果真按照部分州实现法典化的思维，将大量千奇百怪的法律废除的话，检察官自由裁量的"武器库"可能多多少少会受到一点影响，连挥舞一下用来吓唬人的可能性也不具备了。但是效果极其有限，因此也没有人真正主张通过刑法实体法改革来消除检察官的裁量权。

2. 处理结果正义个别化的需要

刑事法典只能调整大致的行为类别。"任何立法者都只能在他所处时代的法律所要调整的利益冲突的宽阔构架之下和行为过程的主线之内进行预测。而且，企图通过一项特殊规定来涵盖任何方面的法律体系是累赘的和不现实的。"基于特定案件的情境，对犯罪进行个别化对待，在实践层面已得到长期的接受。个别化正义即成为赋予检察官广泛裁量权的正当基础，而不强求检察官遇到犯罪即必须一一起诉，检察官反而应视个案具体的情况予以平衡，且不分轻罪或重罪均存在裁量权之适用。刑法本身是规范类型化的犯罪行为，但刑法无法因应个案而做详尽的规定，检察官即在此种背景下决定划定刑法适用的范围，平衡公共利益及个案正义，最后在个案适用之情况中找寻个别案件之正义。从个别化治疗被告的角度言之，量刑就必须个别化考虑被告的情况；同样地，用以决定被告应否被起诉，亦须全面参酌个别被告的情况、犯罪的严重程度、被告犯罪行为伤害社会的程度等以被告为中心决定案件之正义，即案件最适当之处理方式，这也是普通法系所谓通过案件的运作达到案件之个别化运作模式。

3. 检察官负责的对象是选民而非上级

在美国，检察官缺乏科层制的架构，没有"检察一体""上命下从"的基础。组成美利坚合众国的各州具有各自的传统和政治需求，起诉功能在传统上被分散化，地区检察官往往是选举产生的，在理论上对全体选民负责，即使是州检察总长对地方检察官也无法实施有效制约，但同时公众也几乎不可能评价起诉政策，因为它们往往是保密的。

二、对于起诉的制约

（一）高度重视制约的必要性

人们意识到，对一个受无罪推定原则保护的人提起公诉意味着正式指控其涉嫌犯罪，并要求其接受刑事法庭的审判。无论从哪种意义上来说，提起公诉都是刑事诉讼中一个十分重要的节点，对被告人最终是否被判处有罪具有强烈的暗示效果。指控的决定很可能导致被告人在审前就被羁押，或至少也要因为取保候审而承担沉重的经济压力。被告人需要面对接受刑事审判带来的舆论和经济压力。无论最终是否被判处有罪，被指控涉嫌犯罪本身就具有羞辱性，损害声誉。如果要聘请律师为其辩护，被告人还要承担相当可观的支出。

鉴于权力制衡的观念深入人心，美国对于检察官的自由裁量权高度警惕。美国刑事司法体系主要通过预审和大陪审团两个法律程序来决定是否有合理依据将该公民送交审判。

（二）预审程序

1. 预审的基本情况

预审制度根据各州的传统不同有多重方式。比如就审查主体而言，可区分为由治安法官进行的预审和由审判法官进行的预审。无论具体情况有多大差别，所有的预审功能还是相似的——设置预审的目的在于以公之于众、控辩对抗的方式，要求控方向审查主体披露或展示，他手中确有足够的证据支持其指控，具备充分理由将案件移交审判。故此，预审的功能自然着落在"防止轻率、恶意、报复性地起诉，保护被控犯罪之人免于被公开问罪，避免被告和国家支出不必要的公开审判费用，并使被告免受因被控犯带来的羞辱和焦虑，同时认定是否有充分理由可以起诉"。①

预审程序中，治安法官或审判法官作为审查主体，要对控方的指控决定进行独立的审查，以判断控方是否已经有足够证据支持指控的问题，而并非被指控者事实上有罪无罪的问题。

2. 预审的权利属性

首先，预审并非是宪法性权利，但联邦法规历史上一直都规定重罪被告人获得预审的权利。这是因为在许多地方，直到被告人被逮捕数周后才向大陪审团移送指控。进入审判程序普遍意味着被指控者丧失人身自由，或者至少要承受保释带来的持续负担。此时，就需要有一种审前程序在指控和审判两个阶段之间存在并发挥作用，确保任何人在控方没有证明"合理根据"存在时就把被指控者送入审判程序。检察官在预审环节应该公正、迅速地证明，将被指控者送交审判是理由充分的。在联邦层面，《联邦刑事诉讼程序规则》第5条采纳了这种做法。它赋予被告人对于除微罪以外由区法院法官审理的任何罪行要求预审审查的权利。如果被告人没有放弃此项权利，治安法

---

① 拉费弗，伊斯雷尔，金. 刑事诉讼法（上册）[M]. 卞建林，沙丽金，等译. 北京：中国政法大学出版社，2003：778.

官应该安排预审审查。原则上，只有被告人本人主动放弃预审权，或检察官在法定期限内获大陪审团裁决提起指控，刑事诉讼才不需要经过预审审查程序。《联邦刑事诉讼程序规则》第5条规定，如果被告人没有放弃预审权利，治安法官应该安排预审审查。预审审查应当在合理的时间内安排，被羁押的被告人应在归案后10日内安排预审审查，未被羁押的被告人应在归案后20日内安排预审审查。近年来，也有少数的州以允许检察官"直接起诉"的方式取代预审，在检察官作出直接起诉的决定后，由审理重罪的审判法官审查是否合乎起诉的标准，治安法官的角色就逐渐淡去了，甚至大陪审团也被规避了，逐渐"靠边站"。

其次，由于预审并非宪法性权利，被告人可以放弃，控方也可以通过取得大陪审团起诉等方式绕过。大陪审团起诉同预审功能相当，均有防止检察官滥行起诉的性质。然而如果预审日期确定前，被告人被大陪审团起诉，指控被告人的检察官起诉书被提交给区法院，则无须进行预审。

虽然宪法并没有要求为被告人提供预审，但一旦某一司法辖区提供了预审程序，就不能以违反宪法所保护的权利的方式限制被告人在预审中的权利。因此各州也不能在决定何种被告人有权预审时进行歧视，这种歧视将会违反平等保护的条款。

最后，除了制约滥用公诉，预审还承担着一些其他功能。许多州规定，即使被告放弃预审的权利，检察官也有权请求预审，加州即为其中之一。预审固然有保护被告不受滥行起诉的权利，但检察官也有请求预审的权利。有时检察官担心证人不能在审判中到庭，或证人证词可能会在将来的审判中摇摆，便利用此程序要求证人到庭作证，以保存证人的证词。证人在预审程序中的陈述，如符合一定条件，可成为审判的证据。

3. 预审的审查途径

美国施行联邦制，联邦及组成联邦的各州均可视为独立的法域，它们根据自身的法律传统以及宪法的不同要求，实施独具特色的预审制度。一般来说，起诉主体包括大陪审团起诉和检察官起诉两种基本方式。在联邦层面，以及约1/3的州规定，重罪必须要经过大陪审团审查，方能提起追诉。以下将这些法域简称为"大陪审团起诉法域"。此外还有约2/3的州规定，对于重罪案件，有两种起诉方式，除了同样允许大陪审团作为提起追诉的主体，还允许检察官作为追诉主体，其需要以签署起诉书的方式提起公诉，而这一区域的检察官又同大陪审团之间存在复杂的互动，以下将这些州简称为"检察官起诉法域"。①

显然，起诉主体的范围不同，提起指控的难度和渠道也有所不同。不同的法域对

---

① 王兆鹏.美国刑事诉讼法［M］.2版.北京：北京大学出版社，2014：578.

预审有不同的要求,以下分述之。

(1) 大陪审团起诉法域

在仅承认大陪审团作为起诉主体的相关地区,被告人有权要求在一定期限内及时启动预审审查,对此进行审查的主体是治安法官,由治安法官裁决是否将案件移送给大陪审团,实施进一步审查。

在预审中,检察官要承担举证责任,需要举证证明案件达到了起诉标准,一般而言,起诉标准有"相当可能"(probable cause)或"证据表面上真实"(prima facie)两个不同的审查标准,两个审查标准之间存在一定的差异。

如认为不合审查标准,治安法官可直接作出裁定,案件不必移送大陪审团做进一步审查,予以驳回控诉,如被告已经被剥夺人身自由,则应当予以释放。如认定符合相应的审查起诉标准,治安法官需要作出"准予提交大陪审团"的裁定(称之为 bind over),检察官可将案件提交大陪审团,由大陪审团最终作出起诉与否的决定。由此可见,此种预审实际上还发生在起诉之前,算不得是来自审判机关对于起诉的制约。但是其保护被追诉者的效果显而易见要优越于在起诉之后设置的环节。

治安法官的裁决对大陪审团无约束力,大陪审团通过审查证据重新判断案件是否符合审查标准,从而作出是否起诉、以重罪起诉还是以轻罪起诉的判断。

在大陪审团起诉法域,检察官也不是束手就擒,乖乖等待治安法官的裁定,而是另有规避预审程序的高招。检察官可以在提起控诉之后、治安法官预定的预审日期前这一阶段,绕过治安法官,直接取得大陪审团的起诉书,则预审程序自动失效。其理论基础为,治安法官若同意指控继续进行,尚需大陪审团进一步确认,现在检察官的指控已经通过了大陪审团审查,不会存在滥行起诉的问题。[①] 所以这是用大陪审团来压制治安法官的做法。

(2) 检察官起诉法域

在大多数的州,预审是控方提出起诉书的必经程序。当然,多数州规定被告可以放弃此项权利。如同大陪审团起诉法域的做法,在这些州,控方也可通过大陪审团裁决规避预审程序,但实务上很少如此。治安法官开展预审审查,若认定符合起诉标准,即作出"准予起诉"的决定,检察官可向法院提出起诉书起诉,此处就省略了大陪审团批准这一环节。

对于预审法官"准予起诉"的决定,这些州皆准许被告有救济的途径。被告可以向审判法官(trial judge)提出请求,申请驳回检察官的起诉(motion to dismiss or quash the information)。各州对此规定不一,通常被告必须于审判前进行请求,有的州

---

① 王兆鹏. 美国刑事诉讼法 [M]. 2 版. 北京:北京大学出版社,2014:578.

则限定在认罪声明前请求。就实务效果而言,审判法官多会尊重治安法官的决定,因为治安法官直接接触最原始的证据。但有的州也要求审判法官阅览预审程序笔录,自行决定。

4. 被告人在预审程序中的权利

美国宪法和刑事诉讼非常重视大陪审团的地位,很多权利在面对大陪审团时是没有意义的。与此相比,被告人在预审程序中似乎还有更多的道理可讲,还有更多的程序权利可以依靠和援引。原则上,被指控人在预审中同在审判中一样,享有正当程序权利,以确保程序的公平实施。实际上预审的许多程序与审判相似。被告人有权在整个程序中陈述,一般而言也可以委托律师,同时还可以交叉询问检方提供的证人。但存有几个主要的法律争执:第一,是否适用与审判中相同的证据法则;第二,是否有受律师协助的权利;第三,被告是否可以提出阻却违法或阻却有责的抗辩;第四,被告是否有诘问权与强制取证权。

(1)关于获得律师帮助的权利

联邦最高法院对此问题有明确的意见。宪法修正案提供的若干保护本来只存在于联邦层面,在联邦与各州的斗争中通过宪法第十四修正案即所谓"平权法案",联邦标准逐渐适用于各州层面,各州也要达到联邦规定的"最低标准"。预审中受律师帮助的权利也存在这样一个过程。在科尔曼诉亚拉巴马案件中,联邦最高法院将宪法第六修正案规定的获得律师帮助权从审判程序扩展到预审中,据此赋予了经济困窘的被告人有权在预审中获得指定律师帮助的权利。从美国宪法的原教旨主义立场来看,宪法第六修正案规定的获得律师帮助权仅适用于诉讼程序中的关键阶段,因此法院此处表面的态度就是,在预审阶段辩方律师的帮助对于维护被告人获得公正审判的基本权利十分有必要。①

(2)关于进行交叉询问的权利

预审是以公开和辩论的方式进行的。这也是美国体制重视司法竞技主义理念的一脉相承。在预审阶段,所有州都赋予被告人对控方证人进行交叉询问的权利。但这项权利是以地方性法律为基础的。从权利保障的到位程度来说,这一点地方走在了中央前面。联邦最高法院一直认为在预审中,获取对自己不利的证人,并实施交叉询问,这一权利本身尚不属于宪法第六修正案所规定的对质权条款所要求的内容。相关法律对该权利作一般性的规定,以对司法区在适用时的限制作系统的阐述。

---

① 拉费弗,伊斯雷尔,金. 刑事诉讼法(上册)[M]. 卞建林,沙丽金,等译. 北京:中国政法大学出版社,2003:794.

(3) 关于证据特权的保留

所有的司法区要求治安法官在预审阶段考虑证据特权，也就是基于被追诉者和证人之间的特殊关系而产生的，证人可以拒绝向司法机关提供对追诉者不利证言的特权。在这一点上他们对待证据规则的做法非常不同。概括而言，不同的观点对证据规则的适用可以分为三种方式：①完全适用，②治安法官裁量排除在庭审中不具有可采性的证据，③除在庭审中不具有可采性的特定类型证据外一律适用。

5. 预审的审查标准

(1) 目的决定手段

各州预审程序存在不同规定的根本原因在于各法域对预审的性质及目的有不同的看法。如认为预审的目的仅在于防止滥行起诉，而不是判断实体有罪与否，则预审不应适用审判的证据法则，亦应否定被告的诘问权及强制取证权。有的法域已经逐渐赋予被告在预审中享有较多的权利，使得被告挑战检察官所提出的指控，逼促检察官若无坚强充实的证据，不得起诉。

总的来说，大多数司法辖区要求检察官在预审环节能够通过证据证明存在一个高度可能被追究刑事责任的案件，这种证明标准表述不一，但是程度近似，大概相当于"相当可能"或者"表面真实"，其内涵是对于检察官提出的证据，如果将其推定为真实，即作对控方最有利的推定。

另外，在不同的司法辖区内，对于指控能够顺利通关发挥作用的主体都有较大区别。检察官、治安法官、大陪审团、审判法官，不同的组合导致预审程序的法律构造也大有不同。有时同一个名称的主体，其实实际裁量权力很不一样；是不是允许规避这一主体，也有不同的规定。这就导致预审环节的实践如此丰富多彩，我们似乎只能界定最为严格和最为宽松的两端，其中的各种变异形式已经无法一一述及。其中最严格的一种应该是所谓的"小型审判"（mini trial）。这种方式中，适用与审判同样严格的证据规则，同时赋予辩方与审判一样的程序权利，辩方可以通过全面交叉询问，火力全开，让控方颜面尽失。如果还允许治安法官放开手脚，不受"只能对控方证据作有利推定"的限制，可以自由判断证据的可信度和证明力，那么控方面临的任务难度系数自然飙升。因此，都叫预审，但是预审和预审之间的差异无异于"南山南"和"北海北"，根本不是同一套制度。也正是由于如此，不同的司法辖区对于预审程序有完全不同的统计数字，大家可能都说了真话，大家也可能都是在自说自话。

预审的目的与审判不同，预审不是判断被告是否有罪，但是仍遵循公开审理及当事人进行主义。在预审程序中，检察官必须出示物证、询问证人，以证明案件达到了审查标准。

（2）"相当理由"还是"表面真实"

指控是否存在"合理根据"的判断标准的核心问题，在预审中的含义如此丰富，以至于只能留待各司法辖区进一步发展来解决。目前，法院已经采纳的表述大概包括如下三种。①这种进路标准很低，提出"合理根据"不但低于"排除合理怀疑"的有罪标准，这一点自不待言，还要低于"优势证据"。②预审阶段同审判阶段具有实质区别，因此不必非要将"排除合理怀疑"或者"优势证据"相比较，而是另辟蹊径，从"非常有利于控诉"的角度解读证据的话，一个理智的人能从现有的证据中推论出犯罪各个要素存在的证据，整体情况是否构成犯罪应该被解释为"表面真实"，或者表述为"形式上有罪"；换言之，对于检察官提出的证据皆推定为真实，不质疑其证据力，在此前提下来审查是否达到有罪标准。若以此为审查标准，显然较之于"相当理由"标准属于更高程度的证明标准，这意味着根据现有证据，不需要进一步论证，就足够确保被告人有罪。③这种进路参照一些强制措施的证明标准制定，比如美国宪法第四修正案规定逮捕适用"相当理由"或"合理根据"的标准，"具有普通谨慎和小心的人……相信并谨慎地对被指控者的罪行产生强烈怀疑"，证据确立"怀疑的合理基础，由充分有力的细节支持保证一个小心的人相信被指控者犯有被指控的罪行"。那么可以参照"相当理由"或"合理根据"来判断指控是否能够通过预审。此处所使用的相当理由标准，虽然文字与搜索扣押所使用的理由相同，但二者的意义不同。搜索扣押的目的，与是否可以提起公诉的目的不同，虽使用相同的文字，二者仍应作不同的解释。有的法院即表示预审的相当理由较搜索扣押的相当理由更高或更严格，但并未解释多高或多严格。

第一种进路拥趸有限，在司法实务中产生广泛影响的还是第二种和第三种进路，因此，是否能够通过预审的审查标准可分为"证据之形式上有罪"（prima facie）与"相当理由"（probable cause）两大类型。"相当理由"标准原本占据优势话语地位，但可以观察到越来越多的州采用"证据之形式上有罪"标准。两个标准的市场竞争方兴未艾。

6. 预审的实际效果

在检察官可以通过直接将案件提交给大陪审团而绕过预审的地方，检察官通常是绕过预审只对一部分案件进行预审的。另外，预审对指控审查还要从属于大陪审团的最终审查。在联邦的许多区域内，大陪审团每天都进行工作，并且能迅速地处理提交给他们的案件，未经预审审查签发而由大陪审团先于作出起诉决定就确立了起诉的合理根据，被告人获得预审审查的权利就失去了实际作用。许多检察官都可以达到对于提起诉讼的每100个重罪案件中不超过1件或2件经过预审的程度。在其他一些区域，在规定的时间内获得大陪审团起诉书是很困难的，因此，预审仅仅在一小部分案件中被虚置。在整个联邦系统中提交到联邦地区法院的刑事指控 15%~18% 采用预审程序。①

7. 对于预审结果的救济

（1）控方

由于预审程序的难易程度不同，检察官过关斩将的绩效也大有差异。控诉经法院驳回的比例各州也不相同，有的只有 3%，显然就是走走形式；有的高达 25%，应该是采取了"微型审判"方式。普遍都在 5% 至 10%。若控方不服控诉被驳回的裁决，有如下几种救济方式：第一，控方可以对治安法官拒绝移送审判的裁定提出上诉；第二，此路不开走彼路，允许控方通过获得大陪审团起诉书的方式来绕过驳回裁决，提起指控；第三，收集新资料再碰碰运气，允许控方通过提交新的证据来重新提起控诉。目前至少有 12 个州特别规定了在一些起诉缺乏上诉途径的州，通过申请特别的令状（例如训诫令）获得上诉审查的机会。

（2）辩方

辩方对于移送审判或允许开启审判程序的决定有无提出异议的可能？一定程度上是有的。如果治安法官在预审中作了错误的程序性裁定，案件随后被移送审判。在审判程序中，被告人提出动议，要求基于治安法官的程序性错误撤销检察官起诉书，这一动议是否可能得到审判法院支持？这里根据预审制度的不同，存在不同的分析方法和处理方式。一般而言法院会采用类似"无害错误"的框架考察部分司法区在预审中采用的较为严格的规则，如要求提交预审的证据应当同审判一样，具有可采性。那么治安法官作出判断的依据就都是通过了可采性检验的证据。这种情况下，如果已经有足够的证据支持移送审判，那么治安法官错误地采用了没有证据能力的证据会被认为是无害的，因为对于最终的结论并无影响。类似的分析也可以用于其他错误，例如对交叉询问不正确的中断或者拒绝让辩方证人作证。但是，在此，由于不允许辩方参与，法庭可能需要给予辩方质疑若治安法官没有犯错，则可能出示什么的权利。然而，可能会发现尽管存在治安法官的错误，控方的证据还是充分的。问题在于控方证明是否如此有力（或辩方补充证明如此弱）以至于有充分确定的可能性使治安法官得出同样的结论。

一种观点指出，预审错误是毫无意义的，因为它们仅仅与移交审判决定有联系，但是认识到这些错误也能影响审判。假定错误是无害的，但是如果被告人通过显示

---

① 拉费弗，伊斯雷尔，金.刑事诉讼法（上册）[M].卞建林，沙丽金，等译.北京：中国政法大学出版社，2003：785.

"他被拒绝公正审判或者由于预审时的错误遭受偏见"来反驳这种假定，那么有罪判决将被推翻。通常案件在拒绝辩方要求自动撤销中宣称这个标准，所以他们没有机会探索什么因素将构成审判偏见的充分展示。

联邦最高法院在科尔曼诉亚拉巴马州（Coleman v.Alabama）案中的判决，有时被引用作为承认在预审中违反宪法的情况下类似的无害错误方法的证据，该案有争议地采用了相似的观点。法院认为不正确的限制交叉询问实际上相当于"剥夺预审的权利"，相应地，因为州法律规定要求预审是"对任何人进行起诉"的先决条件，因此法院"无审判权"并且随后的有罪判决也是无效的。该案中，最高法院提到有罪判决对在预审中违反宪法的影响。被告人在预审中拒绝指定律师帮助之后，被大陪审团起诉并且在庭审中被判有罪，庭审中由其律师代理出庭。控方认为事后庭审中的有罪判决使在预审中未能指定辩护律师本质上变得无害。被告人回应道，正如最高法院判决，庭审中剥夺获得律师权利一样，剥夺宪法第六修正案有权获得律师的权利要求对随后的任何有罪判决应自动撤销。最高法院采取一种中间的立场，将案件发回重审。

（三）大陪审团制度

大陪审团一直被认为是防止打击报复性起诉的"防火墙"。该制度属于普通法中最古老的制度之一，其起源和发展历程表明具有两个不同的职能，即调查和筛选。出于这个原因，大陪审团在作为一个调查机构时经常被当作"剑"，在拒绝起诉时又被当作"盾牌"，用以保护无辜者免受无理由的指控。

大陪审团作为一个独立的准司法机构，其筛选无理指控的有效性值得怀疑。因为案件在进入大陪审团视野之前几乎完全由检察官主导。大陪审团通常只听取检察官一方关于案件的陈述，自然存在检察官只展现有罪证据的风险。诉讼程序非公开进行，只能依靠检察官提供的指导和指示进行判断，展现给大陪审的证据也由检察官控制。此外，由于不适用证据规则，检察官可以提出在审判中会被认为无关紧要的问题。并且在这个程序中，被告没有获得律师辩护的权利，没有交叉询问证人的权利，也没有法官居中主持。与预审相比，大陪审团程序的正当程序权利完全缺位。

（四）宪法层面的保障

宪法层面对于被追诉者的保护主要通过正当程序中的平等保护条款来实现。理论上，美国的司法体系设置了充足的制度保障检察官在界限内行使权力。美国宪法第十四修正案禁止任何州采取行动"否定在它的管辖范围内对任何人平等的法律保护"。虽然宪法中没有明确规定可以适用于联邦政府，但是一般认为美国宪法第五修正案的正当程序条款给联邦政府的行动施加了相似的限制。这一保障，理所当然适用于立法部门制定法律，也同样适用于行政部门在执行这些法律过程中的行为。最近几年，一些联邦和州法院接受了关于差别起诉的诉求。这些案件中原告很少能够胜诉。因为要推翻刑法实施中合法的整齐一致性的假定，这个证明负担过重，要通过证明差别起诉的三个实质性要点来实现：1. 就犯罪的客观方面而言，相似情形的犯罪有很多，但其他犯罪人却通常没有被起诉；2. 就控方的主观心态而言，该选择性起诉是检察官基于"蓄意的或有目的"的心态作出的；3. 就分类的性质而言，这种差异性的选择并非是可以正当化的，而是基于一个"任意、武断的分类"作出的。

实际上，在一般不起诉，此案件却被起诉的情况下，被告人即使诉苦叫冤，但也枉然，几乎没有可能克服障碍从而确立他的平等保护权受到剥夺的主张。虽然联邦最高法院一直没有机会判定检察官的指控决定违反了平等保护条款，但是它已经在若干案例中指出，指控决定可能会有风险。虽然差别起诉是一种辩护方式，可以在庭审过程中被提出，可以作为案件的一部分送交陪审团，正如提出正当防卫的辩护一样，但这不是一个完美的程序。因为差别起诉的问题涉及的不是有罪还是无罪，而是在公诉提起过程中所指称的宪法性瑕疵，歧视性起诉如被认定，应当视为一个请求法院撤销公诉的合法事由。

三、对于不起诉的制约

在美国，检察官在联邦与州政府扮演着刑事司法体系的核心角色。如上所述，美国刑事司法体系基本可以有效控制检察官在证据不充足时不滥用权力，但对于证据充足的案件，得否起诉的裁量并没有类似的制约，基于对检察官不为起诉的质疑，实务上相应提出如下的制约机制：

命令状

在检察官不愿起诉的情况下，一个或数个公民可能企图通过向法院申请令状的途径强迫其发动刑事追诉。公民可请法院作出检察官对特定案件进行起诉的命令，但成功机会较为渺茫，因为此种令状只有当法律有规定，检察官必须对犯罪者提起公诉时才能适用。由于受到权力分立原则的牵制，法院不能干预政府行政部门裁量权的实施，对检察官的起诉行为进行司法审查是不切实际的。相反的观点则认为，法院对检察官的起诉裁量不能袖手旁观，因为联邦最高法院多次强调，对行政裁量权的实施进行审查正是司法权的功能。检察官不起诉的裁量是否妥适，不应排除在司法审查之外。

自诉

让犯罪被害人进行自诉是一个存在争议的观点,有意见认为起诉职能应该由检察官来行使,没有检察官授权或同意行使的私人追诉,会潜藏刑事程序被报复性使用的巨大危险,即便法律允许自诉或明确授权,基于政府政策倾向于寻求起诉的一致性,通过个人提起自诉仍非一个值得追求的途径。

法院核准为不起诉

不起诉的最初决定是检察官做的,因为检察官可以自由地决定不起诉,法律并不要求必须获得法院的同意或批准。出于对检察官此种不受限制的裁量权的担忧,导致许多地区的立法(legislation)或法院规则(rules of court)意图限制检察官不起诉的权力,迫使检察官对其不起诉作出书面的说明,以确保检察官行使职权的透明性,至少应要求其在作出有效决定之前先取得法院的许可。但是,大部分地区对此种情况的限制,仅在大陪审团或检察官起诉后又决定不起诉时,才有其适用空间。

大陪审团

虽然检察官有起诉裁量权,但是大部分地区允许大陪审团发动诉讼,有些地区仅要求陪审团主席代表陪审团签署起诉书,有一些地区还要求检察官签名。不论如何,大陪审团通常不会不顾一切地在检察官的反对下坚持起诉。反过来,大陪审团对检察官决定不起诉的案件也并不能形成有力的制约。

检察长

在大部分地区,州检察长至少可以在一些情况下提起诉讼,也允许干预地方诉讼。理论上,州检察长发动诉讼的权力在于对地方检察官决定不起诉裁量时的一种制约,实务上由州检察长启动的诉讼极为罕见,大部分的干预是基于地方检察官的主动要求。

撤职与特别检察官

有些州借由不同的机制,可以撤销地方检察官的职务,发动撤职的来源有州长、法院或检察长的建议,甚至来自立法部门的弹劾与选民的呼声。撤职原因包括渎职、滥权、不履行义务或职责等。但实践中撤职程序很少使用,检察官即使存在不履行职权、滥用职权的情形,也很少对其进行刑事追诉,因此,此种方式对检察官所作不起诉决定的监督效果非常有限。

综上所述,对于检察官作出的不起诉决定,几乎没有像样的制约。

（一）被视同无物的被害人

在美国刑事司法体系中，尽管被害人在刑事诉讼程序中获得了越来越多的参与权利，但其并没有法定权利强迫检察官起诉犯罪嫌疑人，也不能阻止检察官推进案件。因此，被害人对检察官的起诉决定可以说是毫无影响力的。在美国大多数州的刑事程序中，如果检察官决定不起诉，被害人几乎没有任何机制得以对检察官所做的决定表示不服，检察官也没有任何义务按照告诉人的指示或要求进行诉讼程序，也无任何义务解释何以不起诉，或向被害人告知不起诉之原因。少数州容许被害人向法院申诉或请求救济，由法院对检察官的不起诉做司法审查，但法院通常不愿臆测检察官不起诉的理由，倾向于选择尊重检察官的决定，除非检察官漫无目的地滥用裁量权且特别明显和突出。

（二）陶醉于自我约束的法院

传统上，检察官的不起诉决定几乎不受司法审查的影响。一般而言，法院基于三权分立原则，认为司法审查并不介入对起诉行为和目的性的审查，裁量属于政府行政部门的事务，而非司法部门的权限，从而拒绝审查检察官的起诉自由裁量权。总体上而言，美国法律院的态度是，行政部门实施它的裁量权，终止悬而未决的起诉程序不应受到司法干预，除非它明显与公共利益相悖。[①]法院对传统的三权分立原则予以尊重，自我约束，不予侵入、干预政府行政分支行使裁量权的过程。实践中，对于证据充分的案件，没有类似司法审查的制度制约控方是否起诉的自由裁量权。在美利坚合众国诉尼克松案件中，联邦最高法院宣布行政部门拥有专属权力和绝对的自由裁量权，可以决定是否起诉案件。

但也有意见认为应该对检察官的决定进行司法审查。有些人认为，检察官不起诉的决定必须接受司法官员的例行审查，其将判定检察官的决定是否与他先前的书面标准符合。这样才能确保起诉政策和标准一致，且被追诉者受到的待遇一致，由此可以增加由检察官实施政策的更大公开性带来的各种益处。还有些人认为，法官无法审查控方提起或不提起公诉的决策是否正当，因为公诉资源是稀缺的，由法官评估检察官如何配置这一资源存在现实困难，故法官无法对起诉决定作出有意义的审查，因为法官无法不参考全部起诉记录而去认定检察官提供的理由没有充分的事实基础，也就是在这一具体事项上，法官不可能作出比检察官更加适宜的判断。

目前的判例显示，联邦最高法院持后面一种观点。联邦最高法院在韦特诉美国

[①] 拉费弗，伊斯雷尔，金.刑事诉讼法（上册）[M].卞建林，沙丽金，等译.北京：中国政法大学出版社，2003：749.

（Wayte v. United States）一案中明白指出，在刑事司法体系中，政府保留广大的裁量权，只要检察官有正当理由相信被告触法犯罪，就可以决定是否加以追诉或提交大陪审团。该判决所称的政府，是指由检察总长及所有联邦检察官所组成的有机体，其代表政府行使裁量权。该案判决更进一步指称，法院不适合审查检察官的追诉与否的决定、追诉案件威吓效果的价值判断、政府执行法律的优先性以及政府全面执法对案件的影响。因此，法院不介入检察官的追诉裁量，不但成为美国刑事司法程序的重要特征，而且被引为权力分立的宪法议题。法院对此有一番清楚而明显的立论，并引申为四种类型：

1. 宪法权力分立理论，检察功能定位于行政部门之下（constitutional separation of powers theories, grounded in the commonly-held view that the prosecutorial function lies in the executive branch of government.）；

2. 尊重检察专业（deference to prosecutorial expertise）；

3. 行政权本质上的需要（administrative necessity）；

4. 个别正义的实现（individualized justice）。

有学者认为，宪法赋予总统限制国会与司法的权力，赋予国会权力使之得以制衡总统与司法，不过，宪法却没有规定最高法院或其他法院可以行使特别的权力去限制总统或国会的职权行使，推论系出于对司法的一种无声的权力控制（silence about a restrain power），亦即使法院对于另外两个部门不能行使重大的限制。

（三）实施有限制约的大陪审团

虽然检察官拥有起诉权，但是大部分地区允许大陪审团通过起诉书发动起诉。现实中，对于大陪审团来说，如果其扮演一个为所欲为的角色，即不顾检察官的反对而坚持起诉，则是很不平常的情形。因此，大陪审团对检察官不起诉决定并不能形成有意义的制约。例如，合众国诉柯克斯案中，法院经审查，支持一位美国检察官根据代理司法部部长的指示，不顾一切地拒绝准备或签署大陪审团指控两位黑人做伪证的起诉书。法院总结，美国检察官没有义务准备或签署大陪审团起诉书，因为"大陪审团的作用限制于是否存在合理根据的判定"，不能延伸至实施政策问题。

四、小结

（一）多元化的制约路径

美国体制对于检察官裁量权的行使非常宽容，但并非毫无标准、限制，主要强调权力的行使应保持中立、独立及客观，更不应带有歧视性或报复性意图。理论上，检察官的起诉裁量权的决定有如下限制：宪法的控制，选民的控制，司法审查的控制及内部指导准则或纪律委员会的控制。若从限制是来自外部还是检察官体制内部来区分，则可分为内部控制及外部控制：内部控制主要为纪律委员会等体制内部之控制，外部控制则主要为起诉审查机关对其权力行使之控制，如预审程序、大陪审团之程序；或是通过民选检察长制度来进行的外部控制。宪法之控制，是指被告对检察官起诉提出宪法挑战，通常要求检察官起诉必须具备相当理由以达到起诉之门槛，或是检察官之起诉不得为选择性起诉或报复性起诉，否则即违反美国宪法第十四修正案之平等保护条款或正当法律程序条款，此属于起诉裁量意思决定之外部界限。所谓选民之控制，即通过民主选举制度进行监督关于内部控制之部分，主要为检察体系所制定之个别指导准则及各州所设之纪律委员会。所谓个别指导准则，即联邦司法部就案件起诉所制定的准则，如前述 1980 年的联邦刑事起诉准则或就公司犯罪所制定之各式准则。

对于美国宪法之所以未就检察机关如何追诉犯罪作出规定，学者普遍归诸下述原因：受人民主权思想影响，人们普遍认同法律制定者和执行者的权力来源于人民，当他们不履行职责，不能有效保护普通公民时，每个人就有权自行保护自己的人身和财产安全；受地方主义的影响，在美国成立之初，联邦政府和州政府的社会控制力是软弱而松散的，地方治安主要是由当地普通公民来维护的，非法的暴力与合法的执行之间界限不清；受实用主义的影响，人们强调法律实施的效率；受经济因素的影响，对很多偏远地区而言，维持常规的刑事司法体系实在是一项很沉重的财政负担；以当事人进行主义为主要特色的刑事司法程序在很多人看来更像是一场游戏，很难实现正义且效率低。

由于历史上叛国罪指控是王权打击贵族的有力工具，美国建国后向来关注防止恣意起诉，甚至在宪法中对于叛国罪的具体证明方式都进行了规定。联邦制的政治架构决定了美国的分权制衡路径是二元化的，一方面立法、行政、司法三个机关之间存在合纵连横的客观情况，这算是横向分权制衡，比如检察官隶属司法部，提起公诉的事务传统上属于政府的行政分支权力性质，起诉在多大程度上能够被制约就是司法权同行政权相互斗争的一个缩影；另一方面制衡要同时在联邦层面和各州层面进行，即纵向的分权制衡，也就是联邦政府和各州政府之间对于法律解释权的争夺。有一些是联邦最高法院想"一把尺子量到底"让规则适用于全国，试图通过个案的裁决来实现这一效果，但是各州有地方的传统和高招，并非单纯持消极承受的态度。除了各家机关，还存在人民参与制约的情形。比如很多地方检察官是选举的产物，只对选民和选票负责，他履职并不受司法部部长的节制；又如大陪审团，属于人民参与刑事司法的具体表现，既能作为控诉主体决定发动指控，也能起到起诉审查的效果。

在刑事诉讼中主要涉及横向分权制衡,该功能主要通过大陪审团制度和预审制度来予以实现。另外,起诉审查的目的在于审查检察官是否滥诉,而不在于判断实体有罪与否,故此起诉审查程序与实体审判程序不能相互代替,在证明事项、证明标准上不能混同。

(二)大陪审团与预审作用于起诉前

严格来讲,美国联邦刑事诉讼规则上并无"起诉后"对嫌疑不足之起诉审查机制,案件起诉后,除了对于歧视性起诉和报复性起诉可以进行有限程度的司法审查,主要还是经过检察官败诉负担之结果责任所形成的压力来发挥作用,从而预防检察官嫌疑不足之滥诉。

美国大陪审团在刑事诉讼中具有特殊的地位,兼具"盾"及"剑"双重机能。前者筛选案件是否足以追诉,具有审查不当起诉机能。这也正是美国宪法第五修正案的意义,任何人非经大陪审团决定起诉,不受死刑案件或不名誉犯罪之审判。后者独立收集犯罪证据并自行提起公诉,具有独立追诉机关的机能。故通称美国大陪审因为起诉陪审,主要审查检察官准备正式起诉状的犯罪事证是否充分。如已经充分,则由大陪审在其后签署 true bill,然后向法院正式提起公诉。如尚不充分,则签署 not true bill,该起诉状不得向法院提起公诉。上述应经大陪审起诉之程序保障规定,仅适用于联邦刑事案件,由于并非美国宪法第十四修正案所保障之正当程序的内容,故并不适用于各州。

由于起诉审查门槛只凭检察官提出之单方事证,有相当理由(probable cause)足以认为其犯罪。有论者主张,如真需要有作为筛选起诉的机制,审判中的预审程序(preliminary hearing)反而较能发挥功能,同时亦较能保障被告辩护人诘问证人及请求开示控方证据的机会。①

(三)合宪性审查作用于起诉后

由于美国独特的宪政结构,检察官行使起诉裁量权的过程也应受到宪法规范之诫命,不得侵害人民受宪法保障的权利,因此,宪法规范对起诉裁量权的限制分为两个途径,而法院也得以在受理案件后从这两个途径着眼,来审查起诉是否属于恣意。

1.平等权保护的限制,即起诉权行使不得基于恣意分类,例如:基于种族、宗教或其他任意划分之分类标准而起诉,即不得违反平等权之保障。换言之,基于种族、人种、政治关系或其他宪法所保护之利益作为起诉分类之依据(理由),即违反宪法对

---

① 王兆鹏.起诉审查——与美国相关制度之比较[J].月旦法学,2002:9.

于平等权的保障。

2. 正当法律程序之限制，即被告行使宪法或法律上权利后，检察官表面上虽为运用起诉裁量权而追加重罪或变更重罪罪名提起公诉，但实为报复被告行使或主张前述宪法或法律上的权利，故违反被告受宪法所保障之正当法律程序权利。

由此可见，起诉之后美国检察官固有起诉裁量权的行使，也要受到宪法规范之诫命或限制，亦即，若检察官起诉行为直接违反宪法平等保护条款或正当法律程序之规范，即属于检察官起诉后，经被告提出理由认为起诉有违宪情形而申请裁定驳回起诉，可由各地方法院审查该起诉有无违反宪法平等保护或正当法律程序之规范，故属于起诉后之法院违宪审查，而非属前述起诉审查机关的审查职权及审查范围。

第七章 我国其他法域的相关经验

第一节 我国台湾地区

一、对于起诉的制约

为贯彻通过外部监督制约起诉行为的意图,避免未达起诉条件的案件无阻拦地涌入审判,我国台湾地区于2002年对其"刑事诉讼法"作出重大修改,以德国刑事诉讼法中的中间程序为立法例,增设起诉审查制,赋予法院审查检察官起诉处分妥否之权力。起诉审查即成为承载这一功能的主要制度。所以下面的介绍主要围绕起诉审查制度展开。

(一)功能和意义

我国台湾地区以起诉法定原则作为起诉的法定门槛,同时作为监督检察官的手段。法律明确规定提起公诉之要件是"将来获得有罪判决的高度可能性",具体而言,包括具备诉讼要件以及超越公诉嫌疑门槛两个层面。就诉讼要件必须齐备而言,由于案件具备诉讼要件属于法院作出有罪实体判决的前提,欠缺诉讼要件也就自然而然地不可能达到获得有罪判决的高度可能性。对必须超越公诉嫌疑门槛的,应从以下角度予以理解,即提起公诉所要求之嫌疑标准问题。该嫌疑程度既非最严,也非最宽松,标准应该在高线、低线之间。刑事诉讼中最严格的标准莫过于定罪标准。有罪判决应达到确信程度(毫无合理怀疑)。最宽松的标准莫过于发动侦查(简单的开始嫌疑即可)。起诉标准若规定为"获得有罪判决的高度可能性",显然在于前述二者之间,且要高于发动强制措施的相当标准。检察官若认为侦查结果尚未或无法达到这一嫌疑程度,应作出不起诉处分。若兼具以上两个要件,检察官原则上应提起公诉。

通过将违反法定起诉原则、未达到起诉标准之案件阻拦在审判程序之外,起诉审查制就发挥了其核心功能,即维护起诉法定原则。制度也着眼于保护被告人不受滥权追诉。① 因为起诉对被追诉人是重大的不利处分，即便将来可能获得无罪判决，甚至获得赔偿，但是审判一般旷日持久，对被告产生的沉重负担必然不可避免，即使获得无罪判决，被追诉者也承担了相当的煎熬，付出了相当的成本，非卷入诉累者对此是无法想象的。如果起诉审查制度设计得当，可以充分地发挥作用，那么在案件进入主审程序之前，经由法院的审查，被告就多获得了一次对抗指控的机会，很有可能尽早免除无妄之灾。所以说，起诉审查制对于诉权保障的意义不可低估。②

（二）审查对象和标准

起诉审查的实体标准，是"案件没有达到起诉法定条件的门槛"。

性质上，首先要强调的是，起诉审查制能够审查的事项，并不是被告有罪还是无罪的最终结果，而是检察官的起诉是否达到起诉法定原则所要求的法定门槛。③ 诉讼监督模式之下检法两家也要分权。法院所需要审查及其所能审查的，属于"行为的合法性"问题，即检察官是否逾越法定界限（包括法定原则及法定程序）。至于界限之内指挥侦查走向的主动权，仍保留在作为侦查主导的检察官手中。一般而言对于"合目的性"的判断（例如"宜否"依照便宜原则作出不起诉处分），法院并无置喙的余地。

程度上，案件没有达到起诉法定条件的门槛，一般而言应偏离甚多，甚至达到"极其明显"的程度。也就是说，依照起诉卷宗所反映的情况，由法院进行表面的（但不必须是书面的）审查判断，即可判定该案即使进入审判，将来也根本不可能作出有罪判决。所以，从最终效果来说，起诉审查制和无罪判决可能差异不大，但是正如不能依靠无罪判决来处理不符合起诉条件的问题一样，起诉审查的目的也不在于提前取代无罪判决，而仅在于增加一个环节，对明显违反起诉法定原则，甚至到离谱程度的行为，提前给予一种程序分流的可能性。对于法院和被告来说，同样都是减少负担和诉累的效果。

（三）审查结果

关于起诉审查的终局结果，应该区分成法院认可起诉和否决起诉两种情形。在认可起诉的情形，应产生案件进入审判阶段的效果，同时赋予法院及辩方审查和争议对象的同一性。此种审查也可以一并承担一定的诉讼事务安排功能，法院可一并决定庭审准备程序，确定审判日期等诉讼事项。进入审判程序最大的法律效果就是产生禁止返回起诉审查阶段的法律效果，避免发生程序"倒流"的现象。

---

① 纵博，郝爱军. 台湾地区公诉权制约机制及其借鉴意义 [J]. 台湾研究集刊，2009（4）.
② 谢进杰. 刑事审判对象问题研究 [D]. 成都：四川大学，2006.
③ 尹桂君. 刑事庭前审查程序改革研究 [D]. 呼和浩特：内蒙古大学，2010.

反之，在法院否决起诉，也就是裁定驳回起诉的情形下，法院应命令检察官补充证明，并赋予法院在检察院逾期不补正时驳回起诉的权限（台湾地区"刑事诉讼法"§161Ⅱ）。法律效果援引不起诉处分确定后禁止再诉的规定（台湾地区"刑事诉讼法"§260），违反而再行起诉者则作出谕知不受理判决（台湾地区"刑事诉讼法"§161Ⅲ，Ⅳ）。

法院对于不认可达到起诉条件者，应区分不同情形，可作出下列三种决定。

第一，命为补正之裁定（台湾地区"刑事诉讼法"§161Ⅱ前）

此种裁定属于暂时性的，应属"判决前关于诉讼程序"的裁定，即无救济途径（台湾地区"刑事诉讼法"§404）。

第二，驳回起诉之裁定（台湾地区"刑事诉讼法"§161Ⅱ后）

此种裁定属于"终结诉讼关系"之裁定，因起诉而产生的诉讼关系就此终结，其情形类似原审法院以上诉不合法为由而驳回上诉的裁定。据此，检察官可以向上级法院提出控告。

第三，不受理判决（台湾地区"刑事诉讼法"§161Ⅳ）

即违反禁止再诉效力而再诉者，法院谕知不受理判决。针对不受理判决，检察官有救济途径，可上诉到上级法院（台湾地区"刑事诉讼法"§344Ⅰ）。不过，因为不受理判决并无禁止再诉之效力，理论上只要检察官掌握新的事实和证据，就可以重新起诉。

（四）引发的争议

第一，起诉审查制赋予法院对于起诉是否符合条件的实质审查权，从效果而言，自然是扩张了法院的审查权限、对象与范围。尤其是起诉与否，该权限属于检察官传统上的"自留地"，现在却要面临其他机关的审查，甚至还可能被驳回。无疑会引爆审检机关的尖锐对立和意气之争。故此，实质审查制度首先需要回答的核心问题就是，此种制度设计是否违反更高规范层面要求的审检机关分立及控诉制约审判原则？

第二，如果法官认可了起诉满足条件，这种情况下至少从外界或被追诉者的视角来看，法官已经和检察官站在同一阵线，这种片面的视角不管是否成立，都难免引发公众对于司法公信力的疑虑。

第三，在同一法官负责起诉审查与主案审判的情况下，不但更加容易引发法官存在偏见和预断的疑惑，也容易造成道德危险，也就是法官以减轻自身工作量考虑，将棘手案件以起诉审查为由而脱手。该法赋予法官相当权限，却未考虑到如何节制其滥用。因此有论者认为，弥补之道，至少应先从事务分配开始，设置审查起诉的专庭，先将起诉审查法官与本案审判法官分离。

二、对于不起诉的制约

(一) 内部监督：再议

检察官侦查终结后，如无法确认存在足够的犯罪嫌疑者，无法形成得以起诉的条件，自然须对案件做终结处理，此即属绝对不起诉处分的形式；若基于法律授权关系，对于案件经侦查终结，依事实的具体关系，具有可以起诉的前提，但因程序必要性及对于被告人身关系的考虑，可以作出职权不起诉或缓起诉处分。不论绝对不起诉或职权不起诉，以及缓起诉处分，均使得案件无法进入法院。从确认刑罚权的角度而言，这种具有刑罚权抑制性的举动，将使得案件的利害关系人（主要为被害人与告诉人）在刑罚权的诉求受到挫折时，应具有获得救济的渠道，以促使检察官对于侦查案件更为周延审查，避免其滥权冲动。

台湾地区"刑事诉讼法"因此规定了作为检察体系内部监督渠道的再议制度，作为对检察官不予起诉的救济方式，即对于检察官所做的不予起诉处分，向检察官所属之上级检察署检察长申请再议。故此再议机关是不予起诉处分检察官的上级检察署检察长，即地方检察署检察官所做的不予起诉处分，应向高等检察署（或其分署）检察长为再议之救济。

根据台湾地区现行规定，可以分为申请再议及职权再议两种。再议经驳回者，检察官所为的不予起诉的效力，即告确定，获得了不完整的既定力。之所以说"不完整"，就是在有限的条件下，还可以重新进行侦查或起诉。一般而言，只有在"发现新事实或新证据等"的情形下，才能对于同一案件再行侦查或起诉。若对于不起诉处分在没有收集到新证据，或没有新情况发生的情况下再行起诉，法院应作出不受理判决。虽然并不完整，不起诉决定还是有一定既定力的。被害人在不能推动再行起诉的情况下，剩下的渠道就是诉诸交付审判了。对于属于申请再议的情形，因为是由告诉人所申请，且再议属于检察机关内部的救济方式，则告诉人可以驳回再议处分后，向管辖法院申请交付审判。对检察官所为处分的再议，性质上属于内部救济的模式。从救济完整性与正当性的角度而言，若仅允许内部救济，显然有所不足，应具备外部救济的渠道，以实现救济的法理念。交付审判制度由此而生，针对不起诉的监督从此自内部走向外部。

(二) 外部监督：交付审判

交付审判制即通过权利人向法院申请来实现强制案件起诉的制度。作为针对检察官不起诉处分的外部监督机制，交付审判制度的功能在于规制检察官遵守其法定性义务，在行使处分权时贯彻起诉法定原则。其构想建立在，被害人面对追诉机关作出的不起诉决定，其穷尽检察系统内部救济渠道，仍旧无法得到适当权利救济之时，借由审判机关的强制起诉制度，以维持其权利的平复。该制度存在的基本构想，乃为平衡追诉机关对于被害人保护不足而设。同起诉审查一样，交付审判也是来源于德国刑事诉讼法，立法受到来自德国刑事诉讼法的强制起诉程序的强烈影响。

1. 提起主体

就案件的基本结构来看，须由告诉人申请交付审判，自然应先有告诉人存在，即案件在侦查之初，就存在告诉人，方才符合交付审判的前提条件，且在程序上必须先经过检察机关的内部救济，经再议驳回之后，才能启动。对于无直接被害人的案件，交付审判全无适用之地。既无直接被害人，则再议将无法提起，尽管有依职权再议，但却无依职权交付审判的规定。故而，仅有直接被害人的案件，才有申请再议的前提，也才有申请交付审判的可能。

2. 前置程序

交付审判性质上属于对于检察机关不起诉决定的救济手段。上文已提及不起诉决定类似于检察机关的终局决定，除非出现新情况或发现新证据，否则就产生既定效力。那么对此终局决定的救济手段即为交付审判，其性质属于事后救济的手段。申请交付审判的案件需要先经过检察机关侦查终结，而为不起诉处分，或检察机关基于台湾地区"刑事诉讼法"第253条作出缓起诉处分，告诉人对于该处分不服，依台湾地区"刑事诉讼法"第256条提起再议，此次再议经上级检察机关之检察长驳回，方才可以提起交付审判的申请。故此，申请交付审判的前提条件，必须先有检察机关所作出的不起诉处分，或是缓起诉处分存在，且必须有得为再议之人提出再议，经驳回再议之后，方得以为之。

3. 律师强制代理

交付审判是由告诉人委托律师提出申请，其主要的性质为私人促使刑罚权得以确认，在本质上虽类似于德国强制起诉程序，但从台湾地区法治的本质关系而言，不同于德国强制起诉制度的要求，较倾向于私人追诉的关系。强制要求律师代理，则有通过法律专业人士的审查来保证申请质量的意思，一是保证申请文书形式的规范；二是保证申请确有合理依据，以尽量避免该制度遭滥用。

4. 审查过程

争议可能集中在法院审查的对象及标准到底是什么的问题。"交付审判的制度设计，本就是建立在不信任检察官的基础之上的，所以才由法院介入其不起诉处分。制度本来就有扩张法官权限并压缩检察官权限的倾向。但这里存在一个问题，就是不能以法官的滥权来代替检察官的滥权，否则就是驱虎迎狼而已。如果法院审查过度，甚至于可能架空自控诉原则以来的审检关系，形成法官独揽大权的新纠问制。所以确立法院的审查标准才是免除这些可能弊端的关键。"台湾地区"刑事诉讼法"第258条第3项规定了法院对于申请交付审判的案件可以进行必要调查，但却未规定调查应如何具体进行，亦未说明所调查者的对象为何，是不起诉或缓起诉处分理由适当与否？还是案件不进入审判阶段适当与否？倘若仅是检察机关所为之处分有所失当，则法院审查之结果，并非直接使其进入审判阶段，而是使案件重新回到侦查阶段。

反之，如法院裁定前所进行的调查，是针对案件实质开展的证据调查，则一方面法院在决定时，似乎必须以台湾地区"刑事诉讼法"第251条的起诉门槛作为审查的依据，如此将使得法院又再次沦入职权调查证据的漩涡之中，同审检分立、互相制约的精神背道而驰。另一方面，法院进行实质证据调查之后，如作出交付审判的裁定，则又会发生老生常谈的问题，即交付审判的姿态是否表明了预断，并导致影响未来审判的公正性。

5. 处理结果

法院对于申请交付审判的决定，以裁定的方式为之，具体如下。

（1）驳回申请：申请有不合法或无理由时，应裁定驳回，例如不是告诉人所提出的申请，或未经委任律师进行的申请，或是申请状未具理由，包括法院对于检察官所作出的不予起诉处分，认为适当的情况等；

（2）裁定交付审判：即认为交付审判的申请有理由，也就是法院推翻检察机关所做的不起诉或缓起诉处分，而使得案件直接进入审判程序。

6. 争议与检讨

交付审判制一定会带来法院审查权限进一步的扩张，此种制度是否会破坏控诉原则一向存在争议。尽管台湾地区的交付审判制度是参照德国强制起诉制的立法规定，但一来忽略德国创设强制起诉制与自诉制度的连带关系，二来漠视德国学说上对其立法漏洞（如侵害国家法益之无被害人案件）的检讨。由于启动交付审判者限定于告诉人，许多具有社会期待知道真相的不起诉案件因为缺乏告诉人，导致无法发动交付审判程序。反倒是一些"以刑制民"的"假性财产犯罪"案件大量涌入法院，导致本来就有限的司法资源更被无节制地耗费。

对此，台湾地区学者认为，必须充分考虑交付审判与自诉制度的关系，以及交付审判同检察机关内部两级再议的关系。二者需要在立法阶段进行基本权衡，不宜匆促地立法。有意见就提出再议的制度设计过于叠床架屋，对于被害人相当不友好。先前立法，因不起诉处分仅有检察机关的内部控制，没有外界控制，因此设计了两级的再议程序，依靠检察机关内部上下级之间的监督，来实现制约。然而在修法之后，既然设计了外部监督程序，已有向法院提起交付审判作为最终救济方式，那么检察机关内部两级再议制度就可以适当精简，给被害人减轻一些负担。将条件设置为，检察机关内部只要经过一次审查经驳回后，即可提出交付审判的申请。如此，也可释放相当的高等检察察署人力资源，补足基层检察署人力不足的窘境。另外，律师强制代理制的门槛能否借此达到"防止滥行提出申请"的目的，恐怕也同立法者乐观的看法不符，长久效果如何也值得进一步观察。[①]

三、小结

（一）继受难免水土不服

台湾地区检察官相关制度受欧洲大陆传统影响甚深，具体制度方面主要沿袭德国体制，特别强调检察官的客观公正义务。但由于其独特的历史渊源和政治环境的影响，检察官在行政人事管理上归属于司法部管辖。而司法部部长位于权力链条顶端，其身份属于政府部门之首长，因此无法完全消除"行政遥控司法"的疑云。经过多次政治舞弊丑闻之后，台湾地区对此问题也深有感触，经过反复努力引入起诉法定原则的主要目的，一方面当然是控制作为侦查主导的检察官任意行使自由裁量权，防范其如纠问制法官般集权力于一身，滥权追诉或不追诉；另一方面也是避免行政长官通过权力链条营私舞弊，以执行命令为名控制法律事务，将检察官正常履职化作为行政遥控刑事司法的渠道。[②] 毕竟，在不告不理的原则底下，如果控方被行政干预，法院纵使"独立审判"，也只能审判经过检察院"筛选"之后的案件，最起码对于不当不起诉并无控制可能。因此强调法定原则有着双重用意，从检法关系的角度而言，防范检察官滥权；从检察体系内部的角度而言，同时又防范检察官个人履职被不当干预。

---

① 柯耀程. "刑事诉讼法""交付审判"制度问题研译，收录于"台湾刑事法学会"，"刑事诉讼法"之最新增修与实践 [J]. 学林文化，2002：271.
② 谢小剑. 公诉权制约制度研究 [D]. 成都：四川大学，2007.

起诉法定原则的具体根据在于台湾地区"刑事诉讼法"第251条的规定,"检察官依侦查所得之证据,足认被告有犯罪嫌疑者,应提起公诉"。由此条规定,可以解读出检察官的起诉门槛高度所在。"足认被告有犯罪嫌疑者",指依侦查所得的事证,被告很可能被判有罪,即"获有罪判决的高度可能性",并非所谓的"有合理可疑"而已。立法者以法定原则严格控制追诉活动。为贯彻法定原则,如同德国刑法一般,台湾地区"刑法"特别规定以一年以上的有期徒刑规制滥权追诉。这也是同德国相关规定非常一致的做法。

在法律明确规定法定原则为主的同时,也明确规定便宜原则作为法定原则的重要补充。便宜原则是指准许检察官依其裁量来决定案件是否提起公诉。"纵使案件表面上合于起诉规定的条件,检察官也可以依照案件的具体情况,出于目的性进行实质考虑,根据自身对于法律、政策、情理的考虑,自主权衡案件是否适合提起公诉。除非明确逾越裁量权限的违法行为或明显基于无关事理的恣意考虑,否则,无论检察官最后作出提起公诉或不提起追诉的决定,都只是妥当与否的问题,而不会发生合法与否的疑问。"①

鉴于检察官的巨大裁量权限,论者普遍认为仅凭检察系统的内部监督机制,并不足以制衡检察官拥有的强大权限。外部监督,尤其是由法院负责审查检察官处分的诉讼监督模式,才是防范检察官违法滥权的利器。②为强制检察官恪守客观义务,必须有其他的监督者,而适合担任此一角色者,非法官莫属。一来将追诉权与审判权分离,犹如将"屠龙刀"和"倚天剑"分别由检察官和法官掌握,将因权力集中而带来的滥权危险防患于未然。诉讼监督不过是互相制约,属于分权理念的自然延伸。二来法院也有能力实施诉讼监督。因为是否恪守合法性义务之问题,必会涉及法律解释或适用,而解释及适用法律,正是法官的本分与职责。为了给予法院相关抓手,台湾地区于2002年修改规则,针对滥权起诉与滥权不起诉同时下手,一举引进两种监督检察官的外部机制,即起诉审查制和交付审判制。但由此也埋下制度移植水土不服产生的问题。

检察官虽然应当作为客观公正的守护人,监督法官裁判以免法官恣意,控制警察活动以免警察滥权。但是,如何监督制衡检察官本身之权力,防范其恣意滥权?这是所有实行检察官制与控诉原则的法制体系必须面对的问题,台湾地区充分发挥后发优势,从德国刑事诉讼中移植了起诉审查和强制起诉两种制度,对于检察官滥用公诉权的行为予以遏制。通过"修法"引进起诉审查制和交付审判制后,因制度本身的诸多缺陷,致使监督功能有限,控诉原则却被动摇。由于两地文化和社会状况的同源,其对于大陆刑事诉讼法的移植和借鉴有着独特的参考意义。法律移植需要很多方面的协

---

① 林钰雄.检察官论[M].北京:法律出版社,2008:118.
② 谢小剑.分权理论在防止公诉权滥用中的运用[J].河北法学,2011(2):133-139.

调配合,绝非一劳永逸。

(二)重视起诉条件研究

起诉条件指检察官提起公诉,或被害人提起自诉时,应具备的程序条件。这里围绕公诉展开讨论。检察官作出公诉提起决定时,应遵守提起公诉的条件要求。原则上提起公诉的条件有三个。

1. 达到起诉门槛

起诉的目的是追求"有罪的诉求"的成立,以确信刑罚权的存在为前提,而并非将案件交由法院判断是否有罪,故起诉案件必须具备得以成罪的基础认定作为起诉的基本前提。从证据角度来看,即认为存在足够高的犯罪嫌疑(台湾地区"刑事诉讼法"第251条)。

2. 有刑罚的必要性

案件经检察官侦查终结,足认有犯罪嫌疑时(称为达到起诉门槛,即满足起诉的条件),尚须有刑罚权主张的必要性,若案件虽达起诉门槛,但并不存在起诉的必要情况,检察官仍不能起诉,应依法律的授权,作出不予起诉处分(包括台湾地区"刑事诉讼法"第253条的职权不起诉,以及缓起诉处分)。

3. 审判条件

若存在程序性条件欠缺的情况,不论是开始就欠缺,还是审判程序进行中的欠缺,均足以造成程序的障碍,而必须以形式判决终结案件[①]。

法院裁决方式应根据形式审查和实质审查的不同更加多元化,区分形式判决和实质判决,并细化为若干种类。台湾地区"刑事诉讼法"有相当内涵的理论和制度支撑。案件经法院受理之后,法院应忠于职权,对案件进行形式审查。

形式审查的目的,在于检视案件是否具备程序进行必要性的诉讼条件,即案件是否有无法开启实质审判的免诉、不受理或是管辖错误的问题(台湾地区"刑事诉讼法"第307条)。背后的理论基础在于:审判程序欲确认实质的刑罚权关系之前,必须先行确认程序进行的必要性条件是否具备,审判程序进行的方式,应先从形式审判开始再到实质审判,在审判程序中,应先确认程序进行条件的存在与齐备,即形式审查为优先,唯有具备形式的程序条件之后,方才能进入实质审查的阶段,倘若形式条件有所

---

① 资料来源:台湾地区"刑事诉讼法"第302条免诉判决、第303条谕知不受理判决、第304条管辖错误判决。

欠缺，则形成诉讼的障碍，将不能进入实质的审判程序。故观察审判程序者，应先从形式条件的审查开始，再进行实质的审理。

（三）关键是审查标准

无论是起诉审查，还是交付审判，都涉及法院对检察院决定的审查，在解决了合法性的问题之后，最为关键的莫过于审查对象和审查标准。以交付审判制为例，其既非颠覆检察官起诉专属的职权，亦非法院僭越检察官职权的作为，而是对检察官的监督。借由交付审判制的确立，一方面节制检察官对于案件作终局决定的作为；另一方面保障被害人在诉讼程序中的地位，并维持其因犯罪行为所生权利损害的平复。在传统追诉、审判机制分立的背景下，加入被害人权利保障的机制，此种构想一方面具有调和过度当事人概念的意义；另一方面也使得追诉机关的职权受到相当程度的节制，更使得被害人的地位在刑事诉讼程序中能够得到多一层的保障。制度的本身诚属立意良善，但单纯的制度欲导入刑事诉讼程序中，不能仅从其本身思考，仍须与其他机制相互搭配，方足以使其显现出应有的效应。

第二节 我国澳门地区

一、对于起诉的制约

（一）起诉/不起诉都要遵循法定原则

对于起诉法定原则，作为澳门地区法源的葡萄牙刑事诉讼法相对应的说法为"合法性原则"；对于起诉便宜原则，则为"酌情机会原则"。所谓合法性原则就是起诉法定原则的内容，具体是指，"具备权限的公权力机关（指检察院）有义务对于实施符合构成犯罪实质要件及程序要件的行为人促进刑事程序"。而酌情机会原则是指"检察院放弃促进诉讼程序（这是指依职权作出的放弃），又或者，即使促进程序的进行，其亦放弃将程序交予审判，且不作出相关的控诉书（这是指需要提交预审法官决定的情形）"。① 当符合相关的法定要件时，检察院无权选择展开或不展开刑事程序。既然关于起诉和不起诉都要严格遵循法定条件，所以可以认为在澳门地区并不存在真正的起

---

① 李哲.论澳门检察机关的司法机关地位及其自由裁量权——以"诉讼程序暂时中止"制度改革为例[J].广西大学学报（哲学社会科学版），2012，34（4）：68-74.

诉便宜原则。从比较法的意义上来说，澳门地区的特色就是双重法定：无论是起诉还是不起诉，都要遵循法定原则。

关于"起诉法定"的要求，《澳门刑事诉讼法典》第265条规定，当侦查阶段结束后，收集到的证据有充分迹象显示有犯罪发生，并且能够查明犯罪行为人的具体身份时，检察院有义务对该人提出控诉。

关于"不起诉法定"的要求，《澳门刑事诉讼法典》第259条第1款和第2款规定，一旦收集到足够证据，能够证明没有犯罪事实发生，或能够证明嫌疑人未以任何形式犯罪，又或者依法并不容许提起诉讼程序时，检察院有义务将侦查卷宗归档。如检察院不能获得显示犯罪发生的充分迹象（缺乏证据证明发生过犯罪），或者经过侦查只是获知有犯罪发生，但是不能查明系何人所为，也有义务将侦查卷宗归档。此处所谓的"归档"，性质即为"不起诉"决定，检察院对此并不具有裁量权，因此属于"不起诉法定"的内容。

检察院无权决定不起诉，仅具有不起诉决定的建议权。检察官并没有自由裁量权，只能建议预审法官作出决定，其职权行使充其量具有某些自由裁量的因素。同大陆法系的职权主义传统有所差别。可见，起诉便宜原则并没有在葡澳法律体系得到真正采纳，检察官并不具有自主决定权，充其量只是带来某种程度的影响。

为了确保合法性原则的落实，相关法律同时规定，如果检察院在获知犯罪消息时不开立卷宗侦查，又或在侦查后，对具备控诉前提的案件不提起控诉，则有关的检察院司法官除了需要负纪律责任，其行为亦构成《澳门刑事诉讼法典》第333条的渎职罪，需要负相应的刑事责任。

（二）预审制度承担双重功能

1. 刑事起诉法庭的沿革

刑事起诉法庭及审判法院构成了澳门特别行政区法院在刑事领域的主体机关。相关的法律依据出自《澳门基本法》《澳门刑事诉讼法典》及第9/1999号法律《澳门司法组织纲要法》的相关规定。刑事起诉法庭由历史上的预审法庭转化而来的，主要功能在于行使刑事案件侦查阶段中的审判性质的权力，并同时承担预审任务。而审判法院则是传统上行使审判权、对案件作出实体判决的机关。

刑事起诉法庭是澳门特别行政区司法组织结构中一个独具特色的组织单位。澳门地区现行的刑事起诉法庭制度（原称预审制度）直接承袭于葡萄牙，葡萄牙的预审制度又来自法国和德国的预审传统。①原预审法院的主要职责是对检察院的控诉是否满足起诉条件进行核实，以决定是否将案件提交审判。②此后，预审制度接受了一系列改革，主要方向是预审法官不再主导侦查，侦查主导权被移交给检察机关。但是由于侦查阶段的各种措施对于公民基本权利仍有重大制约，不能交给侦查机关自身，也不能赋予主导侦查的机关，对于侦查权行使的合法性审核需要仍然客观存在，故此仍然保留预审法官对特定侦查行为的决定权。所以，刑事起诉法庭的功能是由法官介入侦查或控诉行为，对于重大事项行使特定职权，其性质是一种通过职业法官制约侦查和控诉的诉讼制度。

澳门地区回归祖国后，根据《澳门刑事诉讼法典》和《澳门司法组织纲要法》的规定，第一审法院在刑事方面的管辖权分别由普通管辖法院和刑事预审法院行使。预审法庭名称调整为"刑事起诉法庭"，基本权能的内容则比较完整地保留下来。普通法院的职能是对刑事案件进行审判，而刑事起诉法庭的职能则由刑事诉讼法和司法组织法作出专门规定。目前的刑事起诉法庭系根据《澳门司法组织纲要法》第29条的规定设立的，主要职权有两项：①在刑事诉讼程序中行使侦查阶段的审判职能（实际上就是法律保留的事项，属于预审法官的专属权力范围，主要涉及强制措施的适用）、进行预审以及对是否起诉作出裁判；②对于刑罚执行事务、赦免事务及监狱事务行使管理权。③

刑事预审法院属于第一审法院，而实际中可能出现属于高等法院权限范围内的案件，遇到这类案件时，刑事预审法院无权管辖，预审的管辖权则直接由高等法院行使。其方式为：用抽签的办法在高等法院分庭（高等法院以全会和分庭两种形式运作，全会由所有法官组成，分庭由三名法官组成）的法官中选定一名法官负责预审。参与了预审的刑事起诉法庭法官，不得介入预审终结后的诉讼程序。

预审与侦查一样，同为诉讼的初步阶段，但预审是由预审法官领导进行的，并由刑事警察机关辅助，因此具有审判的性质。此外，只有在以普通诉讼程序审理的案件中才有预审阶段，对于以简易诉讼程序或最简易诉讼程序审理的案件则无须预审。

2.预审的双重性质

预审法官在侦查阶段中及侦查终结时承担不同的功能，具有双重身份。

（1）侦查阶段

有一些专属权力需要由其行使，而排除检察院；在侦查终结后，其对于案件的具体处理作出批示。根据《澳门刑事诉讼法典》第11条第1款的规定，预审法官的权限包括：①行使在侦查方面的审判职能。②领导进行预审，刑事警察机关负责辅助。

---

① 姜虹.澳门预审制度的评价与启示［J］.北京人民警察学院学报，2009（1）：57-61.
② 姚莉.论澳门法官预审权的合理配置［J］.比较法研究，2013（1）：43-53.
③ 李哲.澳门刑事诉讼法总论［M］.北京：社会科学文献出版社，2015：132.

③决定是否起诉。预审辩论终结后,预审法官应当作出裁决,根据案件情况形成起诉或不起诉的批示(《澳门刑事诉讼法典》第 289 条第 1 款)。④在最简易的诉讼程序中,作出判处批示,该批示等同于有罪判决,一经作出立即生效(《澳门刑事诉讼法典》第 377 条第 3、4 款)。

领导侦查的权限属于检察院,但这一权限受到法律的限制。检察院无权作出某些行为,而是属于预审法官的专属范围。这些法律保留的行为包括:①被拘留的嫌犯会被及时带到预审法官面前,由预审法官对其进行首次司法讯问;②有个别的强制措施,诸如提供身份和居所资料,可以由检察院或司法警察行使,但大部分涉及公民基本权利的强制措施或财产担保措施均需要由预审法官决定;③部分职业,诸如律师、医生,或特定场所,如银行,经营的事务涉及个人人格权或财产权,属于隐私的核心地带,因此,在律师事务所、诊所或银行等场所进行的搜索和扣押,与对其他场所的搜查、扣押不同,必须由预审法官授权进行;④出于对个人隐私的保护和人格的尊重,预审法官需要首先知悉被扣押函件的内容;⑤除上述明文规定外,还规定了一个兜底条款,法律明文规定保留预审法官的其他行为均属于预审法官专属权限。上述专属范围主要涉及人身自由和职业特权。对于涉及限制人民基本权利的强制措施,需要通过司法审查才能实施体现出司法机关对于侦查机关的控制。

预审法官行使法律保留的权力一般并不依职权主动进行,即他并不是积极的指控者和追究者的角色。上述属于其专属权限的行为检察官不能染指,但预审法官也不能主动启动。这就形成了互相制约的效果。只有在检察院、嫌犯或辅助人提出申请的情况下(紧急情况下,刑事警察当局亦可提出申请),预审法官才应在 24 小时内命令或许可作出上述有关行为。

(2)侦查终结时

有关预审目的的法律依据在《澳门刑事诉讼法典》第 268 条第 1 款,预审法官需要"对提出控诉或将侦查卷宗归档的决定作出司法核实"。预审程序的设置旨在司法层面上,客观地核实相关的控诉或归档批示是否恰当,在案件侦查终结的阶段,检察院作为刑事诉讼程序的促进者,可作出三种形式的决定,来推动进程的走向。第一,提出控诉,推动案件走入审判程序;第二,永久归档,即终结程序;第三,暂时归档,具有一定程度上的既定力,但是可以因具体情况的出现而推翻。对检察院的控诉或归档决定,利益相关方可以申请启动预审程序,阻拦诉讼的促进。比如对于检察官提出的控诉决定,嫌犯或辅助人申请可阻拦案件被直接移送审判;对于检察官作出的归档决定,辅助人可以申请预审,否则就导致诉讼终止。预审程序是被动引发的,嫌犯或辅助人表示异议并提出预审申请时就要启动。

预审中最为核心的环节即预审辩论。辩论之前的调查程序是可选项,但辩论是必须进行的。辩论在预审法官面前以口头辩论的方式进行,其宗旨在于允许利益相关方就侦查及预审过程中得到的事实迹象及法律资料是否足以支持将被追诉人提交审判进行交锋,协助预审法官发现事实真相。为了实现发现事实真相的目的,预审法官在预审辩论前或辩论期间均须依职权作出对发现事实真相有利的调查行为。而调查行为可以授权刑事警察机关作出。预审法官依法主持预审调查和辩论时,有权根据事实与证据情况,对检察院侦查终结的控诉或归档决定作出符合司法意义上的复核,并最终作出起诉批示或不起诉批示。当事人的权利又获得了一层额外保护。

综上,通过预审,嫌犯和辅助人有权要求预审法官对检察院作出的控诉或归档决定进行司法复核,从而实现对检察院作出的控诉或归档决定的监督,在控辩双方在场的预审辩论中发表对案件的看法,维护自己的合法权益。这一目的决定了预审程序的被动性,仅在嫌犯或辅助人在法律规定的条件下提出申请之后方可进行。

(三)检察院的选择

在结束对犯罪线索进行调查和收集证据的活动之后,检察院已然形成了关于侦查的结论,接下来是起诉还是不起诉,根据具体的情况可以作出以下三种决定中的一种。

1. 自行决定将侦查卷宗归档

在下列情况下,检察院应作出批示将侦查卷宗归档:①有足够证据证明没有犯罪发生,或在案的嫌犯未以任何方式犯下涉案罪行的情况,诉讼进程到此终结;②虽然有犯罪事实存在,但出现了若干程序上的理由,应该依照法律规定不得提起诉讼程序(如:嫌犯死亡、已过诉讼时效、大赦、起诉无正当性等情况);③没有证据证明发生了犯罪行为,或者未能获得何人为行为人的充分证据,此种情况同第①种并不相同,事实完全处于存疑的状况,而第①种情况是可以排除存疑的情况。在上述三种情况下,检察院将预审卷宗归档是依职权进行的,其有法律上的义务作出归档决定。

将侦查卷宗归档的决定只具有暂时的效力,既判力难以等同于法院的无罪判决,所以并不妨碍再次启动追诉程序。在"一事不再理"之原则下,法院不可对无罪判决之事实再作审理,但检察院作出归档决定的性质则完全不同,归档的原因就在于侦查阶段搜集、产生的材料不足以提起控诉,其属于侦查环节中的程序决定,以此并不受"一事不再理"原则的制约。日后如果发现更好、更优的证据,仍可再次开启档案。

2. 需要提交预审法官决定归档

(1)属于免除刑罚情况的归档

为了贯彻刑罚的目的,澳门刑事诉讼中建立了一套卷宗归档制度,实际上就是将诉讼程序暂时中止,即针对一些轻微的犯罪采取一些程序措施,既可以教育犯罪行为人,又使其更容易重返社会。可以在程序展开之后将卷宗终结或中止,观察犯罪行为人在一段时间内的表现,如符合法官依法律制定的行为规则,则程序终结。① 暂时中止诉讼程序具有一定的便宜性质,但并非检察院自身可以决定的,也需要经过预审法官决定。

澳门刑事诉讼中存在一种特殊的归档方式,称为"属于免除刑罚情况的归档",其法律依据体现于《澳门刑事诉讼法典》第262条。该种归档方式需要一系列实体条件和程序条件同时被满足。实体条件为:涉案犯罪就实体刑法明文规定而言,属于可免除刑罚的犯罪,至于免除刑罚之前提是否能够成立需要经检察院根据实体刑法的规定作出判断。程序条件为:检察院听取利益相关方(一般包括辅助人、会在提出检举时声明欲成为辅助人且有正当性成为辅助人的检举人)意见后,可以依职权向预审法官建议将有关卷宗归档。也就是说,如果检察院认为有关犯罪符合刑法规定的免除刑罚的条件,则可以征求、听取利益相关方的意见。在听取相关意见后,检察院可以向预审法官建议将卷宗归档。

(2)暂时中止诉讼程序

根据《澳门刑事诉讼法典》第263条"诉讼程序之暂时中止"第1款的规定,在同时具备以下条件的情况下,检察院可以向预审法官建议,通过对嫌犯施加强制命令及行为规则,暂时中止诉讼程序。

暂时中止诉讼程序对于案件存在一系列实体上和程序上的要求,也要取得利益相关方的同意。通过满足上述要求,体现出犯罪行为的社会危害性不大,或者受到犯罪破坏的社会关系已经被修复,因此诉讼程序暂时缺乏进行到底的必要性。其中实体条件如涉案有关犯罪的法定刑有特定的要求,在可并科罚金的情况下,最高限度不得超过有期徒刑三年,或涉案有关犯罪仅能够科处罚金。程序性条件包括若干方面:①经嫌犯、辅助人、曾在提出检举时声明欲成为辅助人且具有正当性成为辅助的之检举人及未成为辅助人的被害人同意,上述主体在澳门地区刑事诉讼中均有独特的范围;②嫌犯未曾受过刑事处罚,不具有犯罪前科;③不能科处收容保安处分;④罪过(刑事责任的主观层面)尚属轻微;⑤有合理利用认为可以预见嫌犯会遵守强制命令及行为规则,且这些强制命令和行为规则足以回应有关案件中所需的特殊预防犯罪的要求,且需要同时具备。

在上述实体和程序条件同时满足的前提下,检察院可以向预审法官建议,在嫌犯遵守对其施加强制命令和行为规则的前提下,暂时中止诉讼程序的进行。诉讼程序中

---

① 资料来源:《澳门刑事诉讼法典》第365条,配合适用第262条至第264条的规定。

止的期限为考验期,最长为两年。在中止期内,如嫌犯遵守有关强制命令和行为规则,检察院则将有关卷宗归档。否则诉讼程序继续进行。

根据法律规定,对中止诉讼程序的批示不得上诉,但应将该批示依法告知有关人员,包括利益相关方。

因为满足暂时中止诉讼程序条件将卷宗归档后,其实相当于利益剥夺或不利处分均已执行完毕,该决定取得实体上的既定力,受"一事不再理"或者"双重危险"原则的制约,不得重开有关诉讼程序。

在澳门司法实践中,诉讼程序暂时中止制度的条件极其难以满足,因此适用率并不高。根据学者的统计,2000~2010年,澳门特别行政区检察院作出的"诉讼程序暂时中止"的案例仅有一件。[①]

根据上述免除刑罚的归档以及诉讼程序暂时中止的规定,如果法律所规定的前提条件都成立,则即使检察院在侦查结束时收集到充分证据,显示客观上有犯罪发生及能够查明何人为犯罪人,仍可以选择不提起控诉。此种情况下检察院自身并没有决定权,只能通过向预审法官建议的方式,促使案件有条件地归档或选择暂时中止诉讼程序。虽然从效果上来看,案件都没有正式进入法院主导的审判程序中,这两种归档机制的功能均相当于不起诉决定的效果,似乎能够体现澳门地区检察官的自由裁量权,但从作出归档决定的主体来看,检察官并没有决定权,仅仅具有选择建议权,上述两个决定的权力主体均为预审法官。从这个意义上来说,该制度设计可谓是一种"不起诉法定"的典型例证。

3. 提起控诉

在侦查期间,如收集到发生犯罪以及何人为犯罪人的充分迹象时,检察院应对该人提出控诉。所谓充分迹象,可以理解为获得有罪判决的高度可能性,是指能够合理显示出嫌犯可能最终在审判中被判处刑罚或保安处分的迹象。

提出控诉也会产生两个走向,如果相关方并未提出预审申请,则检察院提起控诉可以直接产生进入审判程序的效果。但是无论是被追诉者,还是其他当事人,都可以通过提起预审申请的方式阻拦案件直接进入审判程序,从而在预审阶段再次接受司法审核。

(四)预审的开展

如上文所述,预审承担着双向的审核功能,既包括对侦查终结后检察院提出的控

---

① 李哲.论澳门检察机关的司法机关地位及其自由裁量权——以"诉讼程序暂时中止"制度改革为例[J].广西大学学报(哲学社会科学版),2012(8).

诉决定进行司法审核——这一点体现了起诉审查的功能；也包括因利益相关方申请以检察院作出的将侦查卷宗归档的决定为对象开展司法审核，据此形成是否应将案件提交审判的最终决定，正是这一点充分体现了法院对不起诉决定进行审查的功能。

1. 开启

预审不是依职权展开的，而是被动地依照申请展开的。法官在接到法律规定的不同主体提出的预审申请后，除了一些法定的特殊情形，均应当作出进行预审的批示。该批示应当通知辩护人及辅助人的律师。只有具备如已经逾期、法官无权限或依法不容许进行预审等法定的特定情形，才能驳回申请。

一旦开启之后，预审阶段即属于预审法官的专属权限，且其获全权主导预审程序，包括决定是否应将有关事宜交付审判。在此一阶段中，检察院几乎不拥有任何表达意见的权力，其仅有权在预审的环节（预审辩论）中就是否追诉发表意见，且仅为表达意见。

2. 内容

预审活动主要分为两部分，其一为预审调查，其二为预审辩论，两个环节共同构成了预审活动的整体。

预审调查的性质尚属传统的侦查行为，或者由预审法官亲自进行预审，或由刑事警察围绕案件事实实施一系列调查和收集证据的活动。预审调查并非必经环节。

预审辩论是指在预审法官面前由控辩双方进行口头辩论，目的是确定侦查和预审调查过程中得到的事实材料和法律资料是否足以支持将被追诉者提交到审判环节。[1] 预审辩论并不取决于预审调查。预审辩论属于预审活动的核心环节，即使不开展调查，也必须进行辩论。如果预审法官认为无须进行预审调查，则可直接指定进入辩论环节，并自主确定进行预审辩论的具体事务安排，诸如日期、时间和地点。如有预审调查，则有关预审事务的指定应在最后一个调查行为作出之后五日内作出。[2]

3. 批示

预审辩论终结后，预审法官应作出最终批示，决定是否起诉。宏观的判断标准是，如果收集到充分的证据材料，表明已具备对嫌犯适用刑罚或保安处分存在的客观依据，在进入审判程序后嫌犯获得有罪判决（无论是接受刑罚还是保安处分）是非常可能的，预审法官应作出决定指示检察院就有关事实起诉嫌犯；反之则作出不起诉批示。

---

[1] 叶青.中国大陆公诉案件审查程序与澳门预审程序之比较研究［J］.福建政法管理干部学院学报，2005（3）.
[2] 邱庭彪.澳门刑事诉讼法分论（修订版）［M］.北京：社会科学文献出版社，2014：208.

起诉批示或不起诉批示一般是当场作出的。在预审辩论终结后，预审法官形成判断，立即将决定宣读给在场之人，并依法通知到不在场之人。但是当场原则也存在例外，如果案件复杂，预审法官亦可进行谨慎考虑，将起诉或不起诉批示在预审辩论终结后的五日内作出并发布。

4. 对批示的救济

对于批示是否具有要求再次审核的途径因情况而异。如果预审法官作出起诉的批示，则以有关事实起诉嫌犯，起诉批示的内容可以完全确认控诉书的内容，将之转录为起诉批示，又或增减控诉书内的事实形成起诉批示。

在这种完全认可控诉书内容的情况下，嫌犯及辅助人不得对预审法官作出的决定提起上诉，该批示一经作出即产生移送效力，案件被立即移送到有管辖权的审判法院。被追诉者可以到审判法院，在审判程序中继续行使自己的权利。

相反，预审法官独抒己见的情况也是存在的，他完全可以增加或减少控诉书内所载之事实，并据此作出起诉批示或不起诉批示，检察院、嫌犯、辅助人对此均可提起上诉。

二、对于不起诉的制约

一般大陆法系传统制度强调的是起诉法定，而对于不起诉则相对宽松，检察机关至少享有对于不起诉的优势控制。但澳门地区的法定原则可以说是"双向奔赴"，且特别严格的。在独具特色的法定原则的统御下，检察院对起诉和不起诉都不享有最终决定权，都需要接受预审法院的审核和批准。因此有学者倡导，既然赋予了澳门地区检察机关以独立的司法机关地位，那么应该通过修改澳门现行刑事诉讼法的方式给予其合理范围内自由裁量的权力，如此才能使得权力同检察机关的地位相匹配。①

前文已述，预审程序承担双向制约的功能。提出控诉后根据不同主体的申请展开预审，同时承担的是对起诉和不起诉的制约作用。

（一）控诉可以由不同主体促进

在澳门地区，控诉并未由公诉垄断，在一定程度上仍保留了私诉的部分空间。或由检察院（对于公诉罪或告诉罪而言）提出，或由辅助人（对于自诉罪而言）提出。根据《澳门刑事诉讼法典》第269条的规定，在对上述控诉作出通知后的五日内，嫌

---

① 李哲.论澳门检察机关的司法机关地位及其自由裁量权——以"诉讼程序暂时中止"制度改革为例[J].广西大学学报（哲学社会科学版），2012（8）.

犯可针对检察院或辅助人控诉的事实申请预审，要求预审法官重新审查控诉决定。此处提起主体是被追诉人。预审制度承载的功能是对于起诉合理性的制约。而公诉罪或告诉罪中的辅助人亦可针对检察院的未控诉或检察院的控诉构成实质变更的事实申请预审，此处提起主体是利益相关方，显然个人权益同检察院所代表的社会公益不能完全融合，所以应该给个人意见充分的表达机会，预审制度承载的功能体现出对不起诉的制约。

（二）侦查卷宗归档后的预审承担双向制约功能

检察院认为全部事实或罪名都不足以成立的情况下，显然就会完全放弃促进诉讼进程。这种情况就相当于同利益相关人的意愿完全不符。针对检察院的行为，《澳门刑事诉讼法典》第269条及第270条规定给利益相关人一个反驳的机会。相关法条规定，检察院在侦查终结后，如果决定将侦查卷宗归档，那么公诉罪或告诉罪中的辅助人，在了解到检察院意见和态度之后，具体而言分两种情况，一是在接获归档批示或拒绝重开侦查的批示之日起，二是在没有接到通知的情况下，自获悉归档批示内容之日起十五日内，可以申请进行预审。辅助人可以针对检察院作出的归档决定，或者当检察院仅针对部分事实提出控诉而辅助人拟加入构成事实实质变更的新事实，针对检察院作出的控诉决定提出申请预审时，由预审法官审查是否应当起诉，以及就何种事实起诉。这里体现的是对不起诉的制约。

（三）通过当事人权利实现制约

在澳门地区，当事人享有充分的程序参与权和知情权，对于检察院是否控诉的决定能够及时获悉，即使出于各种意料不到的原因未能被送达，则相关期间也从其获悉之日起计算，并没有除斥期间的规定，从而最大限度地保障了当事人的诉讼权利。例如，无论是对于检察院依职权作出的归档决定，还是对经检察院建议并经预审法官决定同意的"免除刑罚的归档"的决定，都必须按时告知利益相关方，而在澳门刑事诉讼法中，这些主体范围还非常广泛，不仅包括嫌犯、被害人，还包括具有特定含义的辅助人、具有正当性成为辅助人之检举人、民事当事人及在有关诉讼程序中曾表示有提出民事损害赔偿请求意图之人。利益相关方的程序参与权、表达意见权受到非常周到细致的保护，对于被追诉人的转处处置，程序前提都是要取得被害人一方的同意才行。具体如下：

①对于经预审法官决定的"免除刑罚的归档"，预审法官在作出免除刑罚的归档决定前，必须听取辅助人的意见。如果是在预审程序中作出该项决定的，还应当再次征得检察院及嫌犯同意，且听取辅助人意见。

②在诉讼程序暂时中止的程序中，根据《澳门刑事诉讼法典》第267条，包括被追诉者一方、被害人一方在内的所有利益相关人。只有经嫌犯、辅助人、曾在提出检举时声明欲成为辅助人且具有正当性成为辅助人的检举人及未成为辅助人的被害人均同意，检察院才可以向预审法官建议，通过对嫌犯施加强制命令及行为规则的方式，暂时中止诉讼程序。

（四）通过内外部联动实现制约

预审程序也从制度上保障了当事人对检察院控诉决定的程序监督权，这种监督，既可以在检察体系内部进行，也可以通过预审程序这一外部机关来进行。这一机制的特点在于内部和外部监督机制可以交错运行。具体阐释如下。

①对检察院作出的卷宗归档批示，当事人可以向检察院的直接上级提出异议，这是受到内部监督的制约。虽然检察院已作出归档批示，当事人仍可对案件申请展开预审，从而启动对卷宗归档决定作出司法核实的程序。这是外部监督制约机制发挥作用。

②没有及时提出预审申请，并不代表就丧失了对于卷宗归档决定复核的机会。如果在作出归档批示之日起三十日内当事人未能申请展开预审，则检察院的直接上级可以依职权决定提出控诉或继续调查。如检察院作出归档批示已逾三十日，则产生了一定程度的既定力，只有在出现新证据资料，致使检察院在归档批示中提出的依据无效时，才能开启重新侦查。

三、小结

（一）作为司法机关的检察院

受历史的影响，澳门地区承袭了来源于葡萄牙的法律制度，受到大陆法系传统的强烈影响。检察属于行政事务，检察机关历史上隶属于行政长官管辖。在1999年回归之前，只有法院具有司法机关的地位。回归之后，基本法和相关组织法进行了修订。《澳门基本法》规定了检察院的独立地位，"澳门特别行政区检察院独立行使法律赋予的检察职能，不受任何干涉"；第9/1999号法律《澳门司法组织纲要法》在继续重申了上述独立和不受干涉的意旨后，又进一步明确规定了检察院的司法机关性质，"检察院为唯一行使法律赋予的检察职能的司法机关"。[①] 检察机关不但保留了原有的独立地位，而且在权力机关组织架构中地位发生了明显的变化，业已成为司法机关。可以说，上述权力序列和权力性质的变化，对于刑事诉讼结构的影响方兴未艾。

---

① 李哲.澳门刑事诉讼法总论［M］.北京：社会科学文献出版社，2015：157.

《澳门刑事诉讼法典》第37条规定，检察院具有促进刑事诉讼程序的正当性。所谓促进刑事诉讼程序的权力，是指检察院必须推动整个刑事诉讼程序的进行，主要工作职责包括有权力决定是否开立卷宗，作为侦查主导机关引导司法警察进行侦查，在侦查完毕后作出是否要起诉犯罪嫌疑人的决定。如果把整体刑事诉讼程序分为"调查"和"审判"两个大的阶段，上述是检察机关在调查阶段承担的任务。在审判阶段，刑事案件已经提交到法院，检察机关要承担出庭支持公诉的任务，同时还要监督审判程序的合法性（这点同大陆做法有近似之处）。在审判结束后，有罪判决无论对人对物都还存在执行的问题。在执行阶段，在澳门地区是由检察院来监督刑事判决的执行。

从机关的功能和目的来看，检察官的任务就是按照诉讼法律的规定，通过参与各类的司法诉讼案件，促进法院实现依法审判。与此同时，检察院有协助法院发现事实真相、寻找平衡各方利益的方案的任务。[1]因此，在当前澳门地区的司法体制中，检察院是与法院对等的司法机关，两家均代表社会和公共利益，两家机关的共同追求和秉承的原则也都是一致的，即追求客观公正地共同行使司法权这一公共权力。检察院不仅代表国家"请求判罪"，而且代表社会以保障因犯罪而生的公民被害人的权利；不是寻找不确定的犯罪者，而是确定的犯罪者；在社会上，要处罚损害社会的人，而对于无辜者，在精神、法律及义务上，其均是自然的保护者；对犯罪者提出控诉，但对怀疑无罪的受害者提供合作协助，遵守社会命令，赋予命令惩罚犯罪者及保护人的财产。[2]

作为宪政意义上的司法机关，检察院享有独立和自治，这一点其实同欧洲大陆传统大有区别。比如在法国，检察权的性质是行政权还是司法权仍存在较大争议。但澳门地区则与此大不相同。基本法明确规定，检察院独立行使法律所赋予的职能，并不从属于任何其他权力机关。根据法律规定，检察院的自治包含有如下两个方面的内容：第一，检察院履行职能不考虑其他的政策因素和社会需求，只受合法性和客观性标准的约束；第二，检察院的角色并非司法竞技场中的一方当事人，而是一个独立自主的实体，其唯一关心的是发现事实真相，同时寻求法律的正确适用。检察院独立履行职务不同于法官独立审判。检察院的独立是机关的独立而不是个人的独立，所以大陆法系普遍采纳的"检察一体"和"上命下从"均在澳门刑事诉讼法律中有所体现；法官独立是个人的独立，仅依据法律进行审判而不需要遵守任何指示。

---

[1] 李哲.论澳门检察机关的司法机关地位及其自由裁量权——以"诉讼程序暂时中止"制度改革为例[J].广西大学学报（哲学社会科学版），2012（4）：68-74.
[2] 恩里克斯.澳门刑事诉讼法教程（上册）[M].2版.卢映霞，梁凤明，译.澳门：法律及司法培训中心，2011：64.

（二）领导刑事侦查的检察院

提起刑事诉讼是检察院的重要职责之一。但是，由于《澳门刑事诉讼法典》中规定的犯罪并非都是公诉罪，有的是告诉罪，也有的是自诉罪，这就使检察院在促进刑事诉讼程序的正当性方面受到实体法施加的相应限制。所谓正当性，就是指检察院促进诉讼的权力和合法性。[①]

澳门刑事实体法将犯罪区分为公诉罪、告诉罪与自诉罪，由于告诉罪与自诉罪大多与公民的个人生活、家庭关系联系密切，对此类犯罪启动追诉需要格外谨慎，故启动刑事追诉的条件不同，检察院作为诉讼主体，受到利益相关人员态度的不同制约，甚至是特别严格的约束。

所谓公诉罪，是指检察院有权单独促进刑事诉讼程序的犯罪。对于公诉罪，检察院必须依职权领导侦查，提出并支持控诉，且有权对相应判决提出上诉及促进生效判决的执行。检察院促进的权力不受利益相关方的制约。

所谓告诉罪，是指刑法明文规定的促进刑事诉讼程序取决于利益相关方提起告诉的犯罪。类似于"亲告乃论"。对于告诉罪，虽然是公诉程序，但前提条件是有人发动告诉。检察院不得在没有告诉的情况下，主动促进刑事诉讼。《澳门刑事诉讼法典》中规定的告诉罪有三十多种，如普通伤害罪、恐吓罪。

所谓自诉罪，是指刑法明文规定的促进刑事诉讼程序取决于利益相关方是否提起自诉的犯罪。对于自诉罪，检察院也要参与诉讼程序，但只能连同自诉人提出控诉，而不能单独提出控诉，但对于有关裁判可独立提出上诉。《澳门刑事诉讼法典》中规定的自诉罪有十多种，如侮辱罪、诽谤罪等，类似于"告诉才处理"的犯罪。[②]

检察院在行使促进刑事诉讼程序之权力的过程中，同时适用控审分离原则与调查原则，两大原则并行不悖。调查原则和控审分离原则适用于不同阶段。侦查阶段的开展依循调查原则，大部分权力调查及控诉的权力，集中于检察院。仅当涉及公民的基本权利时，方适用审检分立原则，由预审法官主导进行。

控诉书是请求将嫌犯提交审判并判处刑罚的诉讼文件。法律规定，无论是检察院的控诉，还是辅助人的控诉或自诉，均以控诉书的形式提出。由于贯彻控审职能分开的原则，检察官通过控诉不但将事实呈交法院审判，同时亦限定了审判的目标和对象。控诉一人应负有刑事责任，最基本为对其指出以往发生之事实提出控诉，故控诉书须划定一定范围以作随后刑事诉讼的范围，而被告亦可根据控诉书内容而准备辩护及辩护策略，如否认、部分承认、全部承认等，控诉书的内容决定着审判的内容，法院只

[①] 许江，魏昌东. 论澳门检察机关的检察权[J]. 江苏警官学院学报，2003（1）：58-63.
[②] 徐京辉，程立福. 澳门刑事诉讼法[M]. 澳门：澳门基金会，1999：28.

能依据控诉书中的指控进行审判。原则上，法院或主导审判工作的法官，仅可按控诉书所描述事实范围行使审判权。凡是不属于控诉书范围内，且对被告人不利的事实，都不可以作为审判程序的目标。①

审判阶段虽然奉行审检分立原则，法院的审判范围受到控诉书或起诉批示的严格限制。但是这并不意味着法院在审判阶段只能被动地依据检察院提供的事实作出被指控犯罪成立与否的判断。职权主义传统下的澳门刑事诉讼法赋予了法院在所指控的事实内主动调查核实证据的权力，也就是调查原则的体现。赋予法院在审判阶段的主动调查权，体现刑事诉讼程序是为实现国家利益——查明事实真相和借此实现司法公义，因此法官必须依职权作出或命令作出一切对查明诉讼标的事实真相有用的证据调查。

（三）彻底回避切断预断

《澳门刑事诉讼法典》和《澳门司法组织纲要法》特别重视审检机关、职能分立的原则在司法实务中的具体保障和落实。在刑事诉讼程序中，参与前端侦查或参与预审的刑事起诉法庭法官，均不能承担预审终结后的审判诉讼程序，从而在人事上将预断的风险彻底排除。当然，这也是由澳门地区犯罪和审判资源的实际情况决定的。德国也想排除预断风险，想在制度设计上把从事起诉审查和强制起诉审查的法官同承担主审任务的法官完全分开，由于人力和经济资源的原因，数十年都不能达成这一目标，在不得已的条件下选择信任法官。但是澳门地区则可以做到，《澳门刑事诉讼法典》第11条第2款对于预审和审判的承接做了预先规定，如果预审由中级法院或终审法院进行，那就以抽签方式自分庭的法官中选定负责预审的法官，该法官就不再参与该案随后进行的诉讼程序，彻底从人事制度上切断了预断，保障了控审分离的实质性。

---

① 李哲.澳门刑事诉讼法总论［M］.北京：社会科学文献出版社，2015：72.

下 编　实践应用

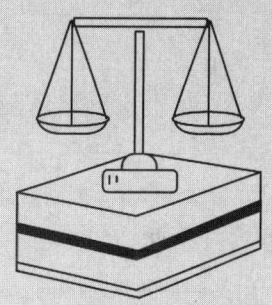

第八章　我国刑事审判实践概况

第一节　对于起诉的制约

一、制度背景

《中华人民共和国刑事诉讼法》第181条规定了对于公诉案件的审查环节，主体内容就是非常简单的一句话，"法院对提起公诉的案件进行审查后，对于起诉书中有明确指控犯罪事实的，应当决定开庭审判"。该规定表明，目前我国刑事诉讼法的实践一方面保留了审查环节，并非单纯的"立案登记制"；但另一方面，这种审查仅仅是非常表面化和肤浅的，甚至连程序性审查都算不上，仅是一种手续性的检查，看看材料是否齐备而已，遑论进行实体性审查。

可见，审查受理仅是法院阶段的一个环节，并不具备单独的程序，即只要起诉书中有明确的指控犯罪事实就应当开庭审判。且有学者认为，在本质上这种审查就应该属于程序性审查。从国外的情况看，对于公诉案件的庭前审查制度，总的发展趋势是弱化的。一些保留庭前审查程序的国家，均采取了弱化实体审查、强化程序审查的处理；另一些国家则完全废止了庭前审查程序，如第二次世界大战之后的日本，立法废除了对公诉案件的审查程序，采取"起诉状一本主义"的做法。论者由此认为，我国现行刑事诉讼法关于庭前审查的制度设计基本上符合庭前审查制度的世界发展趋势。[①]

由于缺乏对起诉审查在世界范围内的全面观照，学界基本上对于起诉审查这一阶段认识普遍不够，甚至立论有误，将原因错误归结为是职权主义本身潜藏的不良因素作祟。上述因素导致我国多年来在法院依职权审查起诉问题上进退失据。[②]

[①] 陈光中.刑事诉讼法[M].7版.北京：高等教育出版社，2021.
[②] 孙远."分工负责、互相配合、互相制约"原则之教义学原理——以审判中心主义为视角[J].中外法学，2017（1）：188-211.

管辖作为审判机关对案件进行实体审理的开端，其合法性决定了整个审判流程是否建立在正当程序基础之上，下文就以此为例，展示程序性的庭前审查在司法实践中所起的作用与效果。

二、问题实例

从几个现实案例谈谈可能产生的冲突，对牵涉的各方及相关问题做简单的描绘。

案例1：A区人民检察院以被告人犯有非法吸收公众存款罪向同级人民法院提起公诉。审理过程中，集资参与人提出大部分资金被被告人挥霍一空，证明被告人具有非法占有的目的，本案应定性为集资诈骗罪，且本案吸收资金的行为辐射全国，涉案资金规模巨大，属于刑事诉讼法规定的"重大、复杂"案件，无论依据哪个理由，均应由A区人民法院的上级即某中级人民法院审理。该中级人民法院听取基层人民法院汇报后不同意集资参与人提出的意见。

案例2：B区人民检察院以被告人犯故意伤害罪向B区人民法院提起公诉。B区人民法院受理后认为，根据检察机关指控的事实，被告人的行为应该定性为故意杀人罪，即使对于定性存在争议，该伤害行为也应当被认定为手段残忍、恶劣、后果严重，有可能对被告人判处无期徒刑以上刑罚，B区人民法院报请将该案移送其上级法院即某中级人民法院审理，该中级人民法院同意移送。但二级人民检察院不同意法院的意见。

案例3：C区中级人民法院与同级检察院商定了中级人民法院同基层法院之间关于诈骗罪的级别管辖划分，以实际经济损失3,000万元为线，超过此线的归中级人民法院管辖，并将该标准报所在省高级人民法院备案。C区人民检察院以被告人犯诈骗罪向C区中级人民法院提起公诉。C区中级人民法院受理后，公诉机关又补充起诉了多起诈骗事实，导致犯罪造成的实际经济损失达到5,000余万元。C区人民法院依法报请将该案移送市中级人民法院审理，市中级人民法院认为本案中具有减轻处罚情节，未必能够判处无期徒刑以上刑罚，不同意移送，指示基层法院继续审理。

案例4：检察机关指控邵某某涉嫌诈骗2,500万元，辩护人提出管辖异议，因为本案有可能判十年以上有期徒刑或无期徒刑，应当由中级人民法院管辖。法官称，该地经济发达，若中级人民法院受理过涉案金额小的案件，同意报送中级人民法院管辖。而当辩护人提交2015年该地中级人民法院曾审理涉案金额为1,580余万元的诈骗案判决后，法官并未移送。辩方直至二审仍坚持提出级别管辖异议。[①] 本案是"反向思维"

---

① 徐昕.论颠覆性程序辩护——以管辖异议的有效利用为例[J].安徽师范大学学报（人文社会科学版），2021（6）：98-107.

的代表。一般来说，由于可以判处的法定刑幅度有异，基层法院判不了无期徒刑，中级人民法院则有可能判无期徒刑，提请上一级法院审判有可能会判得更重。但有的案件中辩方认为，地方违反级别管辖的目的，是试图将案件控制在一定范围内，在可控的地级市范围内了结案件，所以出现这种同一般思维不同的反向操作。

上面所举的几个例子基本涵盖了司法实务中出现的级别管辖争议问题，可以管中窥豹，反映出庭前审查程序基本虚化，无法对检察机关的指控行为起到合理的调整和控制。

我国刑事诉讼的级别管辖多年来属于"小修小补"，修改动作不大，在理论上也一直非热点研究。就当前的规范总体来说，中级人民法院管辖特定类型的犯罪（危害国家安全罪）、特定人员的犯罪（主要是具有一定行政级别的官员，也可以粗略地归入"重大、复杂"案件）以及特定刑期（可能判处无期徒刑或死刑）的犯罪，其余案件均由基层人民法院管辖。其中可能判处特定刑期的犯罪构成了案件负担的绝大部分。在现实的司法实务中，对于法定刑幅度较大，横跨有期徒刑直至无期徒刑、死刑的犯罪，不同层级法院之间区分级别管辖往往使用一项更加重要的指标，即案件犯罪金额的大小。如诈骗罪根据司法解释的规定，犯罪金额50万元以上即属于"特别巨大"，适用十年有期徒刑、无期徒刑刑档，但具体何种金额有可能适用无期徒刑从而归中级人民法院管辖，则交由各地自行决定。

管辖的制度基础在于法定法官原则要求，即具体案件审判主体的确定应取决于事先确定的法律规范，而不可取决于人的因素。管辖所调整的是具体案件的审判权在不同级别和不同地域法院之间的分配问题。如何分配管辖权才被视为公平，取决于管辖的制度价值，这又关系到对其程序属性的理解。管辖是合法性的开端，在刑事诉讼中，管辖是与审判权主体法院有关的诉讼要件；管辖权存在与否，是判断诉讼是否具备合法性的标准或根据，也是案件能否进入实体审理的前提。法院对此高度重视，司法解释在公诉案件的审查受理环节以及庭前会议环节，都作出了明确规定。① 但是管辖问题并非一个静止的概念，而会受若干因素的影响且在审理过程中可能发生变化，可能来自主观认识的变化，比如诉讼参与人立场不同，观点自然也不尽相同，如案例1中的集资参与人，当然希望从严定性、从重量刑；也可能来自法律共同体内部，比如对于案例2中的犯罪行为，上下两级公诉机关、上下两级法院，可能就会有截然冲突的法律适用观点，对于量刑的预判则更会见仁见智；还可能来自诉讼进程中证据情况的自然变化，比如案例3所显示的情况，只要被害人还继续报案，公安机关就会继续工作，涉案数额就会水涨船高，直至超过预先规定的级别管辖标准，遑论这个标准还往往是

---

① 资料来源：《最高人民法院关于适用〈中华人民共和国刑事诉讼法〉的解释》第219条（审查受理与庭前准备）、第228条（庭前会议与庭审衔接）均对管辖作出相关规定。

比较随意地确定的。案例4所显示的则是辩方常常渲染的一种不正常现象,即司法机关有意降低级别管辖,将特定案件控制在一定行政区域内处置。对此也常有相关报道见之于世。可见级别管辖领域也存在诸多需要从合理化层面探讨的问题。具体到管辖问题的决定,这是一种几乎不受任何拘束的裁量权。

现行的庭前准备环节及庭前会议不足以承担过滤案件和诉权保障功能。法院受理刑事案件,按照立案部门与审判部门分立的原则,往往也是立案部门具体实施,依照表面审查的方式进行的,仅看法条要求的材料种类是否齐备。[①] 庭前准备则由审判庭进行,该环节是单纯为开庭进行的事务性准备工作,无任何审查的实质内容。

实质性起诉审查程序缺失导致诉讼结构严重失衡。无论是适用起诉法定原则,还是起诉便宜原则,都涉及检察官对于起诉条件是否充分地理解与裁量,起诉条件是否具备广泛的裁量空间。因此都不可避免地存在检察官不当起诉的问题。由于控诉制约审判原则的前提功能,只有在案件已经达到起诉标准的条件下,法院才适宜承担起职权调查的功能。而如果缺乏对起诉案件的实质审查程序或环节,将会导致严重后果,对于审检关系、审辩关系都会产生负面影响。

首先,现行法律对于检察官任意起诉毫无制约手段,部分实质上未达起诉标准的案件一马平川地涌入法庭,使得法院不得不从本可以用于"精审"的司法资源中分配一部分对此类案件进行处置,增加了法院的工作负担和审理难度,负荷日益加重。

其次,对于被追诉人的保障削弱。本可以受到"转处"轻缓待遇,甚至可以终结程序的被告人仍要被送入法庭,承受审判程序的相关约束带来的各方面压力,包括心理上、精神上、经济上的压力,显然诉权保障受到极大的削弱。

再次,也是最为严重的,审查环节的缺失严重破坏了控审分离的程序架构。对于案件是否达到法定的证明标准,检察官应承担完全的证明责任。这样的制度设置是为了使检察官切实承担控诉职责。若检察官可以畅通无阻地将未达法定条件的案件提起公诉,进入审判,在检察官弃守阵地后,原本应当由其履行的证据调查工作将不得不在审判过程中由法院接力完成,如此,法官当然无法再坚持居中裁判,只能自中立立场蜕变为控诉一方,将精力和资源投入证据调查。[②] 职权调查权不再是"补足差额",而是形成"自审自证"的尴尬局面,宪法规定的"互相制约"也就蜕变为"流水作业"。

最后,曾经被寄予厚望的庭前会议功能不能彰显。无论是"三项规程"还是当前适用的新刑事诉讼法解释,均将庭前会议的功能局限于听取意见,断然拒绝进行任何

---

① 资料来源:《最高人民法院关于适〈中华人民共和国刑事诉讼法〉的解释》第218条。
② 孙远."分工负责、互相配合、互相制约"原则之教义学原理——以审判中心主义为视角[J].中外法学,2017(1):188-211.

实质的判断。对于庭前会议上提出的意见,作出回应的判断和宣告还是要在正式开庭后完成的。实践中,庭前会议的功能逐步走向异化,有点以"调查庭"代替"审判庭"的意思。其后果很可能是规避直接审理等基本原则,架空正式审判程序,此处暂不展开。可见,刑事诉讼法竟无一条法院可以作为依据对起诉条件进行审查和制约的实质条文。

三、修正路径

审判程序的开启,因制度的差异而有所不同,原则上不论审判程序的开启机制为何,案件进入审判程序的前提,都必须源自起诉,起诉乃案件进入审判程序的前提要件。这是控诉制约审判原则的体现。案件起诉后是否直接进入审判?抑或于实质审判程序之前,仍有审查的程序存在?则有不同制度的差异性。如要求对于起诉为前置性审查者,则案件起诉后,应先经审查程序,方得使案件进入审判程序。这是审判制约控诉原则的体现。而实践证明,虚置的、表面化的起诉审查对于检察机关的不当起诉完全丧失制约,更为合理的对策应是反其道而行之,设立实质性的起诉审查程序,为法院合理行使职权审查提供一个稳固的制度前提。

此处所谓的起诉审查,可以分为狭义和广义两个层面。就狭义层面而言,仅指法院对于起诉的案件进行审查,决定是否开启审判程序;就广义层面而言,并不局限于起诉是否具有足以开启审判程序之犯罪嫌疑的审查,还要结合相关的诉讼理论和概念进行一系列形式方面的审查,如起诉之诉讼行为是否具有合法性、是否出于恶意甚至基于违法侦查所进行的追诉,以及诉讼条件是否欠缺。以我国台湾地区通行的刑事诉讼法理论为例,即非常强调诉讼条件是追诉的有效要件,是法院进行实体判决的必要条件。诉讼条件如有欠缺,法院应以形式判决终结程序。欠缺诉讼条件的情形,可以归纳为如下几个方面:起诉的行为违反法律所规定的定型要件者;外部存在追诉障碍者,如告诉乃论之犯罪,告诉已撤回;被告人死亡;案件曾经判决确定,犯罪后法律已废止刑罚或管辖错误等。法院分别作出免诉、不受理或管辖错误的判决。案件是否具备诉讼条件,是在诉讼过程中由法院依职权随时进行的,广义上也带有一定的起诉审查的效果。

理论上,上述情形均包含在广义的起诉审查范围。为了避免概念上的混淆及便于说明,下文中提到的起诉审查,如无特别强调,特指有无具备足以开启审判程序之犯罪嫌疑(实体处罚条件)的审查,也就是狭义层面的起诉审查制度。

起诉审查和我国刑事诉讼法规定的审查起诉也因用词接近,容易混淆。这里对二者进行简单的区分,以明确相关概念。本书的研究对象之一起诉审查是指法院对于公诉机关起诉案件进行审查，以确定是否明显背离起诉条件。而常说的审查起诉则是指检察院在对案件提起公诉前的一个内部审查环节。它的适用对象是侦查机关或调查机关，或者检察院内部的其他侦查部门在侦查、调查终结后，移送起诉的案件。审查起诉的内容是依法对侦查机关、调查机关或检察系统内其他侦查部门认定的犯罪事实和证据、犯罪性质以及适用法律等进行审查核实，并作出处理决定的一项诉讼活动。它的目的在于作出起诉或不起诉的判断。对符合起诉条件的依法提起公诉，不符合起诉条件的依法作出不起诉决定。[①] 一言以蔽之，起诉审查是法院对检察院起诉的案件进行审查，是检法冲突的主场；审查起诉是检察院内部对于案件的审查，并不涉及审检关系。

为杜绝检察官滥权起诉，及早将无辜被告从刑事程序中解放，各国在进入正式审判程序前，皆设有避免检察官不当起诉的实质性审查程序。如前面介绍的美国大陪审团的正式起诉程序，英国治安法官的正式起诉程序，德国刑事审判庭的中间程序，法国预审法官的预审程序。《日本刑事诉讼法》中虽未明确规定审查起诉的专门程序，但业内人士都认为《日本刑事诉讼法》第339条第1项第2款的不受理裁定，本质上亦有审查检察官滥权起诉的中间程序效果。[②] 不过因其审查门槛过低，过滤滥权起诉成效有限，故日本学者独辟蹊径，发展出"公诉权滥用"理论，主张对滥权追诉案件，法院应以不受理或免诉程序判决终止诉讼，及早让无辜被告脱离刑事程序。公诉权滥用论成为辩方经常呼吁进行实质审查的武器。上述制度的运行，无不依托于空间上处于外部、时序上处于后端的审判机关对于不当不起诉施加审查行为。

另外，从事务性质而言，由于检察机关作出的决定并非一般的行政事务，更何况个别检察官的法律确信，属于个案的判断，并非人民代表大会监督的客体。人民代表大会并非监督检察官的合适机构。为强制检察官恪遵义务，必须有其他的监督者，而适合担任此一角色者，非法院莫属。因为说到底是个案适当与否的判断，检察官是否恪守合法性义务的问题，必然会涉及法律解释或适用，而法官的本色当行，正是对法律进行解释和适用，不仅是其应尽的本分与职责，而且是其擅长的领域。因此，法院是现成的，同时也是最好用的实施主体。在个案适当与否的层面上，由法院作为外部力量，承担审查检察官决定的任务，此种制约才是防范检察官滥权最为有效、正当的途径。

---

① 廖燕谋.审查起诉中有关证据问题的探讨［J］.政法学刊，2005（12）.
② 即所谓"依检察官所提卷证之起诉事实，即使为真实，也未达到认定成立犯罪的程度"。

第二节　对于不起诉的制约

一、制度背景

所谓不起诉，指检察院对公安机关，或者调查机关侦查或调查终结后移送起诉的案件（也包括检察院内部具有侦查权的部门自行侦查终结的案件）进行审查后，认为犯罪嫌疑人的行为不符合起诉条件，或者没有必要起诉，或者根据实际情况无法继续追究刑事责任，依法作出不将犯罪嫌疑人提交审判的一种处理决定。[①]因为不会再将案件交付人民法院审判，那么刑事诉讼就终止于审查起诉阶段。

我国刑事诉讼法规定了检察官的不起诉样态和权限，承认了多种形式的不起诉制度。法律承认的不起诉制度可以分为五种，即法定不起诉、酌定不起诉、证据不足不起诉、附条件不起诉和指令不起诉，附条件不起诉适用于未成年人刑事案件诉讼程序，指令不起诉适用于个别同诉讼时效相关的情形，本书对这两种暂不讨论。

（一）法定不起诉

如果经审查查明犯罪嫌疑人没有犯罪事实，显然属于法定不起诉的情形。或者案件具有《中华人民共和国刑事诉讼法》第16条规定情形之一的，其中最为常见的是情节显著轻微的案件，我国刑法对于犯罪概念的规定深具特色，秉承"定性＋定量"的双轨标准，不仅定性要符合，定量也要达到明确规定的界限之上，如果不符合，可以根据《中华人民共和国刑法》第13条的规定，不认为是犯罪，对于这种情况，也应属于法定不起诉的情形。此外还包括已过诉讼时效的，以及一些启动程序有特殊要求的罪名，在未满足前提条件的情况下，检察院均应当依法作出不起诉决定，并不享有作出起诉决定或者不起诉决定的自由裁量权。[②]

[①] 陈光中. 刑事诉讼法[M]. 7版. 北京：高等教育出版社，2021.
[②] 根据《中华人民共和国刑事诉讼法》第16条及第177条的规定，法定不起诉适用于以下七种情形。第16条：（一）情节显著轻微、危害不大，不认为是犯罪的；（二）犯罪已过追诉时效期限的；（三）经特赦令免除刑罚的；（四）依照刑法告诉才处理的犯罪，没有告诉或者撤回告诉的；（五）犯罪嫌疑人、被告人死亡的；（六）其他法律规定免予追究刑事责任的。第177条第1款：犯罪嫌疑人没有犯罪事实，或者有本法第16条规定的情形之一的，人民检察院应当作出不起诉决定。

(二）酌定不起诉

相较于法定不起诉，酌定不起诉一是在数量上，占据绝对优势；二是在权力的行使性质上，真正体现出检察机关的裁量权。因此属于检察机关的"重器"。从《中华人民共和国刑事诉讼法》的规定看，作出酌定不起诉，需要同时具备正向和反向两个要件：一是犯罪嫌疑人的行为已构成犯罪，应当负刑事责任的，如果不构成犯罪，则属于法定不起诉的范畴；二是犯罪行为情节轻微，依照《中华人民共和国刑法》第37条"定罪免刑"的规定，不需要判处刑罚或者可以免除刑罚的。①

对于检察院来说，酌定不起诉才是真正的权力，属于该机关一家独有，基本不受外界制约。其权力行使的特殊性在于，对于已经符合起诉条件的案件完全可以有不同的法律评价，既可以作出起诉决定，也可以作出不起诉决定，均不属于违法行为，也几乎没有来自外界的审查。正因如此，近年来，检察机关尤其重视对于酌定不起诉的研究和适用问题。其中包含多种原因：一是检察院其他权力如职务犯罪侦查权失去，剩余的权力就尤为宝贵，需要更好地行使，故此要积极推进扩大酌定不起诉的适用范围；二是酌定空间较大，且不易制约，也要考虑内部监督的有效性，故此也要同时探讨酌定不起诉的适用条件和具体方式，以强化审核，避免权力滥用的风险。

为更好地贯彻落实"宽严相济"的刑事司法政策，检察机关近年提出了"少捕慎诉慎押"的政策导向。据最高人民检察院的公开信息，随着少捕慎诉慎押司法理念日益发挥指导作用，以及认罪认罚从宽制度全面实施，检察机关不捕率、不诉率以及诉前羁押率均发生了明显变化。据统计，2021年1月至10月间，全国检察机关相对不起诉的数量占总体不起诉的86.6%。② 从数据也直观可见，酌定不起诉占据了不起诉的绝大部分。

---

① 《中华人民共和国刑事诉讼法》第177条第2款：对于犯罪情节轻微，依照刑法规定不需要判处刑罚或者免除刑罚的，人民检察院可以作出不起诉决定。《中华人民共和国刑事诉讼法》第370条：人民检察院对于犯罪情节轻微，依照刑法规定不需要判处刑罚或者免除刑罚的，经检察长批准，可以作出不起诉决定。依据《中华人民共和国刑法》和《中华人民共和国刑事诉讼法》规定，以下几种情形可以适用这种不起诉：(1) 犯罪嫌疑人在我国领域外犯罪，依照我国刑法应当负刑事责任，但在外国已经受过刑罚处罚的（《刑法》第10条）；(2) 犯罪嫌疑人又聋又哑，或者是盲人的（《刑法》第19条）；(3) 犯罪嫌疑人因正当防卫或紧急避险过当而犯罪的（《刑法》第20条、第21条）；(4) 为犯罪准备工具、制造条件的（《刑法》第22条）；(5) 在犯罪过程中，自动放弃犯罪或自动有效防止犯罪结果发生，没有造成损害的（《刑法》第24条）；(6) 在共同犯罪中，起次要或辅助作用的（《刑法》第27条）；(7) 被胁迫参加犯罪的（《刑法》第28条）；(8) 犯罪嫌疑人自首或者有重大立功表现或者自首后又有重大立功表现的（《刑法》第67条、第68条）；(9) 双方当事人达成和解协议的，符合法律规定不起诉条件的（《刑事诉讼法》第290条）。

② 最高检发布首批5起检察机关贯彻少捕慎诉慎押刑事司法政策典型案例及最高检第一检察厅负责人就典型案例答记者问。

(三) 证据不足不起诉

所有的判断都要基于证据。而在案发后进行的侦查不可能完美地还原客观事实，努力的目标只能是尽量去贴近。事实问题裁判者无法"开天眼"来回溯历史，所以案件中证据本身不完美、证据链条不充分的问题是无法克服的，在证明标准无法达到刑事诉讼法要求的"排除合理怀疑"之时，只能将事实不清的利益归于被指控人，在侦查、起诉、审判的各个阶段，均应按照这一标准行事。那么在审查起诉的阶段，作出的处置就是作出证据不足的不起诉决定，又称存疑不起诉。所谓"存疑"，就是指证据不充分、事实问题存在疑点，不能确定满足犯罪构成，因此不符合起诉条件。存疑不起诉的理念根据在于两大原则，一是遵循"证据裁判"原则的要求，二是贯彻了"疑罪从无"的现代刑事诉讼原则。[①]

我国立法也关注到了不当不起诉可能造成的不良影响和后果，并设计了"公诉转自诉"作为相应的制约机制。1996年我国修订刑事诉讼法，通过扩大不起诉范围的方式赋予了检察院一定的自由裁量权，与此同时也注意到了对于不起诉应有相应的制约，同步完善了对于不起诉的制约机制。除了检察机关内部的复议程序，由于当时特别强调赋予被害人诉讼当事人的法律地位的理念，故1996年刑事诉讼法对被害人救济措施制度也主要通过提供诉权的渠道予以加强。最显著的表现就是把1979年刑事诉讼法中免予起诉后被害人向上级检察院申请复议的权利变为提起自诉的权利，列入自诉案件范围。即所谓的"公诉转自诉"[②]。

二、问题实例

有些不起诉决定作出的基础确实还存在争议。以追诉时效问题为例。如同管辖问题一样，这也是应该在案件进入实体审判之前就解决的问题。但我国刑法历经多次修正，基本每次都涉及时效的问题，结合从旧兼从轻的时间效力，具体到个案中，追诉

[①]《中华人民共和国刑事诉讼法》第175条第4款规定，对于二次补充侦查的案件，人民检察院仍然认为证据不足，不符合起诉条件的，应当作出不起诉的决定。

[②] 1996年《中华人民共和国刑事诉讼法》第145条规定"对于有被害人的案件，决定不起诉的，人民检察院应当将不起诉决定书送达被害人。被害人如果不服，可以自收到决定书后七日以内向上一级人民检察院申诉，请求提起公诉。人民检察院应当将复查决定告知被害人。对人民检察院维持不起诉决定的，被害人可以向人民法院起诉。被害人也可以不经申诉，直接向人民法院起诉。人民法院受理案件后，人民检察院应当将有关案件材料移送人民法院。"第170条关于自诉案件的第三项规定"被害人有证据证明对被告人侵犯自己人身、财产权利的行为应当依法追究刑事责任，而公安机关或者人民检察院不予追究被告人刑事责任的案件"，可以直接向人民法院起诉。这两条就是目前我国公诉转自诉案件的法律依据。在1996年修法纳入体制后，2012年、2018年两次修法均沿袭下来，未做调整。

时效如何计算其实是非常复杂的问题。最高审判机关和最高检察机关在某些具体问题的认识上也存在分歧，此种分歧具有重大的法律意义，在一些案件中直接影响到司法机关能否启动追诉程序，在另一些案件中则影响到追诉犯罪是否需要报请最高人民检察院核准。对犯罪人而言，追诉时效的溯及力有无可能直接决定其是否被认定为有罪，直接涉及其生命、自由等最基本的权利。两家最高司法机关意见不统一还会衍生出另外一个问题，即检察机关是否需要以审判机关对于某一法律适用问题的意见作为自己作出起诉或不起诉决定的依据？是否有义务参考审判机关的意见还是有义务按照检察体系内上命下从的意见处置？

据报道，2016年以来，最高人民法院在审判监督程序中处理了一些涉及追诉时效的案例，其中，董某某故意伤害案的争议点之一就是《中华人民共和国刑法》第88条不受追诉期限的限制条款是否具有溯及力。① 在该案中，检察机关遵循最高人民检察院于2015年7月3日所发布的指导性案例的要旨，认为《中华人民共和国刑法》关于追诉时效的规定不具有溯及力，其依据在于检例第23号指导案例："1997年9月30日以前实施的共同犯罪，……司法机关在追诉期限内未发现或者未采取强制措施的犯罪嫌疑人，应当受追诉期限的限制……"但是，这一立场与最高人民法院的意见完全相悖。最高人民法院以裁判文书形式确认，《中华人民共和国刑法》的追诉时效规定——包括《中华人民共和国刑法》第88条不受追诉期限的限制条款——具有溯及力。从最高人民法院对于本案所做的结论看，只要犯罪的追诉期限在新法生效时尚未过期，即应依据新法的追诉时效规则来判断该罪是否受追诉期限的限制。相较于1979年《中华人民共和国刑法》第77条，1997年《中华人民共和国刑法》第88条所允许的不受追诉期限的限制之情形更加广泛，只要犯罪的追诉期限在1997年《中华人民共和国刑法》生效时尚未届满，即应适用1997年《中华人民共和刑法》第88条确定其是否受追诉期

---

① 本案的具体案情如下：1992年8月21日，石某某因故与被害人王某某发生争吵、厮打，石某某骑在王某某身上殴打王某某，董某某亦用脚在王某某头、面部踩踏。王某某站起来后又仰面摔倒在地，因抢救无效而于同月28日死亡。案发后，公安机关即立案侦查，且被害人家属一直向侦查机关进行控告，多次上访要求追究董某某及其妻子的刑事责任。2012年11月1日，侦查机关开始对董某某进行网上追凶，并于2014年5月27日将董某某抓捕归案。此前，侦查机关未对董某某采取强制措施，董某某没有逃避侦查或抓捕。2014年10月27日，西安市中级人民法院以被告人董某某犯故意伤害罪，判处其有期徒刑13年。董某某不服一审判决，上诉称本案已经发生20年，其从未逃跑、侦查机关未予追诉，超过了追诉时效。二审中，董某某及其辩护人以最高人民法院《关于适用刑法时间效力规定若干问题的解释》第1条为依据，主张应当适用1979年《中华人民共和国刑法》第77条的规定，因不存在被"采取强制措施以后，逃避侦查或者审判"的情形，故本案已超过20年追诉期限，应终止审理。陕西省人民检察院则认为，追诉时效适用从新原则，应当适用1997年《中华人民共和国刑法》第四章第八节的规定确定是否追诉；只有在1997年《中华人民共和国刑法》施行前业已超过追诉时效的案件，才适用1979年《中华人民共和国刑法》的时效规定。陕西省高级人民法院采纳了检察院的意见，裁定维持原判。裁定后，董某某向二审法院提出申诉被驳回，又向最高人民法院提出再审申请，于2017年3月30日被驳回。

限的限制。①

时效的性质仍存在争议,但其功能在于决定了司法机关对于案件是否还能进行实体审理。如果将本案的争议推进到一个极端的情景下,那么在两家最高司法机关关于如何认识时效存在相悖意见的情况下,如果公诉机关按照检例第 23 号指导案例的精神作出不起诉决定,则对于该不起诉决定,被害人家属是否能够继续获得救济的渠道,制度如何设计,显然对于吸纳社会不满、恢复法秩序影响甚大。这一问题,显然是目前的"公诉转自诉"制度所不能容纳和解决的。

从对不起诉进行制约的实际效果而言,目前除了检察机关内部行政化的控制,仅有"公诉转自诉"制度来制约不起诉,似乎是一种诉诸司法权的救济模式,但该模式所体现的与其说是法院对公诉的审查,不如说是对公诉的替代。

公诉转自诉制度的直接目的系出于保障被害人的合法权益的考量,在公安机关或检察院基于各种原因放弃追诉之后,给诉权一个最终的出口。在运行了 20 余年后,该制度在法律制度设计和实践效果上均不尽完美,既不足以对检察院的不起诉形成外在的制约,也不足以给被害人提供充分的保障和救济。② 具体而言,公诉转自诉尚有以下几点不足。

第一,受理范围有限,无法为被害人提供充分的保障。依据《中华人民共和国刑事诉讼法》第 170 条规定,允许公诉转自诉的案件仅限于侵犯公民人身权利以及财产权利的案件,而对于其他类型案件则根本没有这种可能性。

第二,诉权主体有限,无法广泛地吸纳不满,在检察院作出不起诉决定的情况下,影响对象不仅限于被追诉者,若案件来源于被害人或告诉权人所举发,因犯罪而权利受损害之人显然无法满足其对于行为人进行制裁的诉求。因此,不起诉具有抑制刑罚权的性质,会使得案件的利害关系人,主要是被害人与告诉权人,在刑罚权的诉求上受到挫折。从"有处置必有救济"的原则而言,应赋予相关人以救济的渠道。实体上能够督促检察官对于案件处置更为周延,程序上能够保障被害人一方的权利得到再次审查。

第三,检察机关完全从自诉程序中脱逸。案件由公诉转为自诉之后,应以自诉案件的程序进行审理。这也就意味着原本应由公安机关和检察机关两大机构合力完成的控诉职能,此时将落在自诉人一人身上。所有的收集证据、举证责任,均由自诉人承担。这对自诉人而言无异于一个不可能完成的任务。即使法院可以依职权调查,但是又隐含着违背中立立场的风险。此种制度安排与大陆法系国家强制起诉之后依然采取

---

① 袁国何. 论追诉时效的溯及力及其限制 [J]. 清华法学,2020(2):50-70.
② 笔者工作 15 年,亲自处理 3,000 件,听闻近 50,000 件,只有一例公诉转自诉案件,法院对检察院不起诉的案件作出了有罪判决,虽然是个人经验,但也具有相当的代表性。

公诉的模式相比效果上相差甚远。①

第四，制度设计本身存在着悖论。提起自诉一般而言针对的对象是检察机关作出酌定不起诉的案件。而酌定的结果有可能正确，也有可能错误。由于正确的酌定不起诉决定是以检察机关确认存在犯罪事实为前提条件的，所以被害人只要能够说服法院受理案件，就很容易推翻检察机关的酌定立场，获得有罪的判决，从而推翻检察机关的决定。但是如果被提起自诉的酌定不起诉决定的事实依据不充分或者不成立，人民法院却也无能为力，只能驳回起诉或判决无罪。此时，酌定不起诉决定虽然错误，事实上却得到了维持。故此该制度设计本身存在悖论，既无法维持检察机关正确的裁量，也无法推翻错误的裁量。

如此情况下可以想见，所谓"公诉转自诉"在实践中运行必然受阻，有实证研究表明，不少地区在以一年为跨度的统计中，该项案件数量为零，这"不仅是由于立法的冲突性规定导致司法机关无所适从，而且与'公诉转自诉'规定引发的程序紊乱有密切关联"。也就是说，现有"公诉转自诉"的制度安排，既没有很好地引导社会公众的合理预期——该制度仅在于制约不起诉权力滥用，而非一定程度上否定不起诉制度本身；在实践中也完全没有发挥其预设制度的效用。②

从比较法的角度而言，功能、外观近似于"公诉转自诉"的制度也有不少。但内在的核心概念则完全不同。总体来说，当前的公诉转自诉制度是没有出路的，如果要保留，也只能成为对于诉权保障最兜底的一条底线。为了谋求对于不起诉裁量权的制约，还应在此底线上有针对性地"另起炉灶"。比如后文将要重点叙述的交付审判制度，侧重于通过诉权行使对公诉机关行使权力形成制约。

三、修正路径

应该允许个人在多大范围内、具体以什么形式在检察机关外部对诉讼的提起发挥影响？什么是国家垄断之外最好的设计？是否要允许其他保障诉权制度的存在和竞争？这都是制度的合理配置的问题。首先要考虑的是，承认现有的自诉制度基本对于制衡检察院的不起诉决定缺乏实际意义，需要在检察院作出不起诉决定的过程中增加一个法院的角色，使其有进行事后审查的制度支点，这就是强制起诉制度的介入。其次是完善被害人的法律救济措施。保障被害人参与诉讼程序的有效性，也可以防止检察机关在决定是否起诉中存在的不可避免的灵活性需要，演变为"不具正当性和不受监督的刑事政策"。强制起诉就给被害人一个撬动程序的"支点"，通过这个"支点"形

---

① 可以对照连篇累牍的"杭州诽谤案"相关报道观察。
② 郭烁. 酌定不起诉制度的再考查 [J]. 中国法学，2018（3）：228-248.

成的"缺口",法院可以对不起诉决定进行有限度的审查,从而保证不起诉决定的合理性。

所谓强制起诉制度,既不是要颠覆检察官专属的起诉职权,也不是法院僭越检察官职权之所为,而是在检察官的便宜处分之外,多加一层监督而已。借助该制度的建立,一方面钳制检察官对于案件所做的"中期"决定,另一方面则给被害人的诉讼地位以保障,帮助其因犯罪而受损的权利实现平复。因此,有学者将其比喻为一种"安全阀"。

第九章 合理构建我国起诉审查制度

一、定位与解惑

（一）功能定位

起诉审查的设置，并非出于无法信赖检察官公正客观行使裁量权的"疑心生暗鬼"，而是基于对制度和人性本质弱点的洞悉，无法担保所有案件均为公正行使裁量权的考量，由于内部无法明确区分检察官是公正行使裁量权，或是滥用裁量权，故需要引入法院基于个案进行的审查和制约。关于通过起诉审查程序，制衡检察官之起诉裁量方面，宏观上应从如下思路开启认识。

首先，在制度设计上，起诉裁量可以在实践中，甚至在法律上都占据优势，但其核心并非将处置完全委诸检察官自由裁量，而应受"获有罪判决之高度可能性"之拘束，应允许法院在诉讼程序中设置独立环节进行审查。

其次，在理论研究上，虽有制裁检察官滥行起诉的规定，但实体规范鲜少被运用，或丧失救济之实效，因此有必要深入研究公诉权滥用论、诉讼条件论等基础理论，从中吸收借鉴合理因素。

最后，审检关系不仅涉及刑事诉讼层面的结构调整，未来还可能引发宪法层面的衡量，在个案审判程序中有限度承认司法审查也未必不可取。允许法院对于选择性起诉行为、报复性起诉行为等进行一定程度的司法审查，重点不在于检察官的起诉证据是否充足、起诉是否已达到起诉门槛及是否满足起诉法定要件的要求，而在于审查起诉是否涉及侵害人民受宪法平等保护条款所保障的平等权基本权利。通过法律的平等适用进行适度调整，不仅有利于控诉关系的和谐化，最终也会有助于实现侦审关系的良性化，从而在一个前所未有的高度上实现三机关"分工负责，互相配合，互相制约"的宪法要求。

理想的起诉审查制可以在两个层面同时发挥功能：一是捍卫起诉法定原则的"金线"，通过保障起诉法定原则作为起诉法定门槛之地位，以阻止未达起诉标准的案件没有障碍地进入审判程序，从而避免未达标准的案件被不当起诉；二是被追诉者额外获取到一个对抗机会。起诉对被告是严重的利益处分，即使最终能获得无罪判决，审判也将会对被告产生严重的不利影响，造成重大的负担。如果起诉审查制度设计得当，可以使被告在主审程序之外，提前获得一次机会对抗起诉，以避免无端讼累。

（二）困惑解析

1. 通过增加辩方权利是否足以实现制约

对于刑事诉讼中司法机关权力滥用的制约，往往第一反应是增加辩方的权利。但如果只是致力于增加、改善某一项具体的权利，而不去进行诉讼结构变革以容纳这些变化，就会削弱刑事诉讼程序的基础，甚至抵消由这些权利所带来的好处。刑事司法制度的特点是具有相当大的自由裁量权——无论是在犯罪行为的界定上（立法机关可以根据自己的意愿将行为列为犯罪），还是在刑法的具体适用上（公安与检察机关基本上可以根据自己的意愿分配追诉资源）。在一个本质上必须依赖自由裁量权才能运转的制度下，依靠创立程序权利并不能自然而然地带来对被告人相关诉讼权利的保障。"徒法不足以自行"，再好的制度也需要制度中的行动者来落实，而具体的执行人往往充满野心，无法指望完全依靠自律就对相关当事人，无论是被告人还是被害人充满同理心，并以相关人员的福利为行动目标。只是增加权利是不需要深入调研，依靠最低成本就可提出的改革举措，所以才大行其道，依靠嘈杂热闹来掩饰苍白空洞而已。不考虑具体的制度背景，增设了权利也只是折腾人而已，不仅对被告人、被害人、体制行动者，还是对整个社会，都是一种资源浪费，而且还会进一步削弱现存的保障，距离实现公正的目标越来越远。

2. 实质审查是否抵触无罪推定

权力交错的领域才有斗争和制衡，起诉审查要发挥功能的领域，恰恰是审检摩擦的"前哨阵地"。刑事程序中为防止滥诉，应实行何种审查机制？答案必须从检察官的定位及整体诉讼构造着手。首先面临的问题就是由法官对于起诉条件是否充分进行考虑，不同的法律制度虽措辞不同，但落脚点基本在于"犯罪嫌疑是否达到一定程度之上"，那么法官对此问题作出预判，是否违反无罪推定原则？其次面临的问题是由法院进行审查，是否违反控审分离的诉讼结构？如果法官允许案件准入，是否就象征着会形成预断？这两个问题都是基于对辩方权利的保障而延伸出来的反思。

被告未经有罪判决确定前，即由法院先行审查有无达到足以开启审判程序之犯罪嫌疑，是否违反无罪推定原则？这确实是实行中间程序进行起诉审查本身存在的问题。

本书认为毋庸产生这方面的疑虑。无罪推定原则的核心价值在于禁止国家机关将举证责任配置给被告人，强求被告人证明自己无罪。但无罪推定原则并不禁止国家司法机关在有罪判决确定前，在符合比例原则的条件下，采取证据收集、保全及调查等措施，并因而科以被告人一定负担。如果在起诉和审判之间增加一个单独环节，由法官对于犯罪嫌疑是否充足进行实质判断，实际上是对被追诉者多了一层保护，故此上述情形实质上并非推定被告有罪，也无损于无罪推定原则的核心价值。

3. 由法院来承担制衡是否混淆控审角色

反对法院介入审查的理由中，有一种考虑会占据主导地位：基于检察官与法官的基本角色分配，我国当下控审分离的思维还没有完全建立起来，经常还有人质疑法官未能有意识地分离中立裁判者与追诉者两个角色，在这种现实条件下，如果法官介入对于起诉妥当与否的审查，会不会导致角色混淆的进一步恶化？在起诉审查制度中，法官允许开启主审程序；在不起诉审查制度中，法官允许将案件强制起诉，都有化身为"纠问式"角色的危险，检察机关也会感觉自身活动受到了严重干预。其实不然。

如何防范滥行起诉，属于刑事诉讼法领域极为重要的现实课题。理论上，出路只有两种：一种为内部监控，在检察体系内，由该机关自身或其上级承担起管控起诉质量的责任；另一种为外部监控，由检察体系以外的机关对检察官之起诉进行审查。从刑事诉讼法之理论发展和各个法域的实际选择看，内部监控信度和力度终究有限，即使以内部监控为主，也至少要有一定程度的外部参与。而且外部参与未必会对检察官有不利的影响。我国过去对于起诉质量的控制，完全依靠检察体系内部的监控，易被批评为"黑箱"作业，即使事实上有极高质量的管控，也未必令外人相信。① 若引入外部监控机制，虽可能对检察官形成牵制，却也可以成为最佳屏障。而对于具体的法律事务争议引入外部监控，最为适合的机关莫过于法院。至于控审角色有可能混淆的疑虑，需要在具体的制度设计中尽量予以消除，而不能因噎废食，排除法院在这一领域的专业性和主动性。

4. 是否会形成法官预断

对起诉进行实质性审查后，法院如认为该案件具有足以开启审判程序的犯罪嫌疑，一般会交由同一法院进行该案件的实体审判。这种制度实践是否将形成先入为主的偏见？是否导致法院角色混淆、控审不分的风险？法官作出的准入判断是否会形成预断，以及如何解决？这是起诉审查机制放射衍生的问题，但也是必须给出合理答复的问题。

---

① 陈卫东，韩红兴. 初论我国刑事诉讼中设立中间程序的合理性［J］. 当代法学，2004（4）：21-32.

不同的诉讼构造应配合不同的监督或制衡机制。如就美、日而言，起诉后嫌疑是否充足，并无独立的中间程序予以审查，若检察官未尽举证责任，基于无罪推定原则，其应作出无罪判决。法院不会轻易进行嫌疑充足与否的审查，以避免角色混淆。可见角色混淆的风险固然存在，但是也并非无法应对。有的体制相信职业法官的素养，认为法官自身足以排除不当影响；有的通过人事上的隔离来保障基本的公平，将从事起诉审查的法官同审判法官间隔开。方式各有千秋，都同各国的法治传统息息相关。

二、审查之启动

（一）审查主体

在德国实践中，负责起诉审查的法官如果认可起诉意见，作出准予的裁定，后续该审查法官也会成为主审程序法官。主体的同一极易引发公众对裁决法官产生偏见和预断的疑虑。对此，有学者认为，在中间程序中，法院"不是对犯罪嫌疑的充分程度作裁判，而只是许可起诉（《德国刑事诉讼法典》第207条第1项），其只对犯罪事实做了口头上的掩饰；因为就实质内容而言，对起诉之准许均以法院肯定有充分之犯罪嫌疑为要件（《德国刑事诉讼法典》第203条第1项）"。[①]但这种解释即使是名家所为，也无法令人接受，显然是在玩文字游戏，并非很有说服力。至于支持审查法官和主审法官一致的意见则认为无须疑虑，因为所有作出裁判之人均为职业法官，法律对其予之较高的客观性评价，言外之意即因为其是职业法官，所以你不得不信。

另外还有学者认为不应由起诉审查法官承担主审任务，以避免卸责心理的产生。他们认为，当同一法官需要同时承担起诉审查与主案审判的责任时，容易造成道德危险，也就是法官以自身工作减轻为考虑，将棘手案件以起诉审查不过关为由而否决该案件进入审判程序。由此可见，社会背景不同，大家关注的防范重点也不同。

起诉审查制度赋予了法官制约检察官的权限，同样还应该考虑如何节制其滥用的问题，否则就是以法官的专权代替检察官的滥权。弥补之道至少应先从事务分配上直接进行彻底的隔离，设置审查起诉的专庭或专人，将起诉审查法官与本案审判法官分离，甚至可以考虑设置在不同的审级，从而彻底切断预断的产生。必须再将立案审查和庭审准备程序脱离开来，成为一个独立阶段或环节。独立的阶段性就可以产生完全不同的效果，以免未达起诉门槛和未达有罪判决门槛两个标准缺乏清晰的界分。

---

① 罗科信.刑事诉讼法［M］.吴丽琪，译.北京：法律出版社，2003.

（二）审查时间

审查环节置于哪一阶段，各国都不一样。在美国，由于多法域的复杂性，既有在检察官正式起诉前发挥监督功能的大陪审团制度，又有主要在起诉之后发挥功能的预审制度。就大陪审团制度而言，将审查环节置于起诉之前，未经此程序，根本不能提起公诉，案件不能进入审判程序，直接防止滥行起诉于未萌。在德国，中间程序则属于一个同侦查、主审程序并列的单独阶段，只有通过裁定开启主审程序案件方能推进，属于检察官起诉后以独立程序开始审查起诉是否符合"高度预期有罪"的起诉标准。我国台湾地区号称承袭德制，系起诉后之审查，性质也属于间接吓阻检察官滥诉。若就保护人民免于因滥行起诉而遭受羞辱与焦虑的效果而言，美国之制度将防线前移，显然较为直接有效，而德国之制度更容易为职权主义传统所容纳，我国现行制度还具有改造的空间。

那么，我国是否需在起诉后、审判前设置独立环节的中间审查呢？笔者认为答案应该是肯定的。理由如下，起诉法定原则的标准在于提起公诉后获得有罪判决的高度可能性；起诉便宜原则或曰起诉裁量的标准则是在符合法定提起公诉的条件之外，尚允许对于是否具备起诉必要性进行裁量。而检察官起诉裁量权是否被滥用，即为滥用追诉必要性之判断，若有滥用提起公诉的情况，则成为法院审查的目标。否则亦无从借由现行其他程序，如准备程序或审理程序审查。此种审查，不该等到法院进入实体程序后方才进行，否则，被告将因检察官之滥权起诉而受到审判程序的煎熬，并使被告处于不利的地位，且有受到"标签"效应及误判的可能。故应由法院于起诉后、准备程序前先行审查，并优先于本案实体事实的审查进行。①

（三）启动方式

审查需要一个开端。那么就存在三种来源：一为依被追诉人申请；二为依职权；三为自动进入。依被追诉人申请还是依职权好？是否将之规定为法院受理案件的必经程序？需要结合审查对象也就是案件类型一并考虑。自动进入似流于浮滥，各方均不存争议，不过依程序"行礼如仪"而已，不宜于法院集中资源审理真正有意义的案件。故不应采用自动进入一说。关于其余两说，考虑到案件类型繁杂，程序上繁简分流可以作为标准。对于适用认罪认罚程序的案件走一个渠道，辩方不可提出启动审查；对于不认罪案件则走单独的渠道，给辩方在法院受案之后还有一个审查机会。按照人性，凡不认罪的被告基本会坚持其一贯无罪之主张，势必申请法官先为起诉有无不当之审

---

① 陈运财教授则强调，为确立刑事程序之信义原则，对于公诉权滥用情形，应认为该起诉不具实体判决之合法要件，法院应径自依形式予以驳回，此为采纳公诉权滥用论之主张，就应裁量不起诉而提起公诉之问题而言。

查，再为本案有罪无罪之实体审判，如此不认罪案件，势必每案都会接受二次审理。如果在只给不认罪案件开这一豁口的前提下，出于效率和效果的考虑，不如直接规定由法院依职权主动进行审查，当然，对于前端认罪认罚，到法院阶段态度改变为不认罪的案件，也包括在内。

三、过程与方法

（一）审查之范围及对象

起诉审查制能够审查，以及其所应审查的事项，是起诉是否已经达到起诉法定原则所要求的法定门槛（"金线"），而不是被告人有罪、无罪的最终结果，有罪、无罪的问题是主审程序的任务，此处不应混淆，否则将越俎代庖。

1. 形式方面

形式方面应进行案件是否具备诉讼条件的审查。

如果把刑事诉讼流程和程序按照功能划分，大体可以分为两个宏观的阶段，一为"查明"，二为"决定"。前者包括侦、诉阶段；后者则主要为审判阶段。审判程序是决定案件结果的阶段，涉及刑罚权的确认问题，而确认刑罚权的存在，除在实体的法律关系确认之外，亦须满足正当法律程序的要求，即确认实体刑罚权关系时，必须兼顾实质与形式条件的满足，且唯有具备程序条件的前提下，方得以实现实体认定的构想。审判程序本质上为确认刑罚权有无的关系，而在确认刑罚权的实质内涵之外，更须具备程序进行所应有的必要条件，故审判程序应包含形式审查程序与实质审查程序，并且首先应该进行诉讼条件是否具备的形式审查。

（1）法院应对被告有管辖权

符合法院组织之事务管辖权及土地管辖权，也就是级别管辖和地域管辖。

（2）具体案件的可追诉性

①案件需要尚未"被审理"过，即案件不得在任何其他方式下已产生部分法律效果甚至已经被判决（"一事不二罚"原则）；②案件之追诉时效需要尚未消灭；③不存在法定的赦免理由以致追诉不能进行。

（3）被告之可追诉性

被告于审判日期到场的可能性，以及具有诉讼能力等因素。除非有法定之例外规定，否则刑事诉讼的整个过程被告均应在场。

理论上，如若缺少一个诉讼要件，也就是成立了一个诉讼障碍，则该诉讼程序为不合法,也就不能就案件作出实体判决。该诉讼程序因此将经由中止或终止程序而告终结。

2. 实质方面

实质方面就是起诉审查的核心内容,即对于具体案件是否达到起诉条件"门槛"的审查。所谓"门槛",不同的法律制度表述不一,但基本均围绕"获得有罪判决的高度可能性"这一核心要素展开。

起诉效力及范围,有关犯罪嫌疑是否充分之审查,前提应判断检察官指出犯罪如果存在则应成立何种罪名、适用哪项法条,不可避免地会触及起诉效力和范围。

起诉审查是"诉中诉"、"判中判"(trial within trial),不应成为"审判前之审判"(trial before trial)。有关证据之证明力为何,属于实体判断问题,应留待于审判中决定。对于证据真伪、证明力大小,则在进入主审程序后方才进行判断,否则主审程序有被架空的可能。至于是否具备阻却违法或责任的事由,以及是否基于违法侦查收集证据所为之起诉,由于涉及实体问题的判断,不宜在此阶段展开,也应放到主审程序中进行。庭前会议相关规定甚多,应该留一点工作给后面的环节,也是一个好的选择。

(二)审查之标准及强度

诉讼监督模式下法院所须及所能审查者,乃"行为的合法性"问题,即检察官是否逾越法定界限(包括法定原则及法定程序)。至于界限之内指挥诉讼走向的主动权,仍在检察官手中。能否依照便宜原则为不起诉处分,一般而言,法院并无置喙之余地。此为诉讼监督模式之下二者的分权模式。上述分权模式的路径过于简化,以至于并不能因应实践的复杂。只有通过"你中有我,我中有你"才能达到相互之间的制衡。对检察机关不起诉决定的监督,以及如何防止滥用便宜起诉权,原则上,这些问题只有通过引入一种真正的制衡系统,才有可能得到解决。如果检察官不正当地认定存在(特殊的)刑事追诉公共利益,而且被证实该决定在客观上是恣意作出的,那么法院可以对该决定进行审查,在必要时予以纠正。

1. 比较法提供了不同的参照标准

在美国,审查依检察官单方提出之卷证进行,对是否有理进行"表面审查",以同意检察官提起公诉。与此相对地,受美国法律强烈影响的日本却未采用"表面审查"标准。日本学者认为,依无罪推定原则,起诉后经法院审查检察官卷证之结果,起诉不足以认定被告有犯罪嫌疑的情况下,为何不直接判决被告无罪,何苦多此一举,毫无现实意义。以无罪结果比裁定驳回起诉对被告更有利为由,日本不设中间程序,以免使其"起诉状一本主义"加上"公判中心"的诉讼构造受到影响。

在德国,检察官负有法定性义务。相应的刑事诉讼法条款对于不同的诉讼行为规定了不同的标准,观其大略而言之,刑事诉讼法最常用的证明标准有三类,即"初始嫌疑""足够的犯罪嫌疑""重大嫌疑"。所谓"初始嫌疑",一般指存在一定的事实依据,按照司法警察所掌握的常规侦查经验认为所涉及之人可能参与了应受追诉的犯罪行为,适用于启动侦查程序的标准。按照此规定,须有具体的事实,而仅仅猜测是不够的。是否怀疑程度足以启动侦查程序,就此检察官有判断空间。所谓"足够的犯罪嫌疑",约等于"获得有罪判决的高度可能性",指从当前业已收集到的证据材料来看,有高度的可能相关指控行为是被指控人实施的,将来进入主审程序后他获得有罪判决的可能性要远远大于无罪判决,该标准即可认为是提起公诉的标准,同时也适用于中间程序的判断。所谓"重大嫌疑",一般指对于强制措施必要性的证明标准,比如涉及剥夺人身自由的强制措施的适用需要达到此种标准。① 此外,当然还有最高等级的"排除合理怀疑"标准,就是认定有罪标准。

我国台湾地区也区分了提起公诉标准与起诉审查标准。提起公诉的法定标准为,检察官侦查所得之证据,足认被告有犯罪嫌疑者,应作出予以提起公诉的决定。起诉审查标准则为"显不足认定被告有成立犯罪之可能"。据学者解读,此处所称的"足认被告有犯罪嫌疑者",乃检察官的起诉门槛,指对足够之犯罪嫌疑而言,依侦查所得的事证被告之犯行很可能获得有罪判决,即"有罪判决之高度可能"。② 而所谓的"有合理可疑"则属于较低标准,是用来指导搜查、扣押等强制处分措施的证明标准。

2. 应提供检察官可资遵循的明确标准

每个人都有自己基于对于社会生活的理解而获知的经验。所谓依经验法则与伦理法则进行客观判断,事实上等于要求法官依其主观认定的"客观"经验法则与伦理法则作判断。审查检察官举出的证明资料和证明方法是否足以认定被指控人成立犯罪,说到底仍然是一个主观判断的领域,最终还是要依赖于法官基于个人经验和司法认知形成的主观判断,尽管这一判断必须要包装为逻辑与经验法则。在此情形下所作裁定,是否能让检察官心服口服?而且这里也存在法官滥权的空间。法官的经验是否有可预测性,使检察官未来在处理案件时,得提出充分的证据及指出证明方法,以免遭法官恣意驳回?

所以尽管难度再大,这个标准也是要落在纸面上以供分析和解读的,另外要区分起诉(法院立案)条件和审判标准两个层面。本书主张将"证据之形式上有罪"标准

---

① 宗玉琨.论德国强制起诉程序及其借鉴意义[D].北京:中国政法大学,2007.
② 熊堂捷.论对不当起诉的法律规制——以赋予法院驳回公诉权为视角[D].重庆:西南政法大学,2015.

（prima facie）作为起诉审查标准。即在不考虑证据本身证明力的情况下（不考虑证据资格的问题，只考虑证明力，且将检察官提供的证据均推定为真实无误），是否能够足以支持构成要件的充足性（暂不考虑应无阻却违法或阻却责任的因素）。若不能通过这种程度的审查，就不能认为被指控的人及事实具备成立犯罪的高度可能。

"证据之形式上有罪"标准约等于提出证据的责任，不必达到"说服责任"。在刑事诉讼中，检察官之举证责任即证明构成要件成立。在起诉审查环节，法官暂时不需要对于证据资格和证明力进行实质判断，而是推定证据的真实性与证明力都不存在问题，在检察官所提出的证据全部为真实的假设下，是否足以支持举证者之主张？若这么有利的推定都不能通关，则只能认为检察官无法尽到提出证据的责任。此标准好处在于比较简要、客观、明确，有较高的预测可能性。

（三）审查方式

起诉审查阶段选择直接言词原则开庭还是通过书面审理？这也是一个问题。美国之预审程序如同主审程序一样，彻底贯彻司法竞技主义，进行言词审理而非书面审查，检察官须传唤证人及提出证物。德国中间程序审查手段则是以起诉书结合卷证综合判断，主要是通过书面审查。但出于进一步澄清案情之目的，允许法院在作出开启程序的决定之前，可以命令提取个别证据。这就是所谓继续澄清或者补充调查的问题。我国台湾地区则强调为配合卷证并送制度，当检察官提起公诉时，卷证即全部送交法院，大多数法院仅就侦查卷内之资料进行书面审查，不需经过公开审理程序或言词辩论原则要求。[①]但亦有法院用准备程序讯问被告以查明检察官所举证据有无足以认定被告有成立犯罪之可能或讯问相关之证人。

本书认为，在起诉审查程序中，若仍要求检察官再传唤证人、提出证物，与现行之制度，会有叠床架屋、浪费司法资源的情形发生。因此认为以书面审查程序较为妥当，无须拘泥于审判程序所要求的原则。在案件复杂，证据资料庞杂的情况下，法院则未必能明确知悉。出于避免法院草率作出不利检察官或被告人之决定，应该允许法院通知检察官，请其以书面形式指出证明方法，或召开简易形式的听证会，听取控辩双方的口头辩论，在此基础上作出判断。

总体上，审查程序以书面为原则，不公开进行，且应迅速进行，证明标准和证据规则均以相对宽松为宜，不适用定罪的最严格标准。

---

① 资料来源：台湾地区"刑事诉讼法"第307条。

(四) 审查结果与效力

在德国体制下，普通案件起诉后自动进入中间程序，法院认可起诉者，必须做"准予开启主审程序"的裁定。通过此裁定法院明确表态，案件才会进入审判程序，因此制度上不会发生案件进入实体审判后，又回过头来用起诉审查驳回起诉的本末倒置情形，俗称"回锅"，而这正是号称承袭德制之台湾地区屡屡发生的怪现象，为制度移植而水土不当的典型。

对于驳回指控者，是否给检察院以上诉机会？对于准予者，是否给辩方以上诉机会？按照美国的实践，控诉遭驳回后，若检察官不服，根据不同法域的具体规定，一般可以选择以下三种方式救济：①提起上诉（抗告）；②取得大陪审团起诉书绕过预审程序；③取得新证据重新提起控诉。依照德国体制，对于开启之裁定，被告人及检察官均无救济途径，都不能提起抗告。反之，对于法院拒绝开启的裁定，检察官可以即时提出抗告。被告人则因欠缺诉讼利益，不能提出抗告。

起诉审查制度，应从被追诉人不受无相当理由之追诉的权利（利益）出发来理解和设计，以尽早免除被追诉人的程序负担，重点在于赋予被追诉人一次辩明机会。至于是否允许获得不利裁决的相关方获得救济，应该区分成法院认可起诉和否决起诉两种情形。

结合诉讼体制和司法实践，本书意见为，无论裁决主体作出何种裁定，控方和辩方都缺乏上诉利益，无须在此阶段寻求上一审级的救济，直接准备进入主审程序进行真正的战斗即可。

1. 对于辩方而言，如果驳回，则控方灰头土脸，铩羽而归，辩方因不具备上诉利益，故无上诉权利；如果允许进入主审程序，则相关争议可以在主审程序中展开充分的调查和辩论，无须在上一审级重新来过，其也无上诉权利。

2. 对于控方而言，如果允许，则目的达成，心满意足地准备主审战斗即可；如果驳回，不应赋予其上诉权利，主要是考虑如下的因素，因为法官同法官的判断可能有主观性，但是素养有同质性，在同样的证据材料下二审法官不太可能作出迥异于一审法官的认定，因此允许控方上诉缺乏实际意义；而且完全可以推定除非极个别的情形，检察官绝对不满法院的裁定，有极高的可能性会再接再厉收集新事实或新证据，希望能重新指控成功。因此，让检察官基于同样的证据打二审不如驳回起诉无救济，但可允许其补充或更新证据再诉。在起诉遭驳回后，原则上不宜准许检察官就同一案件一再地提起公诉。当法院裁定驳回起诉，为了避免检察官怠于补充侦查，以完全相同的证据换个审查法官碰碰运气，应赋予否决起诉的意见一定范围的限制确定力，禁止检察官以完全相同的证据再行起诉。但是实务中必然不能避免检察官裁剪事实、改头换面，或者随便搞搞无关紧要的证据补充上来，重新追诉的情形。因此，对于公诉事实"同一性"的争议将会增加。如果同一，则受限制确定力的影响；如果不同一，则检察官可卷土重来。此外，有关是否属于"新事实或新证据"的实务争议，将来有可能会大幅增加。

3. 在认可起诉的情形下，案件进入审判阶段并产生禁止程序"倒流"（所谓禁止"回锅"）的法律效果。借此也可以改变目前检察院以被法院准予撤诉而规避无罪判决风险的问题。另外，启动主审的裁定也可一并解决庭前准备程序与审判日期等事务问题。如果采纳审查主体和将来承担主审任务的主体不是同一审级的方案，则这一事务性规定一并作出也存在很大的实际意义。

第十章 合理构建我国强制起诉制度

一、功能与性质

(一)制度功能

在刑事追诉基本由国家垄断的前提下,原则上相关事务须经检察院这一特殊的机关来实现。法定原则一直是刑事诉讼法遵循的基本原则。在法定原则的前提下,只要有足够的事实根据,符合起诉标准,检察机关原则上就有义务提起公诉。此时犯罪调查及起诉之强制性即促成了起诉权的专属性。以大陆法系为代表,最开始都是严格的追诉强制,契合了当时占据主流的报复理念,依照该理念,国家为了建立绝对的公正,应当无例外地对所有违反刑法的行为处以刑罚,这种绝对的刑法理论是受当时的哲学理念影响,如康德的"绝对命令"和黑格尔的哲学思想。在已偏向预防功能的今天,其已被视为过时的理念。当前大多数观点认为刑法目的是一般预防和特殊预防,无限制地适用法定原则不再是强制性的,而且也是不合时宜的。对于无数的轻微犯罪,这样的法定原则甚至实际上不能实现,因为这种强制的后果将使刑事司法完全超负荷。起诉便宜原则得以扩张适用空间,检察机关也同步获得了对于案件的实体处置权。毫无限制地将起诉与否的权力交给检察院,滥用危险自然同步产生。一大风险来源于检察机关对于政治机关的依附性在很多国家尚未得到完全清理,所以就产生了如何确保检察院遵循法定原则的讨论。

法定原则的软化带来的最大风险,不仅是检察机关滥用权力的问题,还包括对平等原则等宪法要求的背离。客观上同样行为、主观上同样罪责的被追诉者,借由"转处"之名,可能面临后果、影响完全不同的程序处置,有的被起诉,有的被分流,有的被终止,不同的处置均是以适用便宜原则为包装的。所以,法定原则承担的隐藏功能在于拱卫法律面前平等原则,保证法律一体适用层面上的平等——应当无视个人情况如何,对同等有责的每个行为均予追诉并裁判,如此才能保证宪法意义上的法律面前人人平等。

就现代刑事诉讼的整体图景而言,国家基本处于垄断地位,然后公民个体基本上位于查缺补漏的地位。所以二者的比重到底如何确定比较合适？应该允许个人在多大范围内、具体以什么形式在检察机关外部对诉讼的提起发挥影响？什么是国家垄断之外最好的设计？是否要允许其他保障诉权制度的存在和竞争？这都是制度合理配置的问题。首先要考虑的是，承认现有的自诉制度基本对于制衡检察院的不起诉决定缺乏实际意义，需要在检察院作出不起诉决定的过程中增加一个法院的角色，使其有进行事后审查的制度支点，这就是强制起诉制度的介入。其次是完善被害人的法律救济措施。保障被害人参与诉讼程序的有效性，也可以防止检察机关在决定是否起诉中存在的不可避免的灵活性需要，演变为"不具正当性和不受监督的刑事政策"。强制起诉就给被害人一个撬动程序的"支点"，通过这个"支点"形成的"缺口"，法院可以对不起诉决定进行有限度的审查，从而保证不起诉决定的合理性。

所谓强制起诉正是这样一种制度，既不是要颠覆检察官专属的起诉职权，也不是法院僭越检察官职权之所为，而是在检察官的便宜处分之外，多加一层监督而已。借助该制度的建立，一方面钳制检察官对于案件所作的"中期"决定，另一方面则对被害人的诉讼地位予以保障，帮助其因犯罪而受损的权利实现平复。因此，有学者将其比喻为一种"安全阀"。强制起诉制度的效益在于备而不用，如果广泛适用，则可以说明刑事诉讼制度本身的设计和实践出了大问题。"达摩克利斯之剑"的威力在于没有落下来，而不在于实际上落下来了。其意义在于有就比没有强，检察机关在对外部监督有认识的心态下作出不起诉决定，就会更为慎重和周到，这本身就是一种成本不高、效果长远且巨大的预防工具。

因此，强制起诉制度的基本功能可能落在两个方面，一是为追诉机关对于被害人保护不足而设，故其主要的法理依据在于给被害人多一重保护，多一个救济渠道，即从权利保护的方面着墨；二是从权力制衡的方面着眼，对检察官所作出的不起诉决定，无论是通过再议还是申诉，性质上均属于内部救济的模式，在救济完整性与正当性的要求下，若仅允许内部救济，显然有所不足，应具备外部救济的渠道，以实现救济。这一来自外部的渠道，就是制衡的因素。简言之，制度设计的取向是什么？是优先实现某种目标？是以保障被害人能够得到救济为主，比如我国的公诉转自诉的初衷？还是以防止公诉机关不当不起诉、保障起诉法定原则为主？当然，两个功能最终的效果可能在具体的案件中得到统一，但是毕竟两个取向不同、功能有异的制度背景必然各有侧重，不同的面向自然会影响到具体制度的设计。

从制度的产生与变迁观之，可以看到两个功能的清晰脉络。比如在德国，强制起诉程序仅作为确保法定原则的正确实施而存在。只是随着对被害人权益的关注影响日趋扩张，才逐步将被害人权益保护纳入考虑，但并未影响到强制起诉制度的首要功能。功能定位不清晰导致的失败案例也近在眼前，我国台湾地区参照德国强制起诉制实行交付审判制，但一来忽略德国创设强制起诉制与自诉制度的连带关系，二来也漠视德国学说上对其立法漏洞（如侵害国家法益之无被害人案件）的检讨，将交付审判启动权完全交付于告诉权人。其结果是许多具有重大争议而社会期待知道真相的不起诉案件，因无告诉权人，根本无法发动交付审判程序。[①] 反倒是一些"假性财产犯罪"案件（即俗称"以刑压民"的案件）大量涌入司法机关，法院还必须"打落门牙和泪吞"，以高成本的合议庭形式处理这类案件，造成重大负担，耗费有限的司法资源，可想而知。因此强制起诉制度如何设计，必须首先考虑其最为优先的目标和最为核心的功能，以及与自诉制度的关系，这些需要在立法阶段进行基本权衡，不宜仓促。

本书认为，强制起诉程序是保障法定原则的安全阀。制约检察院不起诉权的出发点在于防止检察院不正确的不起诉。而防止不正确的不起诉同保证起诉的正确性是"一体两面"的关系。正因如此，强制起诉程序的首要目标还是要保障起诉法定原则，主要是出于公共利益的考量，而非被害人个人的利益。因此，强制起诉程序的双重目的可以同时存在，但是要在两个不同层面上发挥作用：在性质具体程序中侧重保障被害人权益，在抽象的整体制度设计中服务于确保起诉法定原则的功能，而以后者为优先。

（二）案件性质

现行的公诉转自诉制度失败之处，很大一部分原因在于完全排除了检察院的参与。我国也没有自诉担当制度，自诉案件就没有检察院参与的空间。检察院不参与审理，也不想搅和进来，完全是隔岸观火的态度。案件从提出申请到法院作出决定完全由被害人担任控诉角色，本应是公诉的案件实际上完全被作为私人控诉处理。在现实中甚至蜕化为法院自诉、自审、自判，法院的审理过程与结果均与检察院无任何干系。也由此可见该制度并无制约不起诉裁量权之意图。所以我国的公诉转自诉制度是由自诉人作为一方主体提起控诉的，确实是自诉，与此相对，德国强制起诉制度是检察院受法院裁定制约而提起公诉的，检察院是提起控诉的主体，所以程序实质属于公诉程序。二者看似功能相近，但并没法放在一起比较，性质完全不同。[②]

强制起诉决定作出后，案件性质应为提起公诉，而不是作为自诉。此所谓"性质清晰"。为保障控审分离，形式上必须以不同的机关来落实这一原则，提起公诉的决定由检察院负责执行，但检察院显然在事实和法律上都受法院作出的提起公诉决定的约束。

此处可以看出强制起诉同自诉的重大区别。强制起诉制度赋予被害人的不是到法

[①] 谢金莲. 论台湾地区的交付审判制度[J]. 广西政法管理干部学院学报, 2014 (4): 107-111, 126.
[②] 宗玉琨. 论德国强制起诉程序及其借鉴意义[D]. 北京: 中国政法大学, 2007.

院自行起诉的自诉权,毋宁说是对不起诉决定的申请司法审查权,也可以说是一种"诉中诉"(trial within trial)的形式。当被害人的请求被法院审查准许后,整个案件就按照正常的公诉程序进行,由检察院提起公诉,并承担出庭义务和举证责任,独立发表意见。被害人当然可以深度参与庭审,但他并不是提起公诉的主体。也就是说,被害人权益的保护并不是通过自诉得到救济,而是通过公诉得到救济。

二、主体与对象

(一)提起主体

核心问题是,允许谁能提起强制起诉,是限于有被害人的犯罪?还是扩张至无被害人的犯罪?试举一例。检察机关在"少捕慎诉慎押"经验介绍中,均强调要"注重在案件作出处理决定前充分听取各方意见"。但在被骗的是国家财政资金的情况下,并没有具体被害人,那么由谁来代表国家或社会的利益发表意见存在很大疑问。① 在上述案例中,律师具有出罪的天然倾向,人民监督员的身份不清,所属利益群体不明,是否具有广泛代表性和立场中立性难以判断,上述人员并非直接被害者,即使确实出于"公心"履职,但能否代表"公益"发声确需画个问号。

回到提起主体的问题上,最为关键的就是对于侵害国家法益及社会法益的罪行,由谁提出主张推动相应审查?可以先了解一下比较法的相关制度。

在德国,只有当告发人同时是犯罪的受害人时,方才允许提起强制起诉程序。例如,在针对国家安全的犯罪中,并无个别的私人受到伤害,并无施行强制起诉程序的可能。由此影响到强制起诉制度在实践中的使用发挥不出来。对此理论上也产生了重大争议。一些危害极大,但是并无直接受害者的犯罪,比如环境公害犯罪、公务员利用职务实施的犯罪,这些犯罪的危害泛化于整个社会,如果被不当不起诉放纵,则无人可以提出主张推动对不起诉决定进行审查。部分是为了解决这一困境,近日德国有学说则提出极度扩张被害人范围,该主张说,每一位因违法犯罪行为而利益受到侵害的人,都有权按照刑事诉讼途径要求实现刑罚目的者,均可以作为被害人,由其提起

---

① 参见最高人民检察院就检察机关贯彻"少捕慎诉慎押"刑事司法政策典型案例答问。其中案例4,韩某、马某等47名不符合补贴领取条件的应届毕业生,骗取政府生活补贴。检察机关对相关案件作出不起诉前,通过组织公开听证,就事实认定、法律适用和案件处理等问题听取了各方意见。但"各方"的范围选择大有讲究。如上述在对马某等人拟不起诉时,检察机关召开听证会,邀请律师、人民监督员等参加听证,广泛听取意见,自觉接受监督。参加听证人员一致认为结合本案情况,应给予刚出大学校门的年轻人改过自新、服务社会的机会。综合听证情况,检察机关依法对马某等46人作出不起诉处理。韩某积极介绍9名同学骗取补贴,并收取好处费,社会危害严重,应当从严处理,检察机关对其依法提起公诉,而马某等46人,犯罪情节轻微,具有自首、坦白、退赃等情节,检察机关依法作出不起诉处理。

强制起诉。[①]

我国台湾地区参照德国制度设立的交付审判制度，也将提起主体限定于有被害人的案件。问题在于，对于侵害国家法益及社会法益的犯罪，多属无告诉人案件，再议、交付审判仅限告诉人，导致相关案件纵使有利益受影响的群众，因其无权申请，无法启动不当不起诉的审查程序。故也有学者建议包括再议、交付审判程序，除告诉人外，均应再让告发人也能申请启动审查程序，以提升司法的公信力，建构人民信赖的司法体系。

本书建议，应吸收境外失败经验，适当扩张可提出申请的主体，对此问题应一步到位，避免出现问题后修修补补，以免造成路径依赖，在岔路上越走越远。基于强制起诉程序保障起诉法定原则的首要功能，关键就在于解决无被害人犯罪无人主张的问题。根据本书的设想，具体落实则可由检察院公益部门提出，或可由检察院侦查监督部门承担。检察院作为监督权力的集成部门，其公益诉讼部门或侦查监督部门同其公诉部门虽系"同门"，但利益并不完全一致，完全可以作为主体，同目前人民检察院的"四大检察"的发展趋势同向而行，或值得立法者深入考虑。

被害人在相关程序中应该有参与权，参与权的实现有一些前提条件作为保障，比如对于案情的知情权、对于案件信息的接触权，以及向法院表达意见的权利。上述权利当事人自己行使起来可能存在阻碍，因此有必要赋予其获得专业人员如律师帮助的权利，所以可以考虑将之纳入法律援助的范围。就权利的具体行使时机而言，因为不起诉决定是检察院作出的，相关卷宗材料都保存在检察院，为了成功地将案件提交到法院，在法院受理案件之前，就应赋予当事人向检察院申请调卷的权利。这样在专业人士的帮助下，依赖客观卷宗材料而撰写的强制起诉的申请，自然保障了一定的质量，同时也对于法院如何查证、审核具有现实的意义，有利于增强被害人申请的证明效果，也有助于法院及时开展实质审查。当然法院也可以就同样的目的向检察院发出调卷的意见。

关于是否要规定律师强制代理的问题，需要进一步权衡。在德国，对于被害人申诉的案件，在检察院内部救济途径中并不要求律师强制代理，但在申请法院裁决时则存在这样的要求。律师应该审核提出强制起诉申请的文书形式，并对申请附带文件进行审查，在合理范围内承担责任。实际上是为了提升申请的可信度和规范性，避免该制度被滥用，防止滥行提出申请，虚耗审判资源。在日本及我国台湾地区的类似交付审判程序中，同样要求有律师强制代理为必备要素。

我国律师的执业水平、法律素质以及其在司法中对法律的忠诚度和使命感近些年

[①] 罗科信.刑事诉讼法［M］.吴丽琪，译.北京：法律出版社，2003.

来不断加强提高是显而易见的事实。但是就司法现状而言，诚信社会体系尚未完全建立，律师的整体职业水平和素养还难以担当。在此现状下，规定强制律师代理的时机应认为并未成熟，还不如不做类似要求，以免流于形式并增加被害人负担，反而损伤司法从业人员群体公信力。

（二）审查主体

审查主体和交付对象虽然都是法院，但二者完全不是同一回事，必须分述如下。

这是对于是否允许强制起诉作出裁决的主体，并不是将来审理本案实体问题的主体。在不考虑地域管辖，仅考虑级别的情况下，审查主体可有两种设置方案，一是由作出不起诉决定检察院的同级人民法院进行审查；二是由相关的上级人民法院进行审查。核心问题只有一个，就是如何避免预断的疑虑。那么，进行审查、作出裁决的主体要不要同将来进行审判的主体同一？

在德国，处置这一问题同对中间程序的处置做法完全不同。在审查强制起诉案件中，采用将裁决法院和审判法庭分离的方式，对于级别管辖和事务管辖都事先予以明文规定。依据《德国刑事诉讼法典》第172条第4款之规定，有权对强制起诉程序申请裁决为州上诉法院，又依照法院法之规定由3名法官组成的刑事审判庭进行。合议庭可以嘱托一名受托法官开展活动。一旦通过，将来实际受理案件的交付对象则是另外一家法院，从根本上切断了预断产生的可能。

参照境外经验，从根本上切断预断的产生效果更好。如果将裁决主体规定为同级法院，则审查和裁决同将来实际从事审判的审判组织也应分立，或者干脆直接规定向上级法院提起强制起诉，上级法院若作出准许裁定，则可在裁定中直接将案件交付其辖区内的其他法院进行审理，从而直接解决管辖事务的问题，从根源上切断法官预断的可能。

（三）交付对象

案件经允许强制起诉后，交付对象即指将来的审判主体。如果采纳第一种方案，即由同一家法院进行审查和实际审理，那么作出强制起诉的裁定后，是否也应交付给其他审判组织？关于此问题有两种方案，各有其优劣。

1. 由原裁定之主体继续办理，优点是比较了解案情，且也有情理上的根据——既准予强制起诉，自然应该由其自行负责，避免草率准予强制起诉。缺点则是因先入为主，未免有预断之嫌，有违控诉原则的精神。另外，可能存在原合议庭因怕继续办理而草率地不予以准许，违背了设立本制度的初衷。在不同的两个层面上，均存在一定的道德风险。

2.应分由其他审判组织办理,优点是贯彻控诉原则的精神,缺点是浪费审判资源,同时也存在"反正难题是别人"的道德风险。

权衡之下,还是应该考虑以切断预断为主旨,另行委派审判组织办理为宜。

如果采纳审查主体和交付主体不是一家的方案,则不存在上述问题。

(四)案件类型

公诉转自诉制度失灵的一个重要原因就是对于案件类型没有区分和限制。若合理构建强制起诉制度,则不能像公诉转自诉一样无案件类型的限制。强制起诉制度属于全新设计,个别罪名方可适用,建议参照日本刑事诉讼法的规定,对于同公共权力以及公务人员滥用职权相关的犯罪方可适用,让审检制衡的功能在重要领域得以释放,确实体现出互相制约的制度意义。

这里就涉及强制起诉同自诉的关系,公诉转自诉制度仍可保留,作为诉权保障最后的底线。强制起诉与自诉两项制度之间具有互补和递进的关系,对于特定类型案件中作出的特定类型的不起诉,可以提请强制起诉。全罪名范围的自诉制度仍然存在作为"兜底",且可以要求强制起诉被驳回作为提起自诉的前置程序。这样对于个别类型的案件可以有两次提请司法审核的机会。

具体而言,公诉转自诉制度的消极因素在现实中也并非罕见,被害人可能对指控因客观合法的原因无法进行下去而不能接受,转而通过起诉至法院的方式继续缠讼。但这也很难说就属于滥用诉权,因为制度设计就是给了被害人这样一条出路。要认识到,法律制度原本也不是基于人性多高标准的理想设计的,否则大家都是谦谦君子,也根本用不到法律了。所以法律制度设计的普遍状况就是制度中的人就是一般的人。所以本书不认为制度允许的行为属于滥用。客观上,司法资源可能确实承担了一定压力,不起诉决定的确定力也受到负面影响。[①] 当然,如果认为确实有必要对滥用诉权进行防范也无可厚非。对此可以通过设立一定的前置程序、过滤机制来限制被害人滥用自诉权。比如借鉴德、日体制,对不起诉决定不允许被害人直接向法院提出申请,而要求被害人必须经过申诉,待上级检察院维持原决定后才能提起自诉。在最终保障其自诉渠道畅通的前提下,增设一定的前置环节作为限制条件,并不违背设立公诉转自诉是为了避免人民"求告无门"的初衷。

---

① 易志华,张丽辉.公诉转自诉的法律困惑与机制完善[J].政法学刊,2008(4):27-31.

三、事务与流程

（一）审查范围

强制起诉制度本来就有扩张法官权限并压缩检察官权限的倾向，若是审查过度，甚至于可能架空自起诉法定原则以来的审检关系，形成法官独揽大权的"新型纠问制"。另外，如果每作出一个不起诉决定，检察院都要面临法院审查的可能，甚至有可能完全否定其不起诉决定的风险，那检察院的裁量权又被上了一个"枷锁"，检察院就会更加慎用不起诉权。这种慎用的直接后果就是不起诉制度生存空间狭小而逐渐萎缩，丧失其应发挥的机能。

解决之道可能在于法院审查范围及标准到底是什么。确立法院的有限审查范围以及有限审查标准，才能免除这些可能的弊端。一般来说，应先区分法定不起诉与裁量不起诉两种情况。在前种情况下，法院只能也只应审查检察官的终结程序决定是否违反法定原则，尤其是法院认为案件依法定原则应起诉但检察官却不起诉的情形。争议焦点在于检察官是否应以法院态度作为自身判断的依据，这又会是引发唇枪舌剑的一大问题。至于后种情况，也就是依照便宜原则作出的裁量不起诉情形（含附条件不起诉），到底能不能由法院审查？对此本书认为应将审查限制在检察官处分裁量逾越及滥用裁量权的情形。

那么具体到我国法律体制，对于我国最为常见的三种不起诉类型，哪种应该接受法院的审查？本书认为，应将存疑不起诉和酌定不起诉均纳入审查范围。虽然出于权力分立，行政与司法逻辑有别，法院对检察机关内部的政策指引不宜过多介入，但我们不宜将酌定不起诉排除在审查之外。

1. 针对存疑不起诉

存疑不起诉主要是出于证据问题的考虑。凡认定犯罪构成要件或起诉法定要件的判定，证据取舍及评价、待证事实或犯罪构成要件之证明及证据价值的判断，检察官均有主观判断空间，因涉及主观认定，极可能产生不同的认定及解释，此即如同法官本于自由心证认定事实及适用法律，存在于任何事实认定的过程。不同的主体对于同样的材料完全可能产生不同的认识，检察院可能认为不够证明标准，但法院完全可能作出截然相反的判断。如果承认对于证据最终只能是归结到通过心证判断，那么就会产生永恒的争议。前文所举的案例就是典型例子。故此对于存疑不起诉，应给予被害人第二次的审核机会。但要避免的是以法官的"任性"来取代检察官的"任性"。

2. 针对酌定不起诉

酌定不起诉权是指案件完全符合起诉条件，但因检察院作出无须判处刑罚或者免除刑罚的判断，并据此终止程序的情形。从理论上，可以将不加起诉的犯罪嫌疑分为以下几类。

（1）当罪行轻微且无追诉必要者

有些案件客观上对社会或他人只造成非常小的危害，行为人主观上只有极少量的可谴责性，就其性质而言，属于定性和定量两个层面都非常轻微的案件。一定要对之推进指控到审判程序，不管目前审判程序可以简化到何种程度，对于被追诉者都是极其严重的负担，一旦被定罪，被追诉者还要承担自由、经济、名誉等多方面的损失，再社会化面临很大障碍。综上，对此类犯罪一定要促进诉讼显然并不妥当。因此应当放宽对此种微罪的强制追诉。[①] 另如在国外实施的犯罪，已受相应的惩罚，显然只有极少的追诉之必要性，可出于因"一事不二罚"原则不得对此案再进行追诉。

（2）当对犯罪追诉的必要性和效果可以通过其他方式达成时

纵使该罪虽然有追诉的必要性，但却因被告通过其他方式挽回损失，致使该追诉不再具必要性时，即无须追诉。这种情形例如修复损害，或者向某公益设施或国库交付一笔款项，消除因轻微罪责进行刑事追诉的公共利益，则检察院可以同意暂时不提起公诉，同时科处被指控人在确定的期限内履行负担或指示。此种情况也可以给方兴未艾的刑事合规实践留足制度空间。

针对酌定不起诉，因相关罪行均符合起诉条件，其实存在着是否背离了法定原则的判断，应作为强制起诉审核的重点，尤其是是否违背了"法律面前人人平等"的基本原则。[②] 在面临这一情境时，检察机关必须证明在构成犯罪的前提下，其依据裁量权作出的不起诉是否存在特定的刑事政策及起诉标准，应提交相关考虑内容作为审核对象。

比如，如何认定"罪责轻微"？相关违反义务的程度、行为的方式和结果、犯罪动机的社会伦理性质和犯罪能力以及行为人的履历，对于形成判断都有意义。与同一类犯罪的罪责的平均程度相比，该行为的罪责明显处于平均程度之下，即为"罪责轻微"。但尽管"罪责轻微"，当行为已逾越了被害人的生活范围，触及了共同体的生存环境时，当犯罪行为的犯罪背景需要查明，或者当被害人出于其与行为人的个人关系预计不可能提出自诉，而刑事追诉是公众现实利益时，继续进行诉讼程序的"公共利

---

① 万毅. 刑事不起诉制度改革若干问题研究［J］. 中国政法大学学报，2004（6）：90.
② 引发争议的博士偷菜被不起诉案案情，详见渝培检刑不诉（2021）Z46号不起诉决定书。表面上是个案引发的争论，实际引发忧虑的是平等原则的适用，以及不起诉在一定空间范围内有无统一政策的争论。

益"就被认可。那么作出不起诉决定的案件，对比作出起诉决定的案件，"罪责轻微"的判断是否符合上述条件？

另外，对于犯罪是否要继续追诉，要审查是否存在公共利益，以及这种公共利益是否可以通过其他方式来弥补。在评判是否存在追诉的公共利益问题上，应当注意刑法的一般预防和特殊预防目的。是否为初犯还是有前科，以及是否危害确实较小，这些问题具有决定意义。

法院对于起诉政策、是否属于"罪责轻微"、是否存在"追诉的公共利益"等方面，应借助对自由裁量权的审查框架和步骤，进行有限且合理的审查。

（二）前置程序

德国的强制起诉要求被害人将检察机关内部审核渠道用尽方可允许提起自诉。被害人在得到不起诉决定通知后须于两周内向相关检察院的上级官员抗告，一般是向处于州上诉法院的州检察官提出抗告。日本的检察审查会和交付审判也均要求检察院内部审核，且应两级驳回后才允许提出外部救济。

上述规定具有合理性，强制起诉的提起应以检察机关内部有终局意见为前置程序。强制起诉作为对于检察机关未起诉案件的救济手段，亦即对于检察机关类似终局决定发动的救济手段。发起强制起诉，应在检察机关作出不起诉处分或是附条件不起诉处分，且该处分经由检察机关内部的救济程序无效之后，方能进行。是以强制起诉必须经由检察机关决定、内部救济，进而申请法院裁定许可，才能实现。对于检察机关所确认之处分，在向法院申请强制起诉，经法院裁定准许后，方有开启审判程序之可能。

（三）申请时限

申请时限包含两个层面：一是向检察院内部上级提出审核主张应有时限；二是内部被驳回后向法院提起主张应有时限。对此德国分别规定了两周和一个月的期限。被害人获得不起诉通知后两周内提起内部审核的申请；依照《德国刑事诉讼法典》第171条递交了提起公诉的申请，且为被害人的情况下被准许。一个月的申请期限开始于，依据《德国刑事诉讼法典》第172条第1款的抗告裁定告知之日，该期限不可延长。如因非本人的原因导致延误，可以适用《德国刑事诉讼法典》第44条的规定恢复。

对比之下，我国目前对公诉转自诉案件的诉讼期限并没有明确规定。定罪环节会考虑实体法的诉讼时效这一因素，但对于被害人获知不起诉决定后多久内提出自诉并无要求，实际上属于无条件承认没有限期，仅受实体法诉讼时效的相关约束。这就导致案发经年累月之后，证人星流云散，证据散佚灭失，无助于法院查明案情，也无法充分保障被告人、被害人的合法权益,而且不利于不起诉决定的有限确定性效力。

为弥补上述缺陷对于确定力的消极影响,尊重社会现实状态,应当对被害人提起申诉的时间,以及向法院提起强制起诉的时间均作出明确规定。在权衡各项利弊因素后,为了督促被害人及时提起,保障审理效果,可以合理压缩提出申请的期限。另外,这一期限的性质应为除斥期间,在该期限内不予提起则不能主张中断或延长。如果将内部申诉作为前置程序,对于不服不起诉决定而提出申诉的,相关期限的性质也应参照除斥期间来予以规定。

(四)审查手段

在检察院作出了不起诉的前提下,法院究竟如何审查?如何认定有所不当,而使案件进入审判程序?在法院斟酌是否作出强制起诉裁定时,应依职权进行必要的调查,但此种调查究竟具体方式为何?是对于检察官不起诉事由的调查?抑或实质证据足以支持有罪判决的调查?上述问题不清楚,则法院裁定的判断又沦入毫无明确基准的决定之中,无论为准或驳,都陷入以法院的"任性"代替检察院的"任性"困境之中。另外,法院进行实质证据调查之后,如作出强制起诉的裁定,是否会发生控审角色的混淆?开启审判程序的决定,是否会引发已经认定有罪的疑虑,是否会影响未来审判的决定?

法院的审查对象是检察机关的不起诉决定,审查范围是不起诉决定是否经检察机关详加调查或其伦理是否违背经验法则和证据认定的规则。调查活动的目的就是审核不起诉的基础,根据当时掌握的证据材料能否得出是否存在足够的犯罪嫌疑之裁定基础。如果确实差一点,但是存在合理期待,只要补足一点差额就能够得上起诉法定标准,法院也可以依职权启动补足差额的工作。调查范围应无限制,只要属于必要法院就可以依职权发动,以查明事实。调查的形式可以依刑事诉讼法规定的法院具有的职权进行,甚至采取必要的对人、对物的强制措施,如传唤、搜查、扣押,也可询问证人、被指控人。

为了完成调查义务,尽量还原事实,法院至少应在如下方面开展职权调查,积极行使职权。

1. 调阅卷宗。应赋予法院向检察机关调阅卷宗的权利,自不待言。

2. 关于是否听询各方意见,由法院依义务裁量。

(1)听取检察院意见

在德国,法院裁决之前要听取检察院的意见。作出不起诉决定的州检察官可以表态自行更改其之前作的决定,也就是改变之前的不起诉决定。这一做法显然能够减少检法两家的冲突,具有合理意义,应予采纳。

(2)听取申请人意见

听取申请人意见应该不是必需的,应由法院根据审理需要任意为之。具体如下。①作出不利于申请人的决定时应给予其表达意见的机会。如果法院不受理或驳回申请,必须听询申请人意见。②应保证对各方平等对待。如果法院要做的裁决建立在依职权证据调查所取得的事实或证据的基础上,或基于检察院所提出的信息上,其应给予申请人同等机会表达意见。

(3)听取被指控人意见

道理同上,听取被指控人意见应该不是必需的,理由有如下几点。①对于明显需要驳回的,无论是从诉讼经济角度,还是从保障被指控人不受无端骚扰的角度,均不宜规定必须听询被指控人;②作出不利决定时需要给予承担不利者表达机会。

如果法院有同意申请的倾向,则有义务听询被指控人的意见。法院可以将申请通知送达给被指控人,保障其及时知情,并规定期限,要求其及时提出答辩。

(五)审查结论

法院对于申请强制起诉的决定,应以裁定的方式作出如下裁决。

1. 驳回申请:提起公诉需要达到法定的条件,并且满足一系列的程序要求,比如公诉权没有消灭等,当确实缺乏足够的理由推进公诉时,法院应该支持检察院的不起诉决定,驳回强制起诉程序的申请。按照起诉法定的要求,提起公诉的实体理由应该落脚于"有罪判决的高度可能性",即足够的犯罪行为嫌疑。另外,申请的形式也应有一定的要求。当申请不合法或无理由时,应裁定驳回。

2. 裁定强制起诉:如果根据侦查收集调取的材料,结合法院听取意见及自身调查的结果,法院认为足以达到法定起诉条件,且不存在其他的导致公诉权消灭的消极要素时,亦即认为强制起诉的申请有理由时,则需要裁定开始审判程序。其效果就是法院推翻检察机关所做的不起诉或附条件不起诉处分,而使得案件直接进入审判程序。

起诉的决定同审判程序目标和重点不同,不能相互代替。因此为了避免争议,对于提起公诉的结论各方无申请再次审查的权利,不能以此为对象上诉。所有的争议,无论是涉及实体、程序还是证据资格与能力,均将在之后进行的庭审中一并解决。

结语　如何构建人民信赖的司法体系

刑事诉讼法是动态的宪法。而宪法是一种关于国家政治关系的总安排设计,在这个总体框架内,如何保障国家权力的公有性与正义性?如何实现各种公权力之间的正向协调?如何保障公民权利的普遍性和实效性?如何保障"权力"和"权力",以及"权力"和"权利"之间能够进行实质性的博弈,从而保持宪政安排在长治久安之间和活力满满之间保持平衡?这是一个永恒的经验命题。① 与此同时,还要注意到我国政法工作的最大特色就是,1949年以来的整个政法体制是在中国共产党的领导下建立起来的。中共中央在最高人民检察院、最高人民法院均设立了党组,两高党组就重大事项应当向党中央请示报告。作为党中央领导和管理政法工作的职能部门。中央政法委员会具体负责指导与协调最高人民法院相关工作。② 坚持党对两高的组织领导,坚持党对政法工作的指导,始终是检法工作的根本指南。这就是我国刑事诉讼的"宪政"背景。以此为视域对以"分工负责""互相配合""互相制约"为主题词的刑事诉讼结构加以观察,可知其保持稳定与活力的关键在于宪法的统帅下,将权力细化分工到何种程度。③ 分立本身并不是目的,防止公权力不受制约给社会带来负面效应才是目的。如果不同权力彼此牵制到无法正常发挥功能,或一方过于膨胀而带来其他方的萎缩,那么权力的配置就没有达到"帕累托最优",两种权力的边界即需要重新进行探索和勘定。边界不是一个理论问题,而是一个经验命题,是一个实践合理性的命题。没有不能打破的局面,也没有不能推倒的原则,必须根据现实的需要反复试验。所以权力分立固然重要,但其本身也并不能代替或取代基本权利保障这一最终目的。

在刑事诉讼中,公、检、法各司其职,各负其责,如何合理配置不同的职能,实现不同机关职能分立,不同权力互相制约,同一个国家和社会的具体发展息息相关,并不存在一个现成可套用的公式,只能是"摸着石头过河"。如对于政法工作具有关键

---

① 张翔.国家权力配置的功能适当原则——以德国法为中心[J].比较法研究,2018(3):143-154.
② 资料来源:《中国共产党政法工作条例》《中国共产党党组工作条例》(《中国共产党重大事项请示报告条例》)。
③ 刘忠.从公安中心到分工、配合、制约——历史与社会叙事内的刑事诉讼结构[J].法学家,2017(4):1-16,175.

意义的党的十八届四中全会对这一结构进行了具有制度增量的重申:"优化司法职权配置。健全公安机关、检察机关、审判机关、司法行政机关各司其职,侦查权、检察权、审判权、执行权互相配合、互相制约的体制机制,"以党的文件形式对发展趋势进行了确认,对发展方向作出了指引,但是如果落实观察,有赖于对于司法规律的深入认识和科学探索。以执政党的意志为标杆,对刑事诉讼领域的权力配置和运行加以审视,可以获得不同传统的解读意味。

那么,如果采纳审判中心主义视角作为衡量标准,检法机关之间如何贯彻落实"分工负责、互相配合、互相制约"?核心指标可作如下几个方面的概括:

第一,控审职能之区分还应进一步深化,真正从形式走向实质。从形式上,审检分立的现实已固化,但并不代表控审职能真正分开。检察院要承担起"起诉案件获得有罪判决的高度可能性"的证明责任,法院则负责补足"有罪判决的高度可能性"同"排除合理怀疑"之间的空间(如果存在的话),而不能由法官承担"从无到有",既当控诉者,又假装中立者,甚至还要承担辩护职能。只有检法各归其位,各司其职,各负其责,控审才是真正分开。

第二,法院必须对不当起诉/不当不起诉具有审查的途径和抓手。无论是长久存在的庭前准备环节,还是被寄予厚望的庭前会议环节,均沦于空洞化,无法在日常案件中承担起诉审查的功能,从而对公诉形成制约。现存的自诉制度看似数量不少,最终作出的有罪判决也不少,但受制于主体范围,主要满足的还是个体之间的利益分配,真正涉及社会公益的不当不起诉根本无法进入审查视野。

只有上述两个指标同时满足,才能认为检法之间有互相制约的可能性,在此基础上才能谈及"分工负责"和"互相配合",方能实现控审之间的动态平衡同国家治理手段变更的同步。在此之外,就是"流水线",就是"一家亲",只能是距离宪法所提要求渐行渐远。

为实现上述目标,本书提出的路径就是"双管齐下":

其一,设立起诉审查程序。法院对检察院提起公诉的合法性,以及一定范围内的合理性要能够实现实质审查。依托实质性的起诉审查,将不合乎起诉法定要件,尤其是未达足够犯罪嫌疑程度的案件直接阻断于审判程序之外,防范检察官滥行提起公诉。

其二,设立强制起诉程序。特定案件中,法院可以依据利益相关人的申请,将依照法定原则本应起诉、但被做不当不起诉处理的案件进行审查,并作出强制起诉的决定,其效果是引发公诉。这种审查应该向宪法上的比例原则和平等原则寻求依据,以确保社会公益不会被不当不起诉所损害。从案件数量上说,强制起诉一定是象征性的,但又是不可或缺的,无法为当前的自诉制度所涵盖。

应该说,此种方案是一个刑事诉讼法层面的对策,但又绝非一个纯粹的刑事诉讼法问题。但真正的制衡从不是刻意为之的产物，而是控审机关等不同的利益主体之间长期竞争和磨合的结果，是一种"合作共存"的本能实现。谁又能说这种可能性会完全被现实所拒绝呢？"在那块土地上，将要发生一场伟大的实验，文明之人努力在一个新的基础上构建社会；在那里，闻所未闻或者被认为不可行的理论，将要展示出一个壮观的场面，世界过去的历史对此毫无准备。"200余年前，托克维尔惊诧于一块崭新大陆所展现的活力与朝气，在其惊世杰作中写下了这句感慨。我们生活的这块大陆面临着现代复杂社会的治理难题。全面依法治国是国家治理的一场深刻革命，在强调以人民为中心、尊重司法规律的前提下，我们应该交出更为合格的成绩单。就将它作为本书的结束语吧。

图书在版编目（CIP）数据

实现审判中心的制度保障研究：以起诉审查和强制起诉为重点 / 刘砺兵著 . -- 北京：中国传媒大学出版社 , 2023.9
ISBN 978-7-5657-3490-8

Ⅰ . ①实⋯ Ⅱ . ①刘⋯ Ⅲ . ①刑事诉讼—审判—研究—中国 Ⅳ . ① D925.218.4

中国国家版本馆 CIP 数据核字 (2023) 第 179411 号

实现审判中心的制度保障研究——以起诉审查和强制起诉为重点
SHIXIAN SHENPAN ZHONGXIN DE ZHIDU BAOZHANG YANJIU—YI QISU SHENCHA HE QIANGZHI QISU WEI ZHONGDIAN

著　者	刘砺兵
策划编辑	曾婧娴
责任编辑	沈刘红
责任印制	李志鹏
封面设计	拓美设计
出版发行	中国传媒大学出版社
社　　址	北京市朝阳区定福庄东街 1 号 邮　编 100024
电　　话	010-65450528　010-65450532　传　真 65779405
网　　址	http://cucp.cuc.edu.cn
经　　销	全国新华书店
印　　刷	唐山玺诚印务有限公司
开　　本	787mm×1092mm　1/16
印　　张	13
字　　数	254 千字
版　　次	2023 年 9 月第 1 版
印　　次	2023 年 9 月第 1 次印刷
书　　号	ISBN 978-7-5657-3490-8/D·3490　定　价 68.00 元

本社法律顾问：北京嘉润律师事务所　郭建平